アライアンス・イノベーション

大企業とベンチャー企業の提携：理論と実際

中村裕一郎 [著]

Alliance
Innovation
Nakamura Yuichiro

東京 白桃書房 神田

はしがき

　本書は，大企業がアライアンス（提携）に関連して2つのイノベーションを実践することを推奨する。ひとつは，アライアンスによるイノベーション，すなわち，大企業はベンチャー企業とのアライアンスによってイノベーションを行うこと。もうひとつは，アライアンスそのもののイノベーション，すなわち，大企業がベンチャー企業とアライアンスすることによって，アライアンスの対象にベンチャー企業を新たに加えるという意味で，アライアンスのイノベーションを行うことである。本書のタイトル，『アライアンス・イノベーション』には，この2つのイノベーションの意味が込められている。

　市場や技術が急速に変化する昨今の経営環境においては，自社の経営資源だけで事業活動を行うことは不可能であり，いかなる企業にとっても，外部の資源を活用することは不可欠である。特に，ベンチャー企業の研究開発力を活用することは極めて重要である。

　実際，欧米企業は CVC（corporate venture capital）活動等も行いながら，積極的にベンチャー企業への投資・提携活動を行っている。ところが，欧米の企業と比較して日本の大企業はベンチャー企業との提携の実績が少ない。欧米の動向を見る限り，既存の大企業にとって，ベンチャー企業との提携や買収等の活動はイノベーションの仕組みとして効果的であるにもかかわらず，日本では積極的に行われていないのである。それはなぜなのだろうか。どうすれば日本でもそうした活動が積極的に行われるようになるのだろうか。

　日本の大企業においても，自社の事業部門とベンチャー企業との提携の重要性が認識されはじめ，ベンチャー企業との提携を推進する部門を設置する

はしがき

企業が増えつつある。そうした提携推進部門を持つ企業の同じような立場の人達が集まる「CVCフォーラム」と呼ばれる情報交換の場がある。このCVCフォーラムは，大手企業の元シリコンバレーの駐在員の呼びかけによって生まれた非公式な集まりである。現在，大手のICTベンダー，電子機器メーカーや家電メーカー等，23社からメンバーが参加しており，筆者も参画している。

CVCフォーラムのメンバー達も，「日本企業はもっとベンチャー企業との提携を推進すべきであるにもかかわらず，行われていない」という共通の問題意識を持っている。そしてそれは，単なる個々の企業の業績向上への課題というだけでなく，日本企業全体，あるいは日本経済の将来に対する危機感としてこの問題を共有しており，この状況をなんとか打開したいと考えている。

しかし残念ながら，思うような成果を挙げることができていないのが現実である。すなわち，日本の大企業においても，ベンチャー企業との提携の重要性は認識され始めており，それを推進する部署も設置され始めてはいるものの，欧米企業と比較するとその活動の規模はまだまだ小さく，実際の活用は必ずしも進んでいないのである。

筆者は本年3月まで大手ICT企業に勤務しており，1999年から，ベンチャー企業と自社の事業部門との提携を推進する立場にあった。上記の問題意識は，他のCVCフォーラムのメンバー同様，現場での実践を通じて生まれたものである。そして，この問題を解決する手掛かりを得るべく，2005年に大学院に入学し，学術的な研究を始めた。現在に至るまでに，修士論文や博士論文，また学会誌等への投稿論文の形で研究の成果を発表してきた。本書は，それらを統合し，大幅な加筆を行ったものである。

本書は，日本の大企業がベンチャー企業と提携することを阻害していると思われる課題を指摘するが，何がその原因となっているのかを把握して，適切な対策を講じれば，それは克服可能なものと筆者は考えている。本書の目的は，その原因と対策を事例とともに提示しようとするものである。したがって，本書は博士論文をベースとした学術書ではあるが，同時にベンチャー企業との提携に向けた実践的な提案をも行っている。もちろん，上記の問題

はしがき

の原因は多様であり，それらは複雑に交錯している。この問題はすべて解決されないかもしれないが，本書がこの問題の解決の一助となれば幸いである。

　本書を執筆にするにあたり，多くの方々からご指導・ご示唆をいただいた。ここに記して感謝を申し上げる。

　上記CVCフォーラムの主要メンバー各位，特に日立製作所の広瀬氏，元パナソニックの樺澤氏，富士通総研の湯川氏には幾度となくこの問題について議論の機会と貴重な示唆をいただいた。

　横浜国立大学大学院国際社会科学研究科の多くの先生方にご指導いただいた。特に岡田依里先生，谷地弘安先生には博士課程前期において指導教員としてご指導いただいた。岡田先生からは引き続き博士課程後期修了までの長期間にわたりご指導を受け，研究の道筋を開いていただいた。山倉健嗣先生，真鍋誠司先生には主に博士課程後期において熱心なご指導と，示唆に富む貴重なご意見を頂戴し，本書の骨格を形成することができた。

　また，本書の中核である富士通とアムダール社の提携の事例の執筆にあたり，富士通のアムダール・プロジェクトの米国における責任者であった鵜飼直哉氏には，数多くの貴重な資料をご提供いただいたうえ，5回にわたるインタビュー，またメール等を通じて当時の状況についてご教授いただいた。鵜飼氏からのこの資料ご提供やご示唆がなければ，本書は執筆できなかった。厚く御礼申し上げる。

　本書の出版にあたり，横浜国立大学社会科学系創立80周年記念博士論文出版助成（鎗田出版助成基金）から助成をいただいている。基金を創設された鎗田邦男博士に厚く御礼申し上げる。

　また，本書の出版を引き受けてくださった白桃書房の方々，特に大変お世話になった平千枝子氏に感謝の意を表したい。

2013年6月

著　者

目　次

はしがき

序章　問題意識と本書の構成 …………………………………… 1
  1. 本書の問題意識 ………………………………………………… 1
  2. 本書の内容 ……………………………………………………… 4

第Ⅰ部　大企業にとってのベンチャー企業との提携の意義

第1章　イノベーション・モデルとしてのシリコンバレー … 17
  1.1　大企業の提携相手としてのベンチャー企業 ………………… 17
  1.2　リスクマネー活用のエコシステム …………………………… 19

第2章　日本の大企業にとってのベンチャー企業との提携の意義 …………………………………………………… 25
  2.1　ベンチャー企業の活用によるリスクマネーの活用 ………… 25
  2.2　リスクマネーの活用方法としてのコーポレート・ベンチャリング ……………………………………………… 26
  2.3　ベンチャー企業待望論と新しいイノベーション・モデルの創出 …………………………………………………… 30
  2.4　提携かM&Aか ………………………………………………… 35

目次

第Ⅱ部　日本の大企業とベンチャー企業との提携

第3章　先行研究のレビュー …… 41
- 3.1　提携に関する研究 …… 41
- 3.2　大企業とベンチャー企業の提携に関する研究 …… 61

第4章　日本企業の経営の特徴 …… 75
- 4.1　日本的経営の特徴 …… 75
- 4.2　日本的経営の主要な特徴の検討 …… 78
- 4.3　WHATに弱い日本の組織 …… 87

第5章　大企業とベンチャー企業との提携の特殊性 …… 93
- 5.1　提携段階での特殊性 …… 93
- 5.2　実行段階での特殊性 …… 100
- 5.3　ベンチャー企業との提携と日本的経営 …… 105
- 5.4　研究対象とならなかった理由 …… 109
- 5.5　マネジメント上の課題整理 …… 110

第6章　事例─富士通とアムダール社の提携 …… 113
- 6.1　事例の概要と意義 …… 113
- 6.2　提携の経緯 …… 116

第7章　考察 …… 157
- 7.1　提携の成功要因 …… 157
- 7.2　提携の進化 …… 164
- 7.3　パワーの行使と戦略的重要性 …… 173
- 7.4　事例研究で明らかになったこと …… 176

第Ⅲ部　ベンチャー企業との提携推進のために

第8章　ベンチャー企業との提携を成功させるための実務的提案 ……… 181

- 8.1　議論のまとめ …………………………………………………… 181
- 8.2　組織全体としての取り組み …………………………………… 183
- 8.3　意図的な提携戦略の明確化 …………………………………… 193
- 8.4　ベンチャー企業との提携における日本的経営の可能性 …… 195
- 8.5　CVC活動の勧め ………………………………………………… 197
- 8.6　全社的新規事業開発組織の設置 ……………………………… 202
- 8.7　日本の新しいイノベーション・モデル ……………………… 212

参考文献
事項索引
人名・企業名索引

図表目次

図表序-1　大企業がベンチャー企業との提携を行わない理由 …………… 4
図表序-2　本書における用語の定義 ………………………………………… 10
図表1-1　ベンチャー企業台頭の背景 ……………………………………… 18
図表1-2　リスクマネー活用のエコシステム ……………………………… 20
図表1-3　米国におけるM&AとIPOの件数の推移 ……………………… 22
図表2-1　日本型のリスクマネーを活用したイノベーションの
　　　　　エコシステム …………………………………………………… 33
図表3-1　主要経営学術誌6誌に記載された提携に関する論文数 ……… 41
図表3-2　提携関係論文の発表件数 ………………………………………… 42
図表3-3　提携の形成に関する様々なパースペクティブ ……………… 46-47
図表3-4　提携の進化のプロセス …………………………………………… 57
図表4-1　イノベーションと必要な取り組み ……………………………… 89
図表5-1　信頼とコントロールに関わる2つの課題 ……………………… 102
図表6-1　アムダール社の売上推移 ………………………………………… 114
図表6-2　富士通の主なコンピュータの発表時期（M-190）まで …… 120
図表6-3　アムダール社の初期開発工程のプランと実績 ……………… 143
図表6-4　1973年10月12日の鵜飼から本社宛のメモ ………………… 144
図表6-5　Position Statement 訳文 ……………………………………… 147
図表6-6　アムダール社のボードメンバーの推移 ……………………… 148
図表6-7　Amdahl 470V/6 …………………………………………………… 150
図表6-8　アムダール博士とAPSのCPU ………………………………… 151
図表6-9　470 V/6 およびM-190のCPUに採用された

		LSIのパッケージ ………………………………………………………	152
図表7-1		提携の成功要因 …………………………………………………………	161
図表7-2		提携の進展に伴うVCの立場の変化 ………………………………	170
図表7-3		大企業から見たベンチャーとの提携の成功パターン ………	177
図表8-1		イノベーション・マップによるイノベーション管理 ………	186
図表8-2		CVOの組織 …………………………………………………………	211
図表8-3		日本型のリスクマネーを活用したイノベーションのエコシステム ……………………………………………………………	213

序章 問題意識と本書の構成

1. 本書の問題意識

　米国経済は，様々な問題をかかえながらも成長を続けている。シリコンバレーをはじめとしてベンチャー企業[1]を生み出す土壌があり，そこから新しい技術や事業モデルを持ったベンチャー企業が次々に誕生している。そしてその中から，アップル，マイクロソフト，シスコシステムズ，グーグルといった新興の大企業が次々に生まれている。また，既存の大企業も自社のイノベーション[2]活動の一環として，ベンチャー企業との提携やベンチャー企業への投資，あるいはベンチャー企業の買収等を積極的に行っている。そのため世界中から優秀な人材や投資資金が集まり，経済の好循環を生み出している。すなわち，シリコンバレー・モデルと呼ばれるイノベーション・モデルが生まれているのである（榊原, 1997; 米倉, 1999; Aoki, 2001）。

　一方，日本経済は長い停滞状態から抜け出せず，新しい技術や新しい事業モデルによる新規事業や有望なベンチャー企業の輩出も少なく，経済に力強さがない。また，大企業によるベンチャー企業との提携等の活動も低調である。そしてそれによってベンチャー企業の成功確率が高まらず，それが有望なベンチャー企業が輩出されない要因になっている。日本の各企業では，新たな成長の源泉としてイノベーションが切望されている。

　米国の状況を見る限り，既存の大企業にとってベンチャー企業との提携や買収等の活動は，イノベーションの仕組みとして効果的であるにもかかわらず，日本では積極的に行われていない。それはなぜなのだろうか。どうすれば日本でもそうした活動が積極的に行われるようになるのだろうか。これが本書の問題意識である。

序章　問題意識と本書の構成

(1) 日本企業にとってのベンチャー企業との提携の重要性

　加速化する情報通信技術の進展が，社会経済のあり方，産業構造や競合状況を大きく変化させた結果，研究開発には迅速性と多様性が同時に求められるようになった。また，研究開発の高い不確実性への対応策もさらに必要となっている。こうした状況下では，いかなる企業も自社の経営資源だけでは必要とされるイノベーションが遂行できず，いま，イノベーションのプロセスにおいて，社外の資源の活用が重要になってきている。

　社外の経営資源の活用の対象としては，企業，大学，研究機関等，多様であるが，特に重要なのはベンチャー企業の活用である。なぜならば，ベンチャー企業は，ベンチャー・キャピタル（venture capital: VC）[3]のリスクマネーを活用して研究開発や新規事業開発を推進することができるからであり，既存の企業がベンチャー企業と提携することやベンチャー企業を買収することは，ベンチャー企業の開発力を活用することになるだけではなく，ベンチャー企業に投資されたリスクマネーを間接的に活用することになるからである。

　大企業が外部のベンチャー企業を活用する方法には，「提携」と「買収」という2つの方法がある。たとえばシスコシステムズ（以下，シスコ）やIBMは，ベンチャー企業を積極的に買収し，自社に足りない経営資源をそれによって獲得している。しかし，こうした手法がとれるのは，シスコやIBMのような一部の企業だけである。なぜならば，ひとつには，こうした買収には巨額のコストがかかるからである。シスコやIBMが買収しているベンチャー企業は，ベンチャー企業といっても，その製品やサービスが既に市場で一定の評価と地位を獲得している企業である場合が多い。すなわち，買収によって獲得しようとするものは評価が確定した製品や，一定規模の市場シェアであり，そのベンチャー企業の研究開発力を活用した共同の新製品開発や市場開拓を目指したものではない。その意味では，買収先の企業がベンチャー企業と呼びうる新興企業であっても，その買収価格は数百，数千億円になっていることも多く，事実上，買収の規模や目的は，通常の企業買収と変わらないものになっている。また，大企業がベンチャー企業を買収した場合，「短期間のうちに，元の起業家は大企業のビューロクラシーに欲求不

満を覚え,退社してしまう。多くのケースで第一に小企業の起業家精神とインセンティブが大企業の文化と両立しないため,買収の目標は達成されない」(Slowinski, Seelig and Hull, 1996: p.43)[4]という問題がある。したがって,買収は,単に巨額な資金を持っているだけでなく,アフター・マージャーと呼ばれる買収後のマネジメントに長けた企業だけがとり得る選択肢なのである。

　日本企業がベンチャー企業を買収しようとする場合,日本国内に高い技術をもったベンチャー企業が少ないという事情もあって,シリコンバレー等,欧米のベンチャー企業の買収を考えざるを得ない。そうした場合,物理的にも文化的にも距離のある日本の大企業が買収先のベンチャー企業をマネージしなくてはならない。また前述したように買収後のマネジメントは米国内の企業同士であっても課題が多い。まして米国内でのキャリアパスを示すことが困難である日本企業が買収を成功させるのは,さらに難しい。

　その点,マネジメントの問題の少ない提携は,ベンチャー企業の研究開発力の活用手段として,日本企業にとって取り組みやすい方法のはずである。ところが,欧米と比較して日本の大企業はベンチャー企業との提携の実績が少ない[5]。なぜ,欧米でイノベーションの仕組みとして定着している行動が,日本では行われないのであろうか,これは極めて興味深い問題である。

(2) 日本企業がベンチャー企業との提携を行わない要因

　日本の大企業においても,それが本社の企画部門に置かれる場合や研究開発部門に置かれる場合等,組織の位置づけや構造に違いは見られるものの,自社の事業部門とベンチャー企業との連携を推進する部門を設置する企業が増えつつある。前述のCVCフォーラムには,ベンチャー企業に対し提携,投資,あるいは買収等を推進している担当者が23社から参加している。筆者が行った彼らや大手ICT企業の事業部門からのヒアリングによれば,日本の大企業がベンチャー企業との提携を行わない理由は図表序-1のようなものであった。

　提携の検討段階の問題としては,そもそも大企業の経営トップあるいは現場の事業部門にベンチャー企業を活用しようとする意思がないことである。これにはベンチャー企業の活用に価値を認めていない場合や,活用のリスク

序章　問題意識と本書の構成

図表序-1　大企業がベンチャー企業との提携を行わない理由

検討段階	運営段階
◆意思がない ・価値がないと考える ・リスクが高いと考える ・自社の技術を使いたい ・自分の仕事ではない	◆マネジメントが困難 ・手間がかかる ・失敗した経験がある

の高さから提携に向かわない場合，様々な理由で自社開発のものを使いたい，あるいは，自部門の担当業務ではないと考えている場合などがある。

また，提携の運営段階においては，仮に何度か提携に入っても，その難しさから，予想以上に手間がかかった，あるいは提携を成功させることができず，それによって再度提携を行うことがなくなってしまったことである。

本書は，現場が抱えているこれらの理由の本質的な原因の探求と，その打開策の提示を目標としている。すなわち，日本の大企業はなぜベンチャー企業との提携を実践しようとしないのか，ベンチャー企業との提携を行い，成功させるための課題は何なのか，そして，それらに対してどのような解決策があるのかという問いに答えようとするものである。

2. 本書の内容

(1) 考察の対象

本書が主な考察の対象としているのは，「日本の大企業とベンチャー企業との提携」である。

提携とは「二つ以上の企業が結びついて，個別企業ではできないことを行うこと」（山倉, 1993: p.217）であるが[6]，本書で取り上げる提携は初期段階にある「アーリーステージの技術ベンチャーとの共同開発型提携」を想定している。考察の対象をアーリーステージのベンチャー企業に限定するのは，以下の理由による。そもそも大企業がベンチャー企業と提携する目的は，競合他社と差別化するためにベンチャー企業の研究開発力を活用することであるが，レイターステージや上場後のベンチャー企業との提携では，すでにできあがった製品の供給についての関係となる可能性が高い。そのため，それ

を提携によって独占して他社との差別化要因とすることは困難である。一方，アーリーステージのベンチャー企業は，資金面においても，技術面においても経営資源が不足している。特に，大企業が持っている製造技術や販路等はベンチャー企業にとって貴重であり，ベンチャー企業がそれらを必要とする段階にあるからこそ，大企業はベンチャー企業の新しいアイデアや先端技術を獲得することができるのである。また，アーリーステージのベンチャー企業は製品開発の途上にあり，そうしたベンチャー企業との提携は必然的に共同開発型の提携となるため，大企業にとって他社との差別化という意味では最も価値が高い[7]。

(2) 考察の方法

本書では，先行研究のレビュー等によって，日本の大企業がベンチャー企業との提携ができない理由，あるいは日本の大企業がベンチャー企業と提携を実行し，成功させるためのマネジメント上の課題を抽出する。その上で，それらの課題の解決策を提示するため，日本の大企業がベンチャー企業との提携を成功させた事例を用いた事例研究を行い，「なぜ当該企業はそれらの課題を解決できたのか，あるいは，どのようにして提携を成功させたのか」を分析する。

日本の大企業とベンチャー企業との提携が実際に行われた事例は多くない。しかしながら，やや古い事例ではあるが，大企業がアーリーステージのベンチャー企業と提携し，成功をおさめ，両社の業績に大きく貢献した事例がある。富士通株式会社と米国アムダール社（Amdahl Corporation）の提携の事例である。アムダール社はIBMの技術者であったアムダール博士によって1970年に設立されたベンチャー企業であった。富士通は71年10月，そのアムダール社と大型コンピュータの共同開発を目的とした戦略的提携のための基本契約を締結した。この事例では，現在と比較して必ずしも十分な経営資源を有していたとは言えない富士通が，様々な課題を克服してベンチャー企業との提携を成功させている。

この事例を詳細に分析して，富士通がベンチャー企業との提携に踏み切り，それを成功させた要因を抽出することにより，日本の大企業がベンチャー企業との提携を成功させるための解決策について仮説を提示する。

序章　問題意識と本書の構成

　富士通とアムダール社の提携については，田原（1992）や立石（1993）など，ノンフィクション作家による著作においても詳しく述べられており[8]，富士通の社長・会長であった小林大祐，山本卓眞両氏の著作にも取り上げられている（小林, 1983; 山本, 1992, 1999）。またNHKのテレビ番組「プロジェクトX―挑戦者たち―」にも取り上げられている。しかし，これらは大企業とベンチャー企業との提携という観点から学術的に分析したものではない。

　この事例研究を行うためのデータを集めるため，当該提携プロジェクトの米国における責任者であった鵜飼直哉氏に対して5回（2007年7月18日，9月28日，12月21日，08年9月10日，10月8日），またプロジェクトのリーダーであった池田敏雄氏の仕事を引き継いだ上記の山本氏に対して2回（10年6月9日，7月7日）のインタビューを行った。

　鵜飼氏は，アムダール社との大型コンピュータの共同開発プロジェクトの富士通側の現地責任者として1971年12月にアムダール社に赴任した。74年に共同開発が終了した後も現地に残り，富士通とアムダール社の間のboundary-spanner（橋渡し役）の役割を担った。78年に帰国したが，84年まではアムダール社の取締役を務めた。その鵜飼氏から，膨大な一次資料を提供していただいた。それは70年から約12年間にわたるアムダール社関連の資料で，鵜飼氏が83年に富士通の米国の子会社に転勤する際に，川崎工場の倉庫に保管したものである。段ボール箱8箱にもなる資料のなかから，事例研究の参考になると思われた多くの資料をコピーさせていただいた。

　鵜飼氏は2000年に，アムダール社の創立30周年を記念して，この8箱の原資料をまとめて「富士通―Amdahl最初の10年の記録」という50頁を超えるレポートを作成した。鵜飼氏は20年近く前に自身で残した箱を開けた時の様子について，そのレポートの冒頭で語っている。「アムダール・プロジェクト開始前後の社内資料類や議事録，常務会資料，池田さん直筆の青インクで書いてあるメモ，高羅社長とAmdahl社長との間の書簡類のオリジナル，大型箱ファイル3冊分の富士通―Amdahl間の契約書類一式，10年分のAmdahlのBoard Meetingの資料類，株式上場目論見書と創立以来のアニュアル・レポート，500通を越える私の現地発信レポート等々が続々

出てきた。技術部が作成した当時のFACOM230シリーズからIBM互換路線へと転換する過程での記録資料もあり，富士通の開発史の中で貴重な証拠書類も残っていた」(鵜飼, 2000: p.1)。また，この「富士通―Amdahl最初の10年の記録」の性格について「本資料は，……Amdahl社の最初の10年の記録を復元することを目的としたものであって，個人的な回顧録ではない。但し記録の復元だけでは資料として無意味であるので，一人称で証言できる部分について補足してある」と語られている（鵜飼, 2000: p.2）。

また，提供いただいた資料のなかには，アムダール社の上場後の1977年に鵜飼氏が書いた，「今後のアムダールを考える」という200頁にも及ぶ手書きのレポートがあり，その一部として，富士通とアムダール社の提携が危機に瀕した73年末からの約1年間について，76年に書かれたレポート「激動の12ヶ月の記録」が含まれていた。

これらの資料は，本書の事例を執筆にするにあたって大変貴重な資料となった。鵜飼（1976），鵜飼（1977），鵜飼（2000）等として，多くの引用もしている。

この他，富士通の社史やアムダール社のAnnual Report等の公開資料等により，提携の形成過程の1970年から富士通が提携のコントロール方法を変更した74年までを中心に，両社の提携関係に大きな影響を与えたVCも視野に入れて，データを収集した。

(3) 本書の議論と構成

本書では，大企業とベンチャー企業との提携の研究において，これまで十分に検討されてこなかった，ベンチャー企業との提携が進化するという特性に関する考察と日本的経営の文脈からの考察を行い，次のように指摘する。

すなわち，ベンチャー企業との提携の進化という側面においては，「ベンチャー企業との提携では，提携のコントロールについて，先行研究で言われている一般的なパターンとは逆のパターンでコントロールするというような，コントロールの方法を変更しなければならない」ことを指摘する。つまり，通常，提携の初期段階においてはフォーマルなコントロールが行われ，提携の進化にともなって信頼をベースとする社会的なコントロールに変化すると言われている。しかし，ベンチャーとの提携においては，提携の目標が

探索にある初期段階において信頼をベースとした社会的なコントロールが求められ，提携の目標が活用段階に入ると，それをフォーマルなコントロールに変更することが求められるという指摘である。

　日本的経営の文脈においては次の2つの点を指摘する。ひとつは，「大企業がベンチャー企業との提携を成功させるためには，全社的な取り組みや経営トップのコミットメントが必要とされるが，日本企業の創発型の意思決定や日本企業に特有の組織構造が作用して，ベンチャー企業との提携を阻んでいる」という指摘である。2つめは，日本企業の特徴である「高信頼」な関係と集団主義に関するものである。「「ウチ」と「ソト」を明確に区別する日本型の「高信頼」な関係は，過去に取引関係がないベンチャー企業との間に信頼関係を構築することを困難にし，大企業がベンチャー企業と提携することを難しくしている」ことを指摘する。

　このように本書は，大企業とベンチャー企業の提携における信頼とコントロールについて議論する。ここでは，信頼は，パートナー企業が確かな専門能力を持ち，また機会主義的な行動をとらないので，依存や協力ができるという期待と定義する。また確かな専門能力に対する信頼を「能力への信頼（competence trust）」，機会主義的な行動をとらないことへの信頼を「誠意への信頼（goodwill trust）」と呼ぶ（Nooteboom, 1996)[9]。

　一般にコントロールとは「主体にとって望ましい状態をめざして主体が対象に対して作用を与える，ないし働きかけを行なうこと」（内野, 2006: p.132）であり，組織論の分野においては，コントロールは「1人の人間，あるいはひとつの人間グループ，あるいはひとつの人間組織が他の人間，グループあるいは組織の行うこと決める，すなわち意図的に影響を与えるプロセス」（Tannenbaum, 1962: p.239）と言われている。また，経営管理におけるマネジメント・コントロールとは「組織の戦略を遂行するために，マネージャーが組織の他のメンバーに対し影響を与えるプロセス」（Anthony and Govindarajan, 2007: p.6），あるいは「階層的な意思決定システムにおいて，下位者に対して権限委譲された意思決定を上位者がコントロールすること」（伊丹, 1986: pp.33-34）と言われている。本書の考察対象は大企業とベンチャー企業との提携であり，ここでは，コントロールを「ひとつの事業体

序章　問題意識と本書の構成

(entity)が，パワー，権限，広い範囲の階層的メカニズム，文化的メカニズム，インフォーマルなメカニズムの使用を通じて，他の事業体の行動や活動に対して，様々な程度の影響を与えること」(Geringer and Herbert, 1989: pp.236-237)と定義する。そのうち，パワー，権限，様々な階層的メカニズムによるコントロールを「フォーマルなコントロール」，文化的メカニズムやインフォーマルなメカニズムの使用を通じたコントロールを「社会的コントロール」と呼ぶ。この分類は，「フォーマルなコントロールが，望ましい行動のパターンを特定するコード化された規則，ゴール，手順を採用するのに対して，社会的なコントロールは，望ましい行動を促進するための，組織の価値，規範，文化を活用する」としたDas and Teng (1998b) の分類と同様である。したがって，フォーマルなコントロールには，2つの側面がある。ひとつの側面はパワーや権限をベースとしたコントロールという側面と，もうひとつはコード化された規則や手順等のメカニズムを介したコントロールという側面である。

通常パワーは「他の抵抗を排しても自らの意志を貫き通す能力であり，自らの欲しないことを他からは課されない能力」(山倉，1993: p.66) のように定義されるが，本書においては，それは利己的に行使されるだけでなく，協調的に協業を促進するためにも使用されるもの (Huxham and Beech, 2008: p.560) と定義する。Huxham and Beech (2008) は，パワーのパースペクティブを以下の3つに分類している。(1)組織間関係のコントロールを目指すpower over，(2)組織間関係の共通の成果を目指す power to, (3)パートナーへのパワーの委譲を行うPower forである。(1) Power overは多くの組織間関係の研究において一般的なパワーのパースペクティブである。(2) Power toは組織間関係の全体の利益のために使われるパワー，あるいは個々の組織が持つパワーを一体化し拡張して使われるパワーである。(3) Power forはパートナーに行使の権限を移譲するパワーであり，高度な相互依存が必須の状態の時に使われるパワーとされている。本書では，パワーは上記の3つの形態のいずれも含むものとする。

信頼，コントロール，パワーの定義を図表序-2にまとめた。

提携の成功・失敗の判定基準には，(1)提携によって達成された成果の大き

図表序-2　本書における用語の定義

信　頼	パートナー企業が確かな専門能力を持ち，また機会主義的な行動をとらないので，依存や協力ができるという期待
能力への信頼	確かな専門能力に対する信頼（competence trust）
誠意への信頼	機会主義的な行動をとらないことへの信頼（goodwill trust）
コントロール	ひとつの事業体（entity）が，パワー，権威，様々な階層的メカニズムを通じて，あるいは文化的・非公式的なメカニズムの使用を通じて，他の事業体の行動や活動に対して，様々な程度の影響を与えること
フォーマルな コントロール	①パワー，権限をベースとしたコントロール ②コード化された規則や手順等のメカニズムを介したコントロール
社会的な コントロール	価値や情報の共有等，文化的・非公式的なメカニズムの使用を通じたコントロール
パ　ワ　ー	他の抵抗を排しても，自らの意志を貫き通す能力であり，自らの欲しないことを他からは課されない能力。ただし，それは利己的に行使されるだけでなく，協調的に協業を促進するためにも使用される
Power over	組織間関係のコントロールを目指すパワー
Power to	組織間関係の共通の成果を目指すパワー
Power for	パートナーに行使の権限を移譲するパワー

さと，(2)提携によって当初の目標，あるいは提携の過程で進化させた目標を達成できたかどうか，という2つの基準が考えられる。本書では，難しい提携のマネジメントに成功したかどうかに着目するという意味において(2)を重視する。

また，本書では提携の成功要因として「提携の戦略的重要性」を主張するが，本書ではそれを「その提携によって実現しようとしている到達目標の重要度と，その到達目標を達成するための提携の必要性の高さ（代替可能性の低さ）」と定義する。

本書の構成は以下の通りである。

第Ⅰ部では，はじめに，社外のリソースを活用する仕組みとして極めて成功しているシリコンバレーについて考察する。シリコンバレーはリスクマネーを活用したイノベーションのエコシステムになっていること，さらにシリコンバレーはひとつの企業組織の枠を越えてリスクマネーを上手く活用し，

地域全体としてイノベーションを生み出すエコシステムになっていることを明らかにする。

次に，大企業にとってのベンチャー企業との提携の意義について述べる。ベンチャー企業との提携は，社外のリスクマネーを活用することによって，企業がイノベーションを行う際に求められる迅速性や柔軟性を獲得し，高いリスク負担を軽減するための有効な手段である。日本にはまだシリコンバレーに匹敵するようなイノベーションのエコシステムはないが，大企業がベンチャー企業との提携を推進することが日本型のイノベーションのためのエコシステムの形成につながり，一企業の成功のみならず，日本経済の活性化に貢献することできると考えている。

第Ⅱ部では，大企業のベンチャー企業との提携を阻害する要因を検討する。かつての日本企業の成功を支えた日本型組織の特性が，ベンチャー企業との提携を実践する際の阻害要因になっていることを明らかにする。

第3章では，提携に関する先行研究，大企業とベンチャー企業との提携に関する先行研究のレビューを行い，日本の大企業がベンチャー企業との提携を成功させるには次の3つの点が問われなければならないことを指摘する。

1．日本企業の特殊性から生じるマネジメント上の課題
2．ベンチャー企業の特殊性から生じるマネジメント上の課題
3．提携の成功のための処方箋を日本企業が実行し，また，上記の2つ課題を克服するための要件。

第4章においては，上記の1．について，日本的経営の先行研究のレビューを行い，日本的経営の特徴として，創発型の戦略形成，内部開発志向と組織の相互依存性の高さ，集団主義と日本型の信頼という特徴を指摘する。

そして，第5章において，上記の2．について，提携におけるベンチャー企業の特殊性を考察する。ここでは，第一にベンチャー企業との提携に特有のリスクによる，提携を開始するには乗り越えなくてはならない課題，第二に提携に特有なそのマネジメントの課題，特に，ベンチャー企業の急速な，そして大きな変化を伴う段階的成長への対応の難しさが示される。すなわち，提携を成功させるためには，その目標が探索である提携の初期段階においては信頼をベースとした社会的なコントロールが求められ，提携の目標が

活用段階に入ると，それをフォーマルなコントロールに変更することが求められることである。

次いで，この提携を開始することの課題と提携のマネジメントの課題は，第4章でレビューした日本的経営の特徴を持つ日本の大企業にとっては，より大きな課題となることを指摘する。

第6章と第7章はケースの記述とその考察である。第6章では，上記のマネジメント上の課題について，それらの現実との適合性を検証し，またその課題の解決策の検討を行うために，富士通と米国のベンチャー企業，アムダール社との提携の事例を，本書が示唆する上記の課題を克服しているケースとして紹介する。

第7章においては，第6章の富士通とアムダール社との提携の事例において，富士通が，上記の様々なマネジメント上の課題にもかかわらず，提携を成功させることができた要因を分析する。大企業がベンチャー企業との提携を成功させるための要件は以下の通りである。

1. 当該提携の戦略的重要性が明確になっていること
2. 提携の開始以前から意識的に両社間に信頼関係を構築するための努力をすること
3. 提携のステークホルダーの信頼を得るため，提携の発展段階に応じて適切なパワーを行使すること

第8章では，第7章までのまとめを行い，日本の大企業がベンチャー企業との提携を成功させるための実践的な提案を行う。

第一に，提携を遂行するために全社的に整合性のとれた取り組みを行うこと。第二に，意図的に提携の戦略的位置付けを明確にすること。そして第三の実務的示唆として，現場を信頼して任せる経営の功罪が示される。日本の大企業は，「ウチ」おいては，信頼に基づくマネジメントが行われる一方，「ソト」との信頼関係構築が不得手である。したがって，「ウチ」の範囲を提携パートナーまで拡張し，パートナーを信頼することができれば，通常のマネジメントスタイルを適用できるという利点がある。大企業は，このような日本的経営の特徴を認識した上で，ベンチャー企業と提携に取り組むことが重要である。第四に，信頼できるベンチャー企業とのコンタクトをふやすた

め，ベンチャー企業やVCとのネットワークが必要であることであり，その手段としてCVC（Corporate Venture Capital）[10]の活動の提案である。

そして，これらの4つを実践するための組織として全社的新規事業開発組織の設置を提案する。

注
1) ベンチャー企業には様々な定義があるが，本書では強い成長意欲を持った起業家に率いられた，新しい事業の創造を目指す新規開業企業と定義する。なお，この分野の草分け的研究である清成・中村・平尾（1971）は，ベンチャー企業とは「研究開発集約的，またはデザイン開発集約的な能力発揮型の創造的新規開業企業を意味する。したがって，それらは小企業として出発するが，従来の新規開業小企業の場合とちがうのは，独自の存在理由をもち，経営者自身が高度な専門能力と，才能ある創造的な人々をひきつけるに足りる魅力ある事業を組織する企業家精神をもっており，高収益企業であり，かつ，このなかから急成長する企業が多く現れていることである」(p.10) としている。松田（1998）は「成長意欲の強い起業家に率いられたリスクを恐れない若い企業で，製品や商品の独創性，事業の独立性，社会性，さらには国際性を持ったなんらかの新規性のある企業」(pp15-16)，柳（2000）は「高い志と成功意欲の強いアントレプレナー（起業家）を中心とした，新規事業への挑戦を行なう中小企業で，商品，サービス，あるいは経営システムに，イノベーションに基づく新規性があり，さらに社会性，独立性，普遍性を持った企業」(p.5) とそれぞれ定義している。
2) イノベーションとは，ここでは，新しい技術のみならず，新しい事業システム，新しい経営の仕組み等を用いて，経済的価値をもたらす新商品や新規事業を創造することである。
3) リスクの大きい新事業をはじめようとする起業家あるいは社歴の浅い企業に出資し，当該企業が成長した後に株式を売却しキャピタルゲインを得ることを目標とする企業（清成, 1972: p.134）。また，彼らは，単なる成長企業への資金供給と利益獲得という業務を超えて，自らの何かを持って投資先企業を支援し，付加価値を高める役割を果たす（Bygrave and Timmons, 1992: 邦訳 p.165）。
4) 同様の指摘は，Forrest and Martin（1992）も行っている（p.43）。
5) これは既に通説になっているが，日本においては，欧米と異なり統計が整備されておらず，確認することさえ困難なのが現実である。湯川（2011）は，Japan Venture Reseach（JVR）の資本政策データベースから抽出した129社のICTベンチャー企業について独自にデータ収集・分析を行い，日本の「大手ICT企業は国内ベンチャー企業に関する限りは共にイノベーションの創出に取り組もうという積極的な姿勢をみることはできなかった」(p.25) と結論づけている。
6) 本書において「提携」という用語は「アライアンス」と同義語である。
7) Badaracco（1991）は，提携を「製品の連鎖」と「知識の連鎖」に分類した上で，新しい能力に対する必要性への最も成功する対応は「知識の連鎖」であると述べる。「製

品の連鎖」とは，通常行われる製品や販売網を補完するための提携であり，「知識の連鎖」とは，提携を構築する組織同士が，提携を通じてパートナーが持つ技能や能力を学習し，パートナーとの提携によって新たな知識や能力の創造に繋がるような提携を指している。
8) この他にも，岩渕（1984），柏原（1986, 1992）等がある。
9) Sako（1992），酒向（1998），真鍋（2002）らが同様の分類を行っている。
10) 非金融機関によって行われる，戦略的および財務的目的のための，ベンチャー企業に対する投資（Narayanan, Yang and Zahra, 2009: p.64）。

第Ⅰ部　大企業にとってのベンチャー企業との提携の意義

　第Ⅰ部では，リスクマネーを活用したイノベーションのエコシステムであるシリコンバレーについて述べ，次いで大企業がベンチャー企業と提携することの意義について述べる。

第1章 イノベーション・モデルとしてのシリコンバレー

1.1 大企業の提携相手としてのベンチャー企業

　オープン化・モジュール化，デジタル化，ネットワーク化という形で発展した情報通信技術により，水平分業モデルが台頭し，社会・経済がネットワーク化，知識社会化した。そうした環境変化によって，小規模な企業であることは競争上，非常に不利な制約条件ではなくなった。すなわち，水平分業モデルの台頭は小規模な企業であっても，ある特定の分野において世界レベルで競争することを可能にし，市場での取引コストの低下は社外の資源へのアクセスを容易にし，広い範囲から最高水準のものを活用して大企業に対抗する手段を与えた。また，知識経済化は，知識と資金との相対的な重要性を逆転させ，多額の資金を持たないベンチャー企業も世界レベルの競争に参加できるようになったからである。さらに，多様で変化のスピードが早い市場環境は，研究開発におけるリスクを高度化させるとともに多産多死型の研究開発モデルを要請している。その結果，これまでのような，大企業の中央研究所がイノベーションにおいて単独の主役であり続けることは困難になった。VC から供給されるリスクマネーを活用するベンチャー企業によるイノベーションが大きな役割を果たすようになっているのである[1]。

　近年，こうした傾向は，ベンチャー企業の起業コストが激減したことによって，ますます拍車がかかって来ている。その要因のひとつは，OSS（open source software）の登場である。OSS とは，文字通り，通常は公開されないソースコードが公開されているソフトウェアのことであるが，単にソースコードが公開されているだけではなく，無料で頒布されていることに特徴が

図表1-1 ベンチャー企業台頭の背景

1. 小規模企業の制約の解消
   ①知識・知的資産の相対的重要性の増大
   ②技術体系の変化(オープン化・モジュール化) ⇒水平分業モデルの台頭
   ③ネットワーク社会,インターネットによる外部との取引コストの劇的低下
2. ベンチャー企業の有利性
   ①既存の収益構造にとらわれない破壊的イノベーション
   ②事業として成り立つ規模の相違による役割分担
   ③大組織のしがらみにとらわれないフレキシビリティ,迅速な意思決定
3. ベンチャー企業はオープン・イノベーションにおける技術とリスクマネーのVehicleである
   ①VCのリスク・マネーを活用できる
   ②大学や政府研究機関等で開発された技術を活用できる

ある。代表的なものとしてはOSのLinuxがあるが,1990年代後半以降,データベースやWebサーバ,フレームワーク,開発言語に至るまで非常に多くのOSSが登場した。そのため,起業家は高価な商用のソフトウェアのライセンス料を支払わなくても,様々な技術開発が可能になったのである。もうひとつの要因はクラウド・サービスである。クラウドの登場によって,起業家は様々な高価なハードウェアを自前で揃えることなく,コンピュータ資源をネットワークを介してサービスとして活用することができるようになった。OSSはソフトウェアに関わるコストを激減させたが,昨今のクラウドの普及は,ハードウェアに関わる起業のコストも激減させたのである。

一方,ベンチャー企業の方が,競争上有利な条件もある。小規模なベンチャー企業は,大企業のように既存の資産に縛られずに,破壊的イノベーション(Christensen, 1997)に取り組める,大企業が進出しにくい規模の小さい事業にも取り組める,ネットワーキングにより柔軟な事業システムを構築できる,意思決定の速度が早いなどの利点がある。特に大企業にとって取り組むことがますます難しくなっているリスクの高い破壊的技術の実用化について,ベンチャー企業は大きな強みを持っている。

したがって,もちろん大企業同士の提携やベンチャー企業の買収の重要性を否定するものではないが,他社との差別化のためにはベンチャー企業と早い段階から提携することが必須である。

第1章 イノベーション・モデルとしてのシリコンバレー

このように，ベンチャー企業は，大手企業にはない独自の強みを持つことによって，オープン・イノベーションにおける技術と資金のVehicle（乗物・媒介者）として中核的な役割を担っている。また，自社の事業のために提携を形成しようとする大企業にとって，競合している既存の同業企業と提携することの難しさを考えると，ベンチャー企業は大変貴重な提携のパートナーなのである。実際，シリコンバレーのベンチャー企業は，成長して上場するよりも，大企業に買収される場合の方が多いことがそれを如実に表している。

1.2 リスクマネー活用のエコシステム

シリコンバレーでは次々と有望なベンチャー企業が輩出され，新しい産業を生み出している。ベンチャー企業は，優れた技術等，特定の分野に特化したコア・コンピタンスを持って起業し，様々な企業と提携関係を構築してネットワークを形成し，事業を展開する。提携の相手は，資金を提供するVCや，法務サービスを提供する法律事務所，製造を受託するEMS，技術を補完する他のベンチャー企業，また，営業ルートを提供する大手企業の場合もある。こうしたプレイヤーが様々なネットワークを形成して連携している。

また，シリコンバレーには様々な人的ネットワークが形成されている。同じ会社に勤めていた元同僚，大学の同窓生，民族的な繋がりを持ったTiE[2]のようなベンチャー支援組織，ベンチャー・キャピタリストの集まり等である。こうした集まりの繋がりは非常に強く，こうした繋がりの方が同じ企業に勤める同僚との繋がりよりも，むしろ強固である（Saxenian, 1994: 邦訳p.75）と言われている。このような強固な人的ネットワークが重層的に形成されている。

シリコンバレーで成功するベンチャー企業はこうしたネットワークによって，ビジネスを遂行するのに必要なリソースを外部から素早く調達して事業を一気に立ち上げ，急速に成長しているのである。同時に大企業もそうしたネットワークの一翼を担うことで自らの事業の強化している。その意味で，シリコンバレーは，そこに所在する多くの企業，大学，VC等が連携してイ

第 I 部　大企業にとってのベンチャー企業との提携の意義

図表 1-2　リスクマネー活用のエコシステム

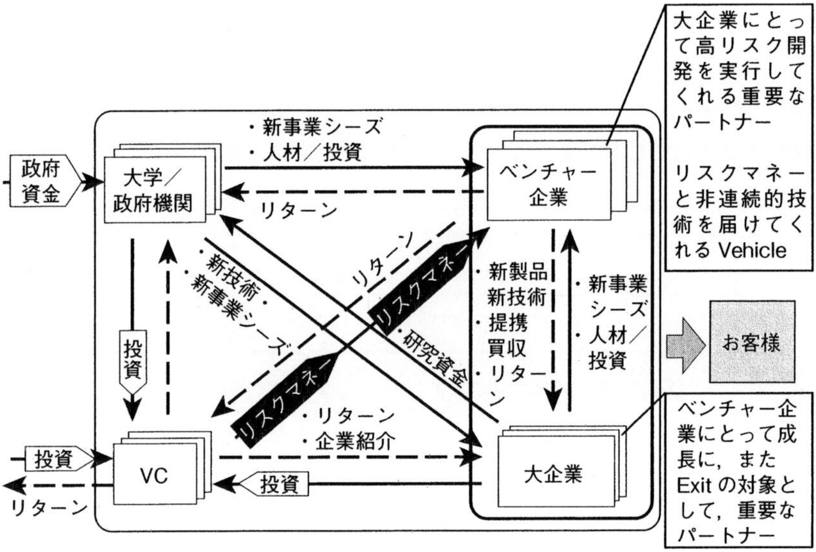

（図）大企業にとって高リスク開発を実行してくれる重要なパートナー／リスクマネーと非連続的技術を届けてくれる Vehicle／ベンチャー企業にとって成長に，また Exit の対象として，重要なパートナー

出所：中村，2008: p. 69

ノベーションを行い，消費者に対して多様な価値を創造するエコシステムとなっているといえる（図表 1-2）。

　シリコンバレーには多様なプレイヤーが参画しているが，そこでは多くの有能で多様な人材を始めとした研究開発リソースに対して，政府や VC 等の膨大な金額の研究開発資金が投下され，イノベーションを起こしている。

　上記のとおりシリコンバレー・モデルというイノベーション・システムの重要な特徴のひとつは，ネットワークによって社外のリソースを活用しているという側面であるが，もうひとつの重要な特徴は，リスク負担能力の高い資金，すなわち政府の資金と VC によるリスクマネーが大量に投下されているという側面である。

　武石・青島（2001）は「最近のアメリカでは，非連続なイノベーションでとかく不利になりがちな大企業が，画期的なイノベーションは新興企業にまかせて，成果が出てきたら企業ごと買い取るという戦略をとり始めている。成功したら事業を売却することを目標として会社を起こす企業家も増えてい

る」(p.125)と指摘する。単純化し過ぎているきらいもあるが，シリコンバレーにおいては，次のような分業が行われていると言って良いだろう。すなわち，それまでの製品に対して新しい価値をもたらすような研究成果やアイデアが大学や既存の企業で育まれ，それをもとにベンチャー企業が初期段階の製品までの開発を行い，そして，その初期製品を活用して大企業が事業化するという分業である。その際の資金は，大学の基礎研究は政府によって賄われ，ベンチャーはVCによって賄われているのである。

もちろん，ベンチャー企業が大きく成長して自ら大企業となるケースもあり，大企業が自社内で独自に新製品を開発するケースもある。しかしながら，基礎研究における高いリスクや自社内で破壊的イノベーションを遂行することの難しさを勘案すると，上記の分業に基づくイノベーションを行わざるをえなくなっており，それ故，このような形の分業が行われるケースが増えているのであろう。シリコンバレー・モデルは政府の資金やリスクマネーを活用してイノベーションを起こす仕組みなのである。

シリコンバレーにおけるイノベーションの主役はベンチャー企業であるが，このエコシステムを円滑に循環させる上で，大企業が果たしている役割は大きい。

たとえば，ベンチャー企業が成長する上で最も困難な課題は，最初に製品を買ってくれる顧客を見つけることであり，また，販売ルートを確立することである。その意味でベンチャー企業にとって大企業との提携は極めて重要なのである。また，市場が回復しつつあると言っても，図表1-3に示すように米国の2011年ベンチャー企業の新規株式公開（IPO）数は52社である。ところが買収合併（M&A）されたベンチャー企業の数は506社であった。そしてM&Aの件数がIPOの件数を上回る傾向は過去から変わっていない。ベンチャー企業の成功すなわちExit[3]の大部分は大企業に依存したものなのである。

大企業の側からみると，高いリスクは政府やVCに負担してもらい，成功したベンチャー企業の事業シーズだけを活用することができる。ハイリスク・ハイリターンの部分をVCに任せることによって，自らはミドルリスク・ミドルリターンの部分に特化できるのである。ベンチャー企業は自社の

図表1-3　米国におけるM&AとIPOの件数の推移

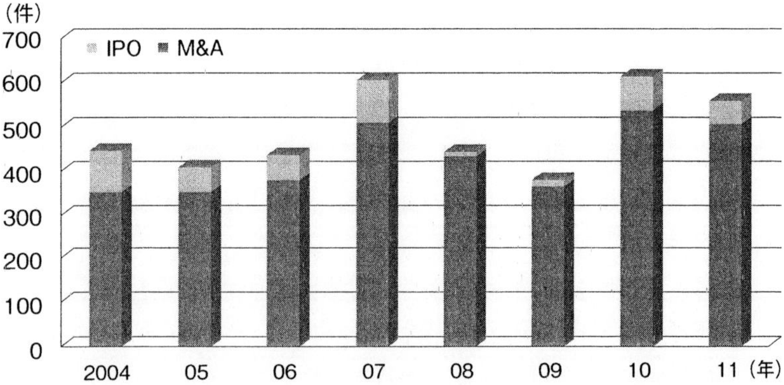

注：Thomson Reuters & National Venture Capital Associationのデータをもとに筆者作成

　オープン・イノベーションにおいて破壊的技術とリスクマネーを大企業に届けてくれるVehicleの役目を担っているということができる。したがって，シリコンバレー・モデルは，単にリスクマネーによってベンチャー企業を生み出す仕組みだけではない。ベンチャー企業と提携し，あるいはベンチャー企業を買収することで，大企業がリスクマネーを活用する仕組みでもあるのである。

　シリコンバレーを全体としてみると，それ自体がイノベーションを起こす仕組みとなっているということができる。そこでは，研究開発のための重要なリソースである研究開発を担う人材と，研究開発のための資金，特に高いリスクを負担できるリスクマネーが一企業内に閉じた形で使われているのではなく，ネットワークによって結びついている。すなわち，一企業で抱えられる研究開発者の数には限度があり，またリスクの高い研究開発に投下できる資金の額にも限度があるが，シリコンバレーは，この一企業の研究開発者と資金の限界を越えて研究開発を行う仕組みとして新しいイノベーションを次々と生み出しているのである。

　企業がイノベーションを推進する仕組み，あるいは社会全体としてイノベーションが行われる仕組みをイノベーション・モデルと呼ぶとする。イノベーション・モデルは，技術の進展や産業構造の変化に伴い，特定の時代や特

定の産業に適合するように変遷する。シリコンバレーの台頭は，一時の流行というようなものではなく，情報通信技術の進展，経済・社会構造の変化に伴うイノベーション・モデルの変革の結果である（榊原, 1997; 米倉, 1999; Aoki, 2001; 西村, 2003）。

したがって欧米の大企業によるベンチャー企業の活用の隆盛は，一過性の流行のようなものではなく，技術の進展とその結果としての競争環境の変化によってもたらされたものである。したがって日本企業としても，こうした環境変化に適応していかなければならない。

注
1) 実際，産業界のイノベーションは，大企業から小規模な企業にシフトしてきている。「NSF（全米科学財団）による米国データでは，小規模企業（従業員が1000名以下）の研究開発費の総額は上昇をつづけており，2001年には産業界全体のほぼ25パーセントを占めるようになっている。一方，大規模企業（従業員が2万5000名の企業）の合計投資額は低下しており，2001年では産業界全体の40パーセント以下になっている」(Chesbrough, 2006: 邦訳 p.28)。
2) TiE (The Indus Entrepreneurs) とは，インド系の起業家を支援する組織で，世界最大のベンチャー支援ネットワークである。
3) ベンチャー・キャピタル（VC）の世界では，ベンチャー企業が上場すること，もしくは大企業等に買収され，VCとして資金が回収できる状態になることをExitと呼ぶ。

第2章 日本の大企業にとっての ベンチャー企業との提携の意義

2.1 ベンチャー企業の活用によるリスクマネーの活用

　残念ながら日本にはシリコンバレー型のイノベーション・システムはできていない。しかしながら，日本企業としても，スピードと多様性が同時に要求される競争環境にあって，社内の研究開発者と資金の限界を越えて研究開発を行わなければ，リスクマネーを活用して研究開発を実行しているシリコンバレー等の企業には対抗できない。したがって，日本企業としてもリスクマネーを活用することが不可欠である。欧米企業のようにシリコンバレー型のイノベーション・モデルに参画して，リスクマネーによって育成された新しいイノベーションを活用するしかないのである。

　こうした新しいイノベーション・モデルにおいては，CTO (chief technology officer) にあたるトップ・マネジメントは自社のMOT (management of technology: 研究開発マネジメント) において必要な技術をどのような方法で調達するかという発想を持つことが求められる。すなわち，必要な技術をすべて自社で開発することはできないという前提に立って，自社開発は選択肢のひとつに過ぎず，外部リソースの活用を常に考える必要がある。

　したがって，中央研究所の役割も単に研究開発を行うという役割だけでなく，社外にどのような技術があるのかという探索や目利きの役割や，社外の技術を活用するにはどのようなネットワークを形成すべきなのかについて，常に考慮し実践する役割を担うことが求められる。社外からの技術導入も含む技術戦略の構築が，中央研究所の重要な役割となっているのである。シリ

コンバレー・モデルの台頭によって，中央研究所の時代が終焉したというような議論もある（西村，2003）が，中央研究所が必要なくなったのではなく，むしろ果たすべき役割の領域が拡大したと理解できる。

企業の中央研究所は，その企業が提携の中核企業として結節点となることができるようにコア・コンピタンスを高める役割を果たすとともに，他社が持つ補完資源へのアクセスと調和をはかる役割を担うことができる。その際，社外にすでにあるものを追いかけて開発したのではコア・コンピタンスを形成することはできないのであり，発想としては，むしろ社外の技術を常に広く監視して，社外の技術で欠けている部分を社内で開発するという発想が必要であろう。

2.2 リスクマネーの活用方法としてのコーポレート・ベンチャリング

2.2.1 日本の大企業にとってのスピンオフ・ベンチャー創出の意義

前述のように，ベンチャー企業との提携や買収は，ベンチャー企業に投資されたリスクマネーを活用するためのひとつの方法であるが，大企業がベンチャー企業に投資されるリスクマネーを活用する方法としては，もうひとつ別の方法がある。自社の研究開発の成果や事業シーズをベースとして独立（スピンオフ）させてベンチャー企業を設立し，そのスピンオフ・ベンチャー[1]にVCのリスクマネーを引き入れて，直接活用する方法である。本節では，この大企業のシーズと人材を活用したスピンオフ・ベンチャー創出の意義を考える。

スピンオフ・ベンチャーにとっては，出身元の企業から出資を得ることは必須ではない。しかし，出身元の企業からの出資を得ることで良好な関係がより確実なものとなるため，通常スピンオフ・ベンチャーと呼ぶ場合には出身元企業から出資を得ている企業を指す。出身元の企業からの出資比率は出資元企業からスピンオフ企業に移管されるものの価値や，出身元の企業の事業ドメインとスピンオフ企業の事業領域との距離によって決定される。スピンオフ・ベンチャーは社内や子会社ではないという意味では社外の組織であるが，全く関係のない企業とは異なる，言わばその中間に位置し，相互の信

頼関係が確立された企業であるということができる。

　日本は新規開業件数が他のOECD諸国と比較して圧倒的に少ない。また大企業の研究成果が有効活用されずに企業内に埋もれてしまうことが多いため，多額の研究開発投資が経済成長に結びついていないという指摘もある。そのため各方面からの，日本経済活性化に向けたベンチャー企業，特に大企業からのスピンオフ・ベンチャー創出への期待は大きく，様々な研究会等行われている。筆者が参画したもの，あるいは現在も参画しているものだけあげても，経済産業省「スピンオフ研究会」(2003)，「技術移転促進研究会」(2003～04)，「ナノテクスピンオフ研究会」(2006)，「カーブアウト型スピンオフ検討専門委員会」(2007)，「新事業創出支援に関する委員会」(2013)，神奈川県「かながわ産業競争力強化戦略研究会」(2006)，経団連「起業創造委員会」(2006～2013) 等がある。

　こうした大きな期待にもかかわらず，大企業が積極的にスピンオフ・ベンチャーの創出に取り組んでいる事例は多くはない。逆に，そうした事例が少ないために，期待されているということなのであろう。

　スピンオフ・ベンチャー創出の推進は，大企業にとって様々なメリットがある。2003年に行われた経済産業省の「スピンオフ研究会」の報告書では，大企業にとってのスピンオフのメリットとして，①収益力の向上，②固定費の削減，③社風の改革の3点をあげている (pp.9-11)。また，06年に発表された同じ経済産業省の『ナノテクベンチャー企業支援による産業活性化に関する調査研究報告書』では，スピンオフ・ベンチャーを創出することには，①外部資源活用によるリスクの低減，②複数のステークホルダーからの外部評価による適正な事業運営，③事業化スピードの加速，④事業領域の多様化促進による参入マーケットの拡大の4つの効果がある (p.133) としている。このようにスピンオフには様々なメリットや効果がある。しかしこれらの指摘においては，スピンオフの最も重要な意義であるリスクマネーの活用という視点が必ずしも十分に考慮されていない。

　昨今の迅速性・多様性がもとめられる経営環境にあって，自社の研究開発部門が開発してきた事業シーズのすべてを事業化することはできなくなってきている。損益予算や資金計画の厳しい制約がある限られたリソースだけで

は，リスクの高い案件や，事業ドメインの境界近くにあるような案件に開発リソースを投下することはできなくなったからである。そうなると，その事業シーズは事業化をあきらめるか，他のプロジェクトの予算を削減して集めた限定的な予算によって細々と続けるしかない。しかし，十分なリソースを投下できなければ，いかに優れた事業シーズであったとしても，競争を勝ち抜いていくことは困難である。また，予算を削減された他のプロジェクトへの悪影響も避けられない。そうした自社のリソース不足を解消するために社外のリスクマネーを活用するのである。その案件をスピンオフして，VC等のリスクマネーを活用すれば，投入できる自社の開発リソースの限度を超えて十分な開発リソースを投下できるようになる。前節で述べたベンチャー企業との提携は，間接的なリスクマネーの活用方法であるが，スピンオフは直接的なリスクマネーの活用方法なのである。

スピンオフは，大企業にとっては自社の事業シーズを有効活用するためにリスクマネーを活用できるというメリットがあるが，スピンオフ・ベンチャーに投資するVCにとっては大企業発の有望な事業シーズに投資ができるというメリットがあり，双方にメリットがある。もちろん大企業からのスピンオフと言ってもベンチャー企業には違いなく，必ず成功するという保証があるわけではない。しかし，長期にわたって大企業で研究開発された事業シーズを活用し，はじめから出身元の大企業との良好な関係が構築されているスピンオフ・ベンチャーは，一般のベンチャー企業よりも成功確率が高いということが言えるだろう。

VCのリスクマネーを活用するということは，当然，彼らに対するリターンを考慮しなければならない。それは通常，株式の上場もしくは他社への売却によるキャピタルゲインである。したがってスピンオフ・ベンチャーは，上場（もしくは他社からの買収オファーを受けること）を目指す会社となる。したがって，スピンオフさせた大企業にとっては，その事業が自社の事業ドメインに不可欠なものとなり，また競争上それが必要であるならば，当該スピンオフ・ベンチャーを買い戻す必要がある。もちろん，買い戻す時点では成長したあとの会社であり，初めから自社だけで育成した場合よりも高額で買い戻すことになる。しかし，全く資本関係のない会社を買収するより

はその時点での出資比率に応じてはるかに低額で買い戻すことが可能である。

　また，ベンチャー企業として社外に出すことにより，ベンチャー企業の優位性，すなわち破壊的イノベーションに取り組める，規模の小さい事業にも着手できる，出身元企業の中にあるときには諸事情によって組むことができなかった相手も含め柔軟なネットワーキングが可能となる，意思決定が速い等の優位性も活用することができるようになる。

　特に，破壊的イノベーションに取り組むことができることは非常に重要である。Christensen（1997）の言うように，優良顧客向けの事業を行っている事業部門にとって，自らの事業モデルを破壊する可能性がある破壊的イノベーションをもとにした新規事業を推進することは不可能に近い。しかし，自社がその事業に取り組まなくても，いずれ他社からの攻撃によって自社の事業は破壊されてしまうのであり，そうした新規事業に対する備えをしておかなければならないのである。その場合，スピンオフ・ベンチャーとして切り離して別組織として事業をスタートすることは有効な方法である。

　このように大企業にとってスピンオフ・ベンチャーの創出には，リスクマネーの活用だけでなく多くのメリットがあり，イノベーションの手法として大いに活用すべきである。

2.2.2　コーポレート・ベンチャリングとは

　上記のように，ベンチャー企業との提携や買収はベンチャー企業に投資されたリスクマネーを間接的に活用するための方法である。また，自社の研究開発の成果や事業シーズをスピンオフしてベンチャー企業を設立し，そのスピンオフ・ベンチャーにVCのリスクマネーを引き入れるのは，リスクマネーを直接活用する方法である。この2つのリスクマネーの活用法は，コーポレート・ベンチャリングとして有用なものである。

　コーポレート・ベンチャリングという用語は，研究者によって様々に定義されているが[2)]，本書では，コーポレート・ベンチャリングとは，ベンチャー企業という形態を活用して新規事業開発を行うこと，すなわち，リスクマネーを活用して非連続なイノベーションに基づく新規事業開発を行うことと

する[3]。具体的には，本書が課題としているベンチャー企業との提携やベンチャー企業の買収を通じた新規事業開発，スピンオフ・ベンチャーの設立を通じた新規事業開発，これらの新規事業開発をより円滑に行うためのコーポレート・ベンチャー・キャピタル（corporate venture capital: CVC）活動が含まれる。ここでいう新規事業とは，その組織がそれまで手がけたことのない新たな活動であり，本業よりも，かなり高い失敗のリスクと多額の損失が伴い，本業よりも不確実性が高い事業（Block and MacMillan, 1993: 邦訳 p.15）である。また，CVCとは，「非金融機関によって行われる，戦略的および財務的目的のための，ベンチャー企業に対する投資」（Narayanan, Yang and Zahra, 2009: p.64）である。CVCの投資対象は専業のVCと同様にベンチャー企業であるが，社内の新規事業である社内ベンチャー，社内シーズをもとに独立したスピンオフ・ベンチャーに対して投資を行う場合があり，またネットワーク構築を目的としてVCへの投資を行う場合もある。CVCの目的は，キャピタルゲインを追求する専業のVCとは異なり，自社の事業を推進・強化であり，新しい技術や市場についての学習や新規事業開発のためのオプションの獲得である。

2.3 ベンチャー企業待望論と新しいイノベーション・モデルの創出

　残念ながら，米国との比較において，日本では革新的新技術や新しい事業モデルによる新規事業が生まれておらず，そうした分野のイノベーションを起こす力が相対的に低下しているのは否めない。そのため，国や地方自治体，あるいは経済団体に至るまで，ベンチャー企業待望論が勢いを増している。

　このようなベンチャー企業待望論をうけ，日本でも新興企業向け市場の整備，税制や法制度等のベンチャー企業創出のための環境整備が進み，そうした環境整備においては米国と遜色のないレベルとなっている。また多くの自治体等でシリコンバレー型クラスターを形成すべく様々な施策が行われている。その結果，1990年代後半以降，多くのベンチャー企業が生まれるよう

になった。しかし，それでも，日本における開業率は世界的にみても非常に低く，しかも，その多くが米国で生まれたビジネス・モデルを取り入れたいわゆるネット系ベンチャーであり，新しい技術や事業モデルを持って参入して来るベンチャー企業は依然として少ない。

　それでは，なぜ日本ではベンチャー企業が多く輩出されないのであろうか。それに対しては，日米の文化の差であるとか，国民の気質にその理由を求めるもの議論もある。日本文化はベンチャーを生み出すのにはそぐわないとか，日本人はベンチャー気質に乏しいというような議論である。しかしながら，ソニーやホンダを生み出した日本人は本当にベンチャー気質に乏しいと言えるのであろうか。ネット系ベンチャー企業の隆盛を見ても，必ずしもそうではないだろう。

　米国と比較して，日本でベンチャー企業の輩出が少ない理由のひとつは，その担い手となるべき人材とって，ベンチャー企業を起業するインセンティブが少ないためである。米国においては，有能な人材にとってベンチャーの起業はローリスク・ハイリターンの挑戦である。もともと人材の流動性の高い米国において，転職することに大きなリスクはない。また，自分の現在の職も必ずしも安定的とは言えず，会社の業績次第でいつ解雇されるか保証はない。また，昇進を考えた場合には，積極的に転職をした方が良い場合も多い。もちろん，ベンチャー企業を成功させることは容易ではなく，米国NASDAQ市場に上場することは，日本の新興企業向け市場に上場するよりもはるかに困難であるが，それでも多くの成功物語があり，シリコンバレーでは身近にロールモデルを見い出すことも可能である。

　一方，日本においては，起業を担う大企業に勤める人材にとってベンチャーの起業はハイリスク・ローリターンである。人材流動性が低い日本では，転職には依然として大きなリスクがある。特に，起業にふさわしい様々な経験を積んだ人材であればあるほど，転職後に以前のような職を得ることは難しくなる。そのため，安定した職場を捨ててベンチャー企業を起業するのは米国と比較してはるかにリスクが高くなる。

　また，米国においては大企業が自社の競争力強化を目的として積極的にベンチャー企業と提携し，またそうしたベンチャー企業を買収するケースが多

い。米国において，多くの大企業がベンチャー企業との提携や投資，買収を行うため，専門のCVC部門を設け，有望なベンチャー企業への投資と並行してベンチャー企業との提携を進めている。IBMは2001年から11年までに100社以上の企業買収を行っている。あるいは，今や通信機器の大手となったシスコは1993年の設立以来2011年末までに，148社のベンチャー企業を買収している。こうした状況であるため米国においては，成功したベンチャー企業は上場するよりも他社に買収されるケースが多く，起業家にとっては上場するよりも短期間で容易にリターンを得ることができる。しかも大企業との連携により成功を目指す過程で成長を加速することが可能となっている。

　日本においては，大手企業がベンチャー企業の製品を活用するケース，あるいはベンチャー企業と提携するケースは，コンテンツビジネス等，一部の分野を除くと多くない。また，ベンチャー企業の買収についても日米では大きな差がある。その結果，いわゆるテクノロジー・ベンチャーは上場や買収によってリターンを得ることができるまでの時間が長く，その期待値も大きくない。さらには，自分の身近なところに，成功を遂げたロールモデルも無ければ，心理的なハードルも極めて高いであろう。このような状況，すなわち人材の流動性が低いこと，また既存の大手企業がベンチャー企業と提携しないことによって，有能な人材にとってのベンチャー起業が極めてハイリスクでローリターンであるという状況が続く限り，ベンチャー企業が多く輩出されることは期待できない。

　人材の流動性については，若年層を中心に就労に関する意識が変化してきており，また企業側も即戦力を求める姿勢への変化により，変化する兆しが見えてきた。長期就労を前提とした年金や退職金の制度を変更した企業も増えている。しかし，大企業や中堅企業に勤める有能な人材にとって，独立して起業することは依然としてリスクは高く，大きなリターンも期待できない。そのため，日本においては，そもそも有望なベンチャー企業の輩出が少なく，大企業にとって日本国内のベンチャー企業と提携するという選択肢は考えにくい。その結果，上述したように起業を担う有能な人材にとってベンチャー起業はハイリスク・ローリターンの試みとなり，ベンチャー企業の成

第2章 日本の大企業にとってのベンチャー企業との提携の意義

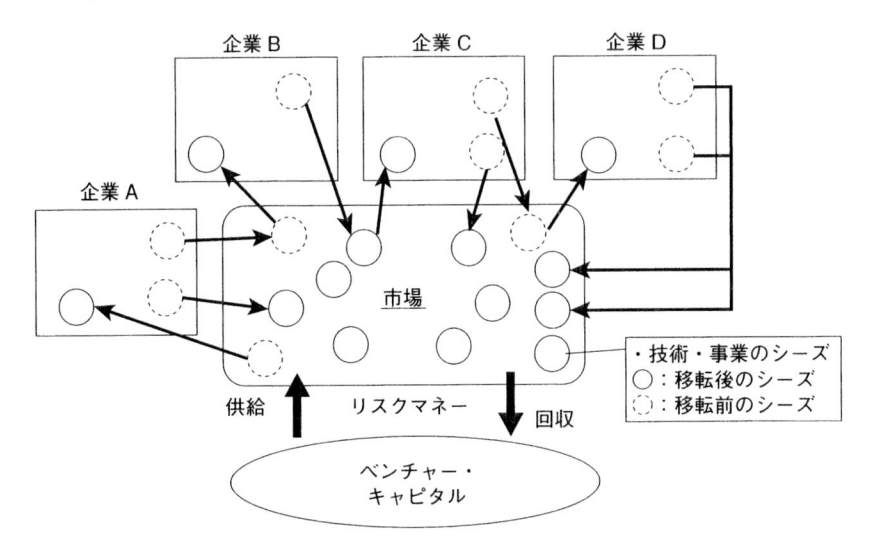

図表 2-1 日本型のリスクマネーを活用したイノベーションのエコシステム

功確率が上がらず有能な人材が起業するインセンティブが働かない，また良い人材が集まらないことからベンチャー企業の成功確率が上がらないという悪循環が生じているのである。

　そうであるならば，大企業が自ら率先してベンチャー企業を創出し，またベンチャー企業の成功確率を高めるためにも，大企業がベンチャー企業を製品の購入や提携，M&A等を通じて積極的に活用することが極めて重要なのである。そうすることで，ベンチャー企業の創出の好循環を生みだすことができる。数多くの有望なスピンオフ・ベンチャーが輩出され，また大企業が積極的にベンチャー企業との提携を行うことで，ベンチャー企業の成功確率が高まり，ベンチャー起業のインセンティブとなるのである。

　こうした状況を鳥瞰図的に俯瞰したのが図表2-1である。

　多くの大企業が積極的にベンチャー企業との提携やベンチャー企業の買収を行い，また積極的にスピンオフ・ベンチャーを創出することにより，シリコンバレーのような自然発生的なエコシステムではないものの，リスクマネーを活用した日本型のイノベーションのエコシステムが形成されるのである。

第Ⅰ部　大企業にとってのベンチャー企業との提携の意義

　シリコンバレー・モデルのひとつの特徴は濃密な人間関係や信頼関係に基づくネットワークであり，主要な活動拠点，研究開発拠点を日本におく日本企業にとって太平洋をはさんだシリコンバレーの企業とそうしたネットワークを形成することは容易ではない。したがって日本国内にシリコンバレー型のイノベーション・エコシステムの形成が望まれる。大企業のコーポレート・ベンチャリング活動はそれを実現する手段となるのである。大企業がベンチャー企業と提携することやベンチャー企業を買収すること，あるいはスピンオフ・ベンチャーを創出することは一企業として自社のイノベーションを促進するだけでなく，日本経済全体として見た場合にもその意義は大きい。各社による自社のパフォーマンスの追求が経済全体のパフォーマンス向上に資するのである。こうした活動により，日本においてもシリコンバレー・モデルのようなネットワークとリスクマネーを活用することのできるイノベーション・モデルが実現することになる。
　したがって，今後ベンチャー企業が多く輩出されるかどうかは，大企業がベンチャー企業との提携等を通じて，ベンチャー企業を活用しようとするかどうかに大きく左右されるのであり，日本のイノベーション力強化は，大企業のそうした行動に大きく依存すると言っても過言ではない。
　このことは，日本経済に貢献するために大手企業に犠牲を求めようとするものではない。なぜならば，米国の大企業は強制されてベンチャー企業と提携したり，買収しているのではない。自社の経営判断により，それが有効であるから行っているのである。それにより，ベンチャー企業のみならず，大企業も自らを活性化させ，競争力を強化している。前述のように，新しいイノベーション・モデルとして機能している。少なくとも米国においては，外部のベンチャー企業の活用は大企業にとって有効であり，イノベーションの有効な方法のひとつとして定着している。
　日本経済を活性化するためにベンチャー企業への期待はますます高まっている。また，その鍵を握っているのが，大企業のコーポレート・ベンチャリング活動なのである。

2.4 提携かM&Aか

　外部資源を活用する有効な手段として，提携とM&Aについては多くの研究がなされている。そして，この2つの代替手段について，それぞれはどのような場合により適切なのかという研究もなされている。

　Badaracco (1991) は，提携[4]に関して，提携を「製品の連鎖」と「知識の連鎖」に分類した上で次のように述べる。「新しい能力に対する必要性への最も成功する対応は，ある特定の種類の戦略提携である。それは，すなわち知識の連鎖なのである。知識の連鎖は，M&Aと対比すると，恒久性が少なく，しかも同時に標的もよりはっきりしており，効率的である。知識の連鎖を活用すれば，その知識が内包されている社会関係の繊細なバランスを損なうことなく，自社が必要とする知識を得ることができるのである」（邦訳p.144）。「製品の連鎖」とは，通常行われる製品や販売網を補完するための提携であり，「知識の連鎖」とは，提携を構築する組織同士が，提携を通じてパートナーが持つ技能や能力を学習し，パートナーとの連携によって新たな知識や能力の創造に繋がるような提携を指している。したがって，Badaraccoは，柔軟性の獲得と学習の効果を提携のメリットと指摘しているのである。

　一方，Badaracco (1991) は，M&Aに対しては3つの問題点を指摘している。第一に自社が必要とする知識や能力を所有している企業が売却の対象となるとは限らないこと。第二に大規模で最も豊かな企業でさえも，自社が依存するすべての企業を買収するだけの資金を持っていないこと。第三にM&Aは業務慣行および信頼感，独立心，企業家精神を損なう恐れがあるし，それを破壊する恐れがある場合が多いことである（邦訳pp.142-143）。

　このような，新規事業開発のように柔軟性が求められる場合には，M&Aよりも提携が適しているという主張は多い[5]。しかし，前述のように，数多くのベンチャー企業が大手企業に買収されており，大企業によるベンチャー企業の買収は，大企業の重要な戦略として機能しているのも事実である。IBMやシスコは数多くのベンチャー企業を買収し，事業の統合を成功させていると評価されている。大企業にとって，ベンチャー企業のM&Aはそ

の業績向上に寄与している。ただし，IBM やシスコが買収しているのは，ベンチャー企業といっても，IPO も可能であるような，すでにレイターステージになっているベンチャー企業，すなわち，そのベンチャー企業の製品の市場での評価がある程度固まった段階のベンチャー企業の場合が多い。そして，買収の目的は，ベンチャー企業の研究開発力を活用して新規事業を開発するというよりも，すでに評価の定まった製品や市場を買収することによって自社のコア事業の補完，強化，市場シェアの拡大のために買収しているのである。

したがって，提携の方が M&A よりも柔軟な関係を構築することが可能であるため，不確実性が高く，スピードと多様性が要求される競争環境において，研究開発や新規事業開発を推進するには，提携の方がより適応性が高いということができるであろう。

注
1) 一般にスピンオフとは内部の事業を独立させること意味し，それには完全に売却する場合と，独立後も一定の資本関係を維持する場合がある（Keil, 2002）が，本書では，スピンオフ・ベンチャーとは，大企業等の人材が自ら関与してきた知的財産や研究成果，あるいは事業シーズをベースとして独立し，独立後も出身元の企業等と良好な関係を維持するベンチャー企業（前田，2003; 経済産業省，2003）である。
2) コーポレート・ベンチャリングという言葉は，必ずしも一般的な言葉になっておらず，明確な定義も確定していない。von Hippel (1977) は，コーポレート・ベンチャリングとは，企業組織の外部あるいは内部のコーポレート・ベンチャーを設立して，企業が新しいビジネスの創造を追求する活動であるとし，この場合のコーポレート・ベンチャーは，新製品の開発からマーケティングまでのすべてを一人のエグゼクティブすなわちベンチャー・マネージャーに任せるという特徴が，その他の新製品開発活動と異なる（von Hippel, 1977: p.163）としている。

Sharma and Chrisman (1999) や Keil (2002) は，内部と外部のコーポレート・ベンチャリングとを明確に区別して議論しているが，従来多くの関心を集めてきたのは，組織内部における新規事業開発であり（Sharma and Chrisman, 1999: p.21)，組織の外部での新規事業開発はあまり注目されてこなかった（Keil, 2002: p.23）と述べている。

筆者も参画した経済産業省の「コーポレートベンチャリング推進研究会」では，コーポレート・ベンチャリングを「企業が起業家精神（アントレプレナーシップ）を活用したベンチャー的な手法で新事業創出を行うこと。具体的には，企業が戦略的に，内部経営資源（技術・人）を外部化しベンチャー企業を育成・活用する，あるいは，外部ベンチャー企業を育成・活用することで新事業創出を行うことなどを指す」（経済産業省，2009: p.1）と定義している。

第 2 章　日本の大企業にとってのベンチャー企業との提携の意義

　また，前田 (2003) は次のように述べている。「コーポレート・ベンチャリングとは，……大企業の……弱さである起業家精神の欠如を，ベンチャー的活動やベンチャー企業そのものを活用しながら補うことである。具体的には，独立組織での新規事業育成（社内ベンチャー），コーポレート・ベンチャーキャピタルとしてのベンチャー企業への投資，ベンチャーとの連携，スピンオフ・ベンチャーへのサポート，ベンチャーとの共同開発，ベンチャーのインキュベーション，ベンチャーのM&A，マネジメント・バイアウト（MBO），マネジメント・バイイン（MBI），カーブアウト（企業からの分離独立）等が挙げられる」(p.40)。

3) Keil (2002) は，コーポレート・ベンチャリングとは，既存の組織が新規事業を構築する活動全般である (Keil, 2002: p.13) とし，コーポレート・ベンチャリングには，下図のように内部コーポレート・ベンチャリング (internal corporate venturing) と外部コーポレート・ベンチャリング (external corporate venturing) があるとしている。内部コーポレート・ベンチャリングとは，新規事業が組織の内部に保持される新規事業開発活動 (p.14) であり，外部コーポレート・ベンチャリングとは，既存の組織の外にある半自律的あるいは自律的な組織体の創造するコーポレート・ベンチャリング活動 (p.15) である。外部コーポレート・ベンチャリングには，コーポレート・ベンチャー・キャピタル (corporate venture capital: CVC) 投資，提携，買収，スピンオフという形態がある (Keil, 2002: p.15)。本書のコーポレート・ベンチャリングの定義は，Keil (2002) の外部コーポレート・ベンチャリングに相当する。

Keil (2002) によるコーポレート・ベンチャリングの様式

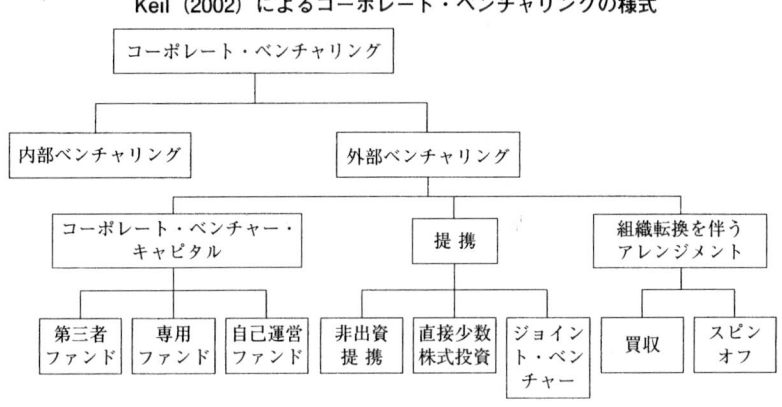

```
                    コーポレート・ベンチャリング
                    ├──────────────┬──────────────┐
              内部ベンチャリング              外部ベンチャリング
                                    ┌─────────────┼──────────────┐
                          コーポレート・ベンチャー・    提携        組織転換を伴う
                              キャピタル                          アレンジメント
                    ┌─────┼─────┐      ┌─────┼─────┐      ┌─────┴─────┐
                 第三者  専用   自己運営  非出資 直接少数 ジョイン  買収  スピン
                 ファンド ファンド ファンド  提携  株式投資 ト・ベン       オフ
                                                        チャー
```

出所：Keil, 2002: p. 68

4) Badaracco (1991) の訳者中村・黒田は，原文のalliance を「同盟」と翻訳しているが，最近の用法では「提携」と表現する方がふさわしいと思われる。

5) 提携は，より柔軟性が求められる場合に有効であり，M&Aよりも統合や統制が重要な場合に有効であるという主張は多い。Hagedoorn and Duysters (2002) は，産業別の違いに着目し，変化の早いハイテク産業の場合は提携が選好され，比較的変化の

第Ⅰ部　大企業にとってのベンチャー企業との提携の意義

遅いローテク産業の場合はM&Aが選好される（pp.170-171）と主張している。また，Bleeke and Ernst（1991）やBamford, Ernst and Fubini（2004）は，事業主体の柔軟性が求められる，新しい事業領域や新しい市場のためには提携が適しており，規模の拡大やコスト削減が求められる既存のコア事業や既存の市場のためにはM&Aが適しているとと述べている。

　Dyer, Kale and Singh（2004）は，シナジーを生み出す資源が工場のようなハードなものであれば，買収のほうが適しているが，人的資源を集約してシナジーを創出する場合提携が適しているとしている。なぜならば，被買収企業の社員は買収した企業の利益のために働くのを嫌がり，自由を失ったと感じるため生産性が低下するからである。

　また，大企業がベンチャー企業を買収した場合，「短期間のうちに，元の起業家は大企業のビューロクラシーに欲求不満を覚え，退社してしまう。多くのケースで第一に小企業の起業家精神とインセンティブが大企業の文化と両立しないため，買収の目標は達成されない」（Slowinski Seelig and Hull, 1996: p.43）と言われている。同様に，Child, Faulkner and Tallman（2005），Forrest and Martin（1992: p.43）も，M&Aの場合に，被買収企業の社員がやる気を失う可能性や，主要な社員が退職することを懸念している。

　桑島（2000）は，提携の柔軟性のメリットに関連して，以下のように述べている。「まず提携は「企業同士を緩やかに結びつける関係」であるため，複数の提携関係を同時に形成することが可能である。つまり企業は，提携により，多くの企業を相手として自社を中心とした蜘蛛の巣のようなネットワークを構築できる。そのネットワークをとおして，パートナーから必要なときに必要な資源・能力をいつでも獲得できる状況にしておくことが可能となるのである。しかも提携は，その性格上，目的が達成された後では関係を解消し，新たな目的に応じた次の提携関係を形成し直すこともできる。それに対しM&Aは，莫大な費用が必要とされる一方，複雑な手続きやオペレーション上の問題なども生じやすく，また目的達成後の行動がとりにくい。こうして企業は，提携を活用することにより，長期的にみた場合には，その戦略の自由度や柔軟性を維持することが可能になるのである」（桑島, 2000: p.91）。知識社会における激しい競争を勝ち抜いていくためには，いかに知識を獲得し，柔軟に組み合わせるかがきわめて重要であることを強調している。

第Ⅱ部　日本の大企業とベンチャー企業との提携

　第Ⅱ部では，すでに多くの研究がなされている提携の研究や，日本的経営についての研究等のレビューを行い，日本の大企業がベンチャー企業との提携を行う際の課題を検討する。続いて，これらの課題の解決策を検討するため，日本の大企業がベンチャー企業との提携を成功させた事例を考察する。

第3章 先行研究のレビュー

本章では，まず提携一般に関する研究のレビューを行い，次いで大企業とベンチャー企業との提携に関する研究のレビューを行う。

3.1 提携に関する研究

3.1.1 提携研究の動向

提携に関連する先行研究は膨大である。Casson and Mol（2006）によれば，提携に関する論文は，図表3-1のように，2004年9月までに6つの主要な学術誌，*Academy of Management Journal*（AMJ），*Academy of Management Review*（AMR），*Administrative Science Quarterly*（ASQ），*Journal of Management*（JM），*Organization Science*（OS），*Strategic Management Journal*（SMJ）だけでも，147件掲載されており，年々増加傾向にある。

また，トムソン・ロイターが提供している社会科学分野の2474の学術雑誌のデータベースであるSSCI（Social Sciences Citation Index）によれば，マネジメントおよびビジネスの分野において，提携（alliance）というトピ

図表3-1 主要経営学術誌6誌に記載された提携に関する論文数

	1990年以前	1990-94	1995-99	2000-04	計（件）
AMJ	0	4	13	10	27
AMR	3	1	3	4	11
ASQ	1	0	5	1	7
JM	0	0	1	13	14
OS	0	2	17	11	30
SMJ	4	10	16	28	58
計（件）	8	17	55	67	147

出所：Casson and Mol, 2006: p.22.

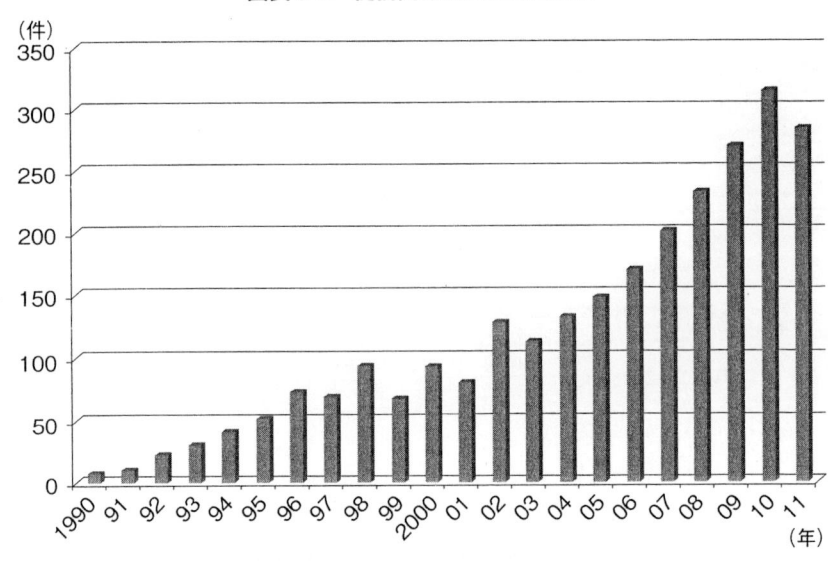

図表 3-2 提携関係論文の発表件数

注：SSCI（Social Sciences Citation Index）により，筆者作成

ックを含む論文は，図表 3-2 のように 1990 年から 2011 年までに，2628 件発表されており，Casson and Mol（2006）の研究と同様に，年々増加傾向にある。

山倉（2001）は，「アライアンス論はなぜ，いかにアライアンスが形成され，実行されるのか，変化・進化していくのかが主たる課題である」（p.82）とし，「アライアンス論は，アライアンスの形成，マネジメント，進化を主な課題として構成される」（p.83）と述べている。ここからは，この枠組みに従って提携論の先行研究のレビューを行う。

3.1.2 提携の形成に関する研究（提携論のパースペクティブ）

提携の研究の第一の課題は，提携が行われる理由，あるいは提携の目的である。この分野については，多くの研究者が様々な理論を出発点とする様々なパースペクティブから議論を展開している。

第3章　先行研究のレビュー

(1) 提携のパースペクティブ

ここでまず代表的な分類として6つの説を紹介する。

提携研究のパースペクティブとしては，山倉（1993）は，従来からの代表的なパースペクティブとして，(1)資源依存パースペクティブ，(2)組織セット・パースペクティブ，(3)協同戦略パースペクティブ，(4)制度化パースペクティブ，(5)取引コスト・パースペクティブを指摘し（pp.33-62），また山倉（2001）は，新たなパースペクティブとして，(6)社会ネットワーク・パースペクティブ，(7)学習パースペクティブ，(8)構造化パースペクティブ，(9)資源ベース・パースペクティブを指摘している（p.83）。

Kogut（1988）は，(1)取引コスト・パースペクティブ（transaction cost perspective），(2)戦略行動パースペクティブ（strategic behavior perspective），(3)組織論パースペクティブ（organizational theory perspective）を挙げている（pp.319-324）。

Child and Faulkner（1998）は，戦略的提携を(1)経済学パースペクティブ（economics perspective），(2)ゲーム理論パースペクティブ（game theory perspective），(3)戦略経営パースペクティブ（strategic management theory perspective），(4)組織論パースペクティブ（organization theory perspective）の4つに分類し，さらに(1)の経済学パースペクティブを①マーケット・パワー理論（market power theory），②取引コスト経済学（transaction-cost economics），③エージェンシー理論（agency theory）④収穫逓増理論（increasing return theory）の4つに分けている。また(3)の戦略経営パースペクティブについては，Contractor and Lorange（1988）の7つの分類の紹介している。すなわち，①リスクの削減，②規模の経済および／あるいは合理化の達成，③技術の交換，④吸収（co-option）あるいは競争遮断，⑤政府の規制による投資あるいは貿易障壁の克服，⑥国際的拡張の円滑化，⑦疑似垂直統合の7つの分類である。(4)の組織論パースペクティブについては，①資源依存（resource dependence）②提携の組織（organization of alliances）に分けて説明を行っており，提携の組織の項では，提携の従来型の階層とネットワークのハイブリッドな性格やその性格によるコントロールと学習とのジレンマ等がとり上げられている（pp.17-

44)。

Barringer and Harrison (2000) の分類は, (1)取引コスト経済学, (2)資源依存, (3)戦略的選択, (4)企業のステークホルダー理論, (5)組織学習, (6)制度理論 (pp.369-382) の6つである。

Faulkner and De Rond (2000) は, 提携に対するパースペクティブを, (1)経済的な見地 (the economics viewpoint) と(2)組織論的な見地 (the organization theory viewpoint) とに分け, (1)の経済学的な見地として, ①戦略経営論 (strategic management theory), 特にマーケット・パワー理論 (market power theory), ②取引コスト理論 (transaction cost theory), ③資源ベース理論 (the resource-based theory), ④エージェンシー理論 (agency theory), ⑤ゲーム理論 (game theory), ⑥リアル・オプション理論 (real option theory) を挙げ, (2)の組織論的見地としては, ①資源依存理論 (resource dependence theory), ②組織学習 (organizational learning), ③社会ネットワーク論 (social network theory), ④生態系的観点 (the ecosystems view), ⑤構造主義的見方 (structurationist perspectives) を挙げている (pp.3-24)。

Reuer (2004) は, 提携のパースペクティブを4つに分けている。(1)経済学パースペクティブ (economic perspective), (2)リアル・オプション・パースペクティブ (real option perspective), (3)学習パースペクティブ (learning perspective), (4)関係性パースペクティブ relational perspective である (pp.1-16)。

(2) 提携の目的・提携形成の理由

上記のように, 提携のパースペクティブのとらえ方は研究者によって様々である。また, それぞれパースペクティブは, どのパースペクティブも単独では提携についての包括的な統合された理論とはなっていない (Faulkner and De Rond, 2000: p.24)。しかしながら, それぞれのパースペクティブは独自の視点から提携の様々な側面をとらえ, 提携の有効性, あるいは提携が形成される理由を示している。その意味では, 昨今の厳しい経営環境下, 企業が他の企業と提携することが必須であることは, 少なくともアカデミックな世界では十分に認識され, 実業界に発信されていると言うことができるで

あろう。

それぞれのパースペクティブによる提携の目的，提携形成の理由，代表的な研究は次頁の図表3-3の通りである。

ここで提示されている提携の目的，理由は，いずれも大企業とベンチャー企業と提携する目的，理由としても適合するものであり，大企業がベンチャー企業と提携することは，大企業にとって非常に重要な経営の選択肢であるということができる。

3.1.3 提携のマネジメントに関する研究（提携の成功要因と課題）

なぜ提携が行われるのかという，提携が形成される理由の研究に続く課題は，提携がどのように実行されるべきなのか，すなわち，提携のマネジメントに関する研究，あるいは提携の成功要因に関する研究である。

多くの研究者が提携の難しさを指摘しており（Bamford, Ernst and Fubini, 2004; Barringer and Harrison, 2000; Park and Ungson, 1997），彼らは提携の成功確率はせいぜい50％程度であるとしている。また，Isabella (2002)はその難しさの要因について，「提携のマネジメントは，通常のビジネスとは全く異なっている」と表現している。

これに対して提携の課題を打開するための処方箋であるところの，提携の成功要因については，多くの研究者が様々な視点から論じている。それには，(1)提携の戦略に関するもの，(2)提携の構造に関するもの，(3)提携のプロセスに関するもの，(4)提携の主体となる組織あるいはそれに所属している個人の提携に対する姿勢や行動様式に関するものがある。

(1) 提携の戦略

提携の戦略に関しては，パートナー間の戦略の整合性や適合性（Bamford, Ernst and Fubini, 2004; Kanter, 1994; Medcof, 1997），パートナー間の互恵性・互酬性（Bruce, Leverick and Littler, 1995; Perlmutter and Heenan, 1986; Yoshino and Rangan, 1995; 神田・高井, 1997; 寺本・神田, 1991），負担の双務性（Perlmutter and Heenan, 1986; 寺本, 1990），パートナー間の補完性（Dyer and Singh, 1998; Harrigan, 1988; Mowery, Oxley and Silverman, 1998; Hoffmann and Schlosser, 2001; Lewis, 1990; 寺本・神田, 1991; 安田,

図表 3-3　提携の形成に関する様々なパースペクティブ

パースペクティブ		形式の目的・理由	代表的研究
経済学パースペクティブ (Economics Perspective)	取引コスト経済学 (Transaction-Cost Economics)	資源・知識等の獲得を、市場取引でもなく、組織内での調達でもない、中間的な提携関係をとることによる、製造コストや取引コストの最小化。	Anderson and Gatignon (1986) Buckley and Casson (1988) Dyer (1997) Hennart (1988) Madhok and Tallman (1998) Parkhe (1993) Thorelli (1986)
	エージェンシー理論 (Agency Theory)	パートナーの行動を望ましいものとするためのモニタリング・システムやインセンティブ・システム。	Child and Faulkner (1998) Faulkner and De Rond (2000)
	収穫逓増理論 (Increasing Return Theory)	市場における主要なプレーヤーとなるためのクリティカル・マスの確保、ライバルに先行されないために先行者となる。	Child and Faulkner (1998)
	リアル・オプション理論 (Real Option Theory)	不確実な状況下で多額の投資をすることを避け、コミットメントの意思決定を遅らせて不確実性を低下を図る。	Faulkner and De Rond (2000)
	ゲーム理論 (Game Theory)	ゲーム理論は、長期的な関係では機会主義より協調が有利となる等、提携が報われる状況、合理的になる諸条件を示した。	Brandenburger and Nalebuff (1996) Child and Faulkner (1998) Faulkner and De Rond (2000)
戦略経営パースペクティブ (Strategic Management Theory Perspective)	マーケット・パワー理論 (Market Power Theory)	業界への新規参入の防御、競争相手に対する競争ポジションの改善、戦略的不確実性のヘッジ。	Hymer (1976) Porter and Fuller (1986) Lorange and Roos (1992)
	資源ベース理論 (The Resource-based Theory)	金鉱 (Gold Mine) すなわち特定の能力、特殊な資産あるいはシステムへの合法的なアクセスの手段。	Das and Teng (2000)
	戦略経営論 (Strategic Management Theory)	リスクの削減、規模の経済・生産の合理化、補完的な技術と特許、吸収・競争の遮断、政府の規制による投資あるいは貿易障壁の克服、初期	Contractor and Lorange (1988) Harrigan (1988) Kanter (1994)

第3章 先行研究のレビュー

		の国際的拡張、疑似垂直統合。	Shan and Hamilton (1991)
組織論パースペクティブ (Organization Theory Perspective)	資源依存理論 (Resource Dependence Theory)	資源依存による外部への依存性から生じる不確実性・リスクの排除、パワーの拡大。	Das and Teng (1998a) Gulati (1993) Mitchell and Singh (1996) Pfeffer and Salancik (1978)
	組織学習 (Organizational Learning)	パートナーから、できるだけ知識を吸収し、組織の能力を増加させ、究極的には組織の価値を高めるため。	野中 (1991) Doz (1996) Child and Faulkner (1998) Hamel (1991) Inkpen and Crossan (1995) Larsson, Bengtsson, Henriksson and Sparks (1998) Mowery, Oxley and Silverman (1996)
	社会ネットワーク論 (Social Network Theory)	多様な主体がゆるやかに結びつくことで、信頼の形成や情報の流通を通じて、それぞれのパートナーが進化・発展する。	Gulati (1995, 1998) Gulati and Gaugiulo (1999)
	生態系的観点 (The Ecosystems View)	ビジネス生態系に参加することで、生態系の能力（規模の経済や範囲の経済、将来の製品・サービスの培養地を創出するために利益を再投資すること等）を活用する。	Moore (1996) Gomes-Casseres (1996)
	構造主義的見方 (Structurationist Perspectives)	構造主義的な見方は、協業を継続するために、組織だけでなく個人が協力し、コミットメントを繰り返す提携の社会学的性格を強調する。	Sydow and Windeler (1998) Bouchikhi, De Rond and Leroux (1998)
	企業のステークホルダー理論 (Stakeholder Theory of the Firm)	ステークホルダーの関心に合わせ、また、環境不確実性を減少させるため。	Axelrod and Mitchell (1995) Barringer and Harrison (2000)
	制度理論 (Institutional Theory)	組織の正当性を獲得するため、すなわち、同型化の圧力に屈して、提携関係を確立した会社を真似るため。	Barringer and Harrison (2000) Kraatz (1998) Madhavan, Koka and Prescott (1998)

注：Kogut (1988), Contractor and Lorange (1988), Child and Faulkner (1998), Barringer and Harrison (2000), Faulkner and De Rond (2000), 山倉 (1993, 2001), 今野 (2006), 若林 (2006) 等を参考に筆者作成

2006),パートナー組織間の非対称的・非平衡的な関係(神田・高井,1999;平野,2006)等の主張がある。

相互的依存関係については,Kanter(1989)は肯定的にとらえているが,Badaracco(1991)は過度に提携に依存することを避けるべきであるとしている。

また Axelrod(1984)は,ゲーム理論の見地から,協調が繁栄するには,協調が互恵性(reciprocity)に基づいており,この互恵性が安定するのに十分なだけ未来係数[1]が高いことが必要条件であるとしている。同様に提携が未来志向であること,長期的な関係を前提としていることが成功要因となると指摘するのは,Doz and Hamel(1998),Perlmutter and Heenan(1986),Yoshino and Rangan(1995),手塚(2001),野中(1991)である。

(2) 提携の構造

Mowery, Oxley and Silverman(1996)は,資本関係のあるジョイント・ベンチャーの方が契約ベースの提携より学習にとって効果的であると主張している。

Inkpen(2001)によれば,提携の構造の見地からは,Killing(1982)が,片方のパートナーが支配的な提携の方が,共有されたパートナーベンチャーよりうまくいく傾向があるとしている。しかし,Blodgett(1992)は,50対50で共有されているジョイント・ベンチャーの方が,片方のパートナーがマジョリティを所有しているジョイント・ベンチャーより,長続きする可能性が高いとしている。一方,Child, Yan and Lu(1997)は,親会社に所有されているジョイント・ベンチャーへのコントロールの相対的な水準と,彼らの業績との間には一貫した関係はないとしている。すなわち,所有構造のみが提携の成功を左右するのではなく,親会社の戦略,パートナー相互の信頼,および提携資源のコミットメント等が関係している(Inkpen, 2001: p.421)。

Dyer, Kale and Singh(2001)は,200社,1572件の戦略的提携の実証研究によって,提携を推進する専門組織を持っている企業は,そうでない企業と比較して多くの提携を実施し,提携の成功確率を高めることができると述べている。Kale, Dyer and Singh(2002),Kale, Singh and Bell(2009),Ha and Rothaermel (2005) も同様に提携の専門機能の存在を主張している。またYoshino and Rangan (1995) は,「提携をもっともうまく活用している企業では,そのマネジメントを特定のマネージャーに任せている」(p.123) と指摘している。

Bruce, Leverick and Littler (1995) は,提携のチャンピオン,すなわち推進者が存在することが提携の成功に寄与すると述べている。

寺本・神田（1991）は調整機能・調整部署の重要性を指定している。

(3) 提携のプロセス・運営の施策

Tidd, Bessant and Pavit (2001) は「たとえアライアンスの失敗は戦略上の相違の結果であることが最も多いとしても,アライアンスの成功は,技術,市場,もしくは製品の適合性のような戦略的要素よりは,運営上,もしくは人に関連する要素といえるような部分にかなりの程度依存する」(Tidd, Bessant and Pavit, 2001: 邦訳 p.277) と述べている。

提携の構想段階,着手段階,実行・運営・マネジメント段階のそれぞれにおいて,多くの研究者によって以下のような指摘がなされている。

提携の構想段階では,慎重なパートナー候補の調査・評価（Badaracco, 1991; 手塚, 2001; 寺本, 1990）が挙げられている。

提携の着手段階では,提携の主要条件の具体的定義（Hoffmann and Schlosser, 2001; 安田, 2006）,ガバナンスのメカニズムとしての契約の条文（Mayer and Argyres, 2004; Poppo and Zenger, 2002; Reuer and Ariño, 2007）,明確な計画とマイルストーン（Bruce, Leverick and Littler, 1995）,マネージャーの役割の明確な定義（Harbison and Pekar, 1998）等である。

提携の実行・運営・マネジメント段階においては,非公式なネットワーク・私的交流（Brockhoff and Teichert, 1995; 手塚, 2001; 平野, 2006）,人事交流（手塚, 2001）,パートナー間の調整メカニズム（Dyer and Singh, 1998）,知識共有のルーティーン（Dyer and Singh, 1998）,情報伝達手段（寺本・神田, 1991）,情報と調整のシステムの設置（Hoffmann and Schlosser, 2001）,提携の遂行に必要な資源の確保（Hoffmann and Schlosser, 2001）,有能な人材の投入（Bamford, Ernst, and Fubini, 2004）,提携の運営の独立性（Badaracco, 1991; Bamford, Ernst and Fubini, 2004; 平

野,2006),共同意思決定と監視によるガバナンスの確立(Bamford, Ernst and Fubini, 2004),緊密に統合された関係(Kanter, 1989),パートナー間のコミュニケーション(Bruce, Leverick and Littler, 1995; Doz and Hamel, 1998; 安田,2006),良い情報伝達(Kanter, 1989),最初の諸施策のスピーディーな実施(Hoffmann and Schlosser, 2001),成果の継続的な再検討(Hoffmann and Schlosser, 2001),提携が進化すること(Doz, 1996)等が指摘されている。

(4) 提携に対する姿勢・行動様式

この領域では,以下のような多くの指摘がなされている。

提携に対する理解に関するものとして,明確な戦略的理解(Badaracco, 1991; 寺本・神田,1991),提携の重要性の認識(Bruce, Leverick and Littler, 1995; Doz and Hamel, 1998),機会主義・知識の漏洩・知識の陳腐化等のリスクの理解(Badaracco, 1991),提携の進展への時間的要請の認識(Hoffmann and Schlosser, 2001),短期業績志向の回避(Inkpen, 1996),リダンダンシーに対する寛容性(Inkpen, 1996),組織文化の相互理解(寺本,1990),共同の価値創造の潜在性の強調(Hoffmann and Schlosser, 2001)等がある。

リーダーシップやコミットメントに関するものとしては,トップのリーダーシップ(Badaracco, 1991),トップのサポート(Hoffmann and Schlosser, 2001),コミットメント(Gundlach, Achrol and Mentzer, 1995; Badaracco, 1991; Inkpen, 1996; 安田,2006),単なる経営を超えた指導(Badaracco, 1991),参加者が提携に情熱と興味を持つこと(安田,2006)がある。

信頼に関連するものは多くの研究者が成功要因として指摘している。信頼(Badaracco, 1991; Brockhoff and Teichert, 1995; Bruce, Leverick and Littler, 1995; Child and Faulkner, 1998; Das and Teng, 1998b; Gulati, 1995; Harrigan, 1986; Hoffmann and Schlosser, 2001; Inkpen and Beamish, 1997; Ring and Van De Ven, 1992; 手塚,2001; 野中,1991; 真鍋,2002; 若林, 2006),信頼の環境づくり(Inkpen, 1996),一方的なコミットメントによる信頼の構築と機会主義的な行動の回避(Hoffmann and Schlosser, 2001),徐々に関係を構築(Harbison and Pekar, 1998)等がある。

学習については，組織学習（Child and Faulkner, 1998; Child, Faulkner and Tallman, 2005; Doz, 1996），柔軟な学習目標（Inkpen, 1996），学習への開放性（Badaracco, 1991）の指摘がある。

その他，対等性（Perlmutter and Heenan, 1986; 野中, 1991; Yoshino and Rangan, 1995），従業員の柔軟性（Doz and Hamel, 1998），カオスの創造（Inkpen, 1996），過去の経験（Anand and Khanna, 2000; Kale, Dyer and Singh, 2002），基礎的価値および信念の合意（Hoffmann and Schlosser, 2001），公平な貢献（Hoffmann and Schlosser, 2001），明確で現実的な目標（Hoffmann and Schlosser, 2001）等がある。

3.1.4 提携の成功要因としての信頼

上記のような数多い成功要因のなかでも，提携の成功要因としての信頼を指摘する研究は多い。Child, Faulkner and Tallman（2005）は，「信頼は，協調における必須の構成要素である」（p.50）と述べている。また，Inkpen（2001）は「提携研究は，うまくいっている提携に信頼関係が不可欠であると繰り返して主張した（例えば Beamish and Banks, 1987; Buckley and Casson, 1988; Das and Teng, 1998b; Inkpen and Beamish, 1997; Inkpen and Currall, 1998; Madhok, 1995; Yan and Gray, 1994）」（p.421）と述べている。

若林（2006）は，信頼の存在が必要な理由として，次の2つを指摘している（p.19）。ひとつは，取引コストの削減である。「関係的契約のもとで取引を行う上で，信頼は社会的に取引コストを引き下げる。非常に複雑な取引を行い，かつ互いにつねに不信感を持たれている場合には，契約条件の明確化についての弁護士費用，リスク管理についての財務的負担，中途での相手の監視についての情報システムの導入，サンクションやペナルティの付与などの紛争費用などの様々な取引の円滑な展開についての別の費用を発生させる。よく言われるように，アライアンス関係とは片手で握手（協力）をし，片手で殴り合う（民事紛争する）複雑な関係を孕む。……企業間での信頼は，こうした取引に関わる社会的費用を引き下げる社会学的メカニズムの問題の存在を意味している」。2つめの理由は，知識移転の円滑化である。「信頼の存在は，企業間での共同でのイノベーションにおいて，互いのコミュニケー

ションを活性化して，知識の創出，移転，共有すなわち学習を促進する（延岡・真鍋，2000; Tidd et al., 2001）。つまり，企業間で，技術者や経営者がある種の信頼感を持った場合に知識移転が円滑となる」と述べている。

同様にDyer（2000）も，信頼の価値は，取引コストを下げること，優れた知識の共有を導くこと，専用の資産への投資を促すことにあるとしている（pp.87-88）。

Badaracco（1991）は，「信頼を構築する努力の重要性は，過大評価しすぎることはない。提携の成功にとって最も重要なことは何か，という問いを投げかけられたときに，マネージャー達は異口同音に確信を持って，信頼とオープンなコミュニケーションと答えている。知識の連鎖において開放性は最も重要である。なぜならば，両当事者が相互に学習したいこと，あるいは共同で創造したいことについてコミュニケーションすることは難しいからである。それは，企業の実践や文化の中に埋め込まれている場合が多く，制約によって妨害されることのない協働関係を通してのみ学習できる」（p.142）と述べている。

3.1.5 提携の型と信頼・コントロール

Ireland, Hitt and Webb（2006）は，提携の型と信頼・コントロールについて以下のような議論を展開している。彼らは，提携を新しい技術や事業機会の探求が中心となる探索型の提携と，現在それぞれが持っている資源の有効な活用が中心となる活用型提携に分類し，探索型提携においては，信頼をより強調するマネジメントが有効であり，活用型提携においてはパワーをより強調するマネジメントが有効であると主張している。彼らは，次のように述べる。

「探索型提携は，しばしば，不確実で危険を伴った環境において，個々の企業の組織的学習能力を高めるために形成された，よりオープンな取り決めである（Koza and Lewin, 2000）。これらの提携は，新市場の機会を特定して，探索する意図をもって開始される。探索的提携の成功は，個別企業のそれぞれの知識ベースを統合して，共有する意欲に依存する。信頼は，暗黙知の交流，より高

いレベルの協業，機会の探索におけるより大きい柔軟性を促進するので，私たちは以下の命題を提案する：

　命題1：信頼は，探索的提携をマネージするために，非対称的なパワー関係よりも，効果的な基礎である。

　活用型提携は，市場機会を活用するために，資源と知識の補完性の組み合わせによって特徴付けられる（Koza and Lewin, 2000）。暗黙知を統合して密接な企業間の協業を成長させることは，探索型提携ほど活用型提携では重要でない。しかしながら，市場機会を開発するために，できるだけ早く組織化して，動く能力は重要である。したがって，以下の命題を提案する：

　命題2：パワーは活用型提携をマネージするために，信頼より効果的な基礎である」（Ireland, Hitt and Webb, 2006: p.338）。

　また，Makhija and Ganesh（1997）は，ジョイント・ベンチャーにおける学習とコントロールの関係に関して，コード化の可能性が高く学習の必要性が低い知識の移転には，フォーマルなコントロール・メカニズムが適切であり，コード化の可能性がより低く，より学習の必要性が高くなるほど，そうした知識の移転には，よりインフォーマルなコントロール・メカニズムが適切になると述べている。そして，(1)コード化可能性の最も高い知識の例として，資本，その他の資産（登録商標を含む），原材料，規制の認可のような有形な資源に関連している知識をあげ，(2)コード化可能性が比較的高い知識の例としては，他のパートナーの（すでに開発された）市場情報，流通チャネル，ライセンスやパテント，熟練した従業員，外国政府とのリンク等々の使用やアクセスに関する知識，(3)コード化可能性がより低い知識の例として，製品や技術の改良のような漸進的なイノベーション，製造プロセス，政府との関係の処理法，マーケティングにおける専門家の技能，慣習の知識，マネジメント・プロセス，労働関係についての知識，(4)最もコード化可能性が低い知識の例として，技術的なブレークスルーのようなイノベーションに関する知識をあげている。(4)については，新技術開発プロセスの成功にはヒューリスティックな意思決定，試行錯誤，実験，その他様々なイノベーション問題の解決法が必要であるが，それらはコード化するのが極めて困難だからである（pp.517-519）としている。

これらの考え方に近い研究として，Koza and Lewin（1998）は，提携において，活用の意図が強ければ強いほど，実績の成果を生み出すように提携が組織化され，探索の意図が強ければ強いほど，学習の目標を生み出すように，提携が組織化される。また，活用の意図が強ければ強いほど，提携は成果のコントロールに依存し，探索の意図が強ければ強いほど，提携は行動とプロセスのコントロールに依存する（pp.259-260）と述べている。

3.1.6 提携の発展・進化に関する研究

提携の形成，提携のマネジメントに続く課題は，提携の発展，進化である。

提携の発展，進化についての研究は，提携の他の領域と比較して少ないが（Das and Teng, 2002: p.726; 山倉, 2001: p.82）[2]，Child and Faulkner（1998）と，その改訂版にあたる Child, Faulkner and Tallman（2005），De Rond and Bouchikhi（2004），Doz（1996），Inkpen and Carrul（2004），Koza and Lewin（1998, 1999），Ring and Van de Ven（1994），Spekman, Isabella, MacAvoy and Forbes（1996）等の研究がある。

(1) 提携の進化のパースペクティブ

De Rond and Bouchikhi（2004）は，提携を発展・変化させる原動力の理論として4つの類型があるとしている。すなわち，ライフサイクル・アプローチ，目的論的アプローチ，進化的アプローチ，弁証法的アプローチである。

ライフサイクル・アプローチによれば，発展や変化は，単一の連続した段階を通って組織が進んで行く，有機的な成長の過程である。この過程は，不可逆な，累積的な（前の段階の特徴は次の段階でも記憶されている）もので，リニアで，予測可能な，開始から終了までのあたかも遺伝子コードによって運命付けられているように決められたコースを進む組織の発達である（p.57）。

目的論的アプローチにおいては，組織は意図を持っており，また，学習して環境の変化に適応できると考えられる。したがって，変化の過程は，「学習されたもの，あるいは意図されたものに基づいた，目標の設定，実行，評

価，修正の繰り返されるシーケンス」(Van de Ven and Poole, 1995: p.516)と考えられている。この目的論的アプローチは，ライフサイクル・アプローチとは異なり，単一の予測可能なステージの連続段階を必然とはせず，計画外の出来事や予期しない結果，解釈や利害の衝突が起こると認める。Ring and Van de Ven（1994）や Doz（1996）がこのアプローチをとっている（pp.57-58）としている。

　進化的アプローチでは，ライフサイクル・アプローチや目的論的アプローチとは対称的に，環境の変化が主要な原動力とされる。組織は常に生存のために競争しなければならず，環境の変化に最も適合した組織だけが保持される（p.58）と考える。

　弁証法的アプローチでは，組織の文脈においてはデザインと創発，協調と競争，信頼と警戒，拡張と縮小，コントロールと自律というような弁証法的な力が，不足している資源やマネジメントの関心をめぐって競争し，組織の特性を徐々に変化させ，そして，組織に新しい体制の形成を促進する（p.58, pp.64-66）と考える。

(2) 提携の進化過程における提携の成功要因

　Child and Faulkner (1998)，Child, Faulkner and Tallman (2005) は，提携の進化過程における成功要件として，「フレキシブルな調整」，「バランスのとれた発達」，「信頼と絆（bonding）」，「組織学習」の4つを指摘している（Child and Faulkner, 1998: pp.323-328; Child, Faulkner and Tallman, 2005: pp.408-415）。

　一番目の「パートナー間の関係のフレキシビリティ」は，環境が変化したとき，提携は敏感にそれを反映することが必要であるため，明らかに重要な成功要因である（p.409）。

　二番目の「バランスのとれた発達」には，3つの側面があるとしている。ひとつは，パートナー間の「学習の進度バランス」である。学習の進度バランスが重要なのは，片方のパートナーが他のパートナーよりも早く学び，あるいは，その能力が他のパートナーの能力を超えると両者の間の交渉力が変化し，その相対的交渉力の差が広がると，それは提携の失敗につながる緊張の増大を生みだすためであるとしている。2つめの側面は，パートナー間の

「利益のバランス」。3つめの側面は,「依存しない強さを維持することと他社との協同することの間のバランス」である。

(3) 提携の進化過程における信頼

Child and Faulkner (1998), Child, Faulkner and Tallman (2005) が指摘する提携の進化過程における三番目の成功要因は「信頼と絆」である。前述のように信頼は提携において必須の要素であるが,彼らは,信頼は提携の様々な段階を経て成長し協調関係の進化をより促進するとしている (Child and Faulkner, 1998: p.325; Child, Faulkner and Tallman, 2005: p.410)。

彼らは,提携と信頼の進化について次のように述べている。「戦略的提携に関する研究者の間では,戦略的提携の発達を大雑把に3つのフェーズに分けることができることについて,かなりの合意がある。すなわち,形成,インプリメント,および進化 (Lorange and Roos 1992) である。形成は,将来のパートナー達が提携を形成する可能性に対する関心を発想して,潜在的パートナーを選んで,協定（通常契約）を交渉する段階である。インプリメントは,提携が生産的なベンチャーとして設立され,人々がパートナーによって任命され,または出向させられ,システムがインストールされて,オペレーションが始まる段階である。進化は,設立に続いて,提携がさらに成長する進路である。提携の発達の3つの局面によるステップに応じて,初めは計算,そして理解,最後に絆を基盤とした信頼が進化する可能性がある」(Child and Faulkner, 1998: pp.52-53; Child, Faulkner and Tallman, 2005: p.58)。

すなわち,彼らは信頼をそれが形成される基盤の違いによって,打算的信頼,認知的信頼,情感的信頼の3つに分類し,提携の時間的経過につれ,打算的信頼から認知的信頼,情感的信頼へと功利的レベルから心理的レベルへ信頼基盤が変化していくと主張している（山倉,2001: p.86）のである。

同様に,Lewicki and Bunker (1996) は,相互作用が進展すると,信頼の水準が3段階で上昇すると主張している。すなわち,計算に基づく信頼の段階 (calculation-based trust) から,理解に基づく信頼 (understanding-based trust) の段階,同一化に基づく信頼 (identification-based trust) の段階へと信頼の水準が上がる (pp.124-125) としている。

第3章 先行研究のレビュー

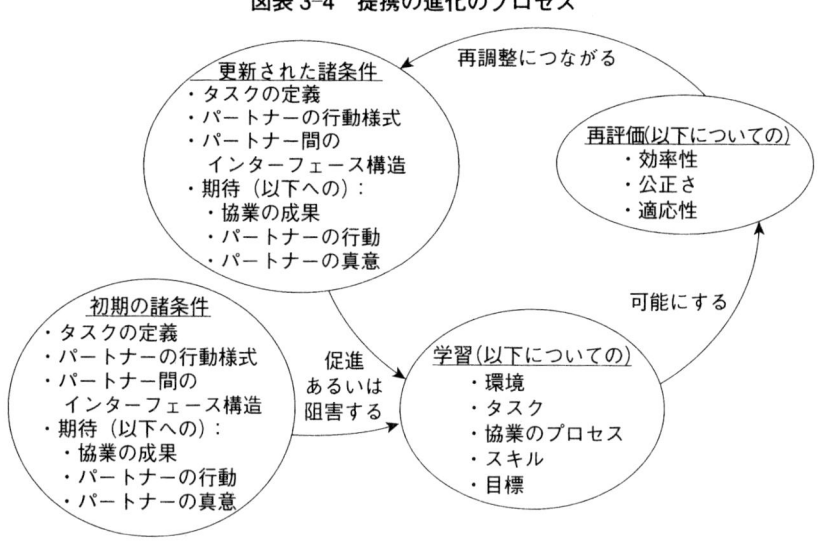

図表3-4 提携の進化のプロセス

```
       更新された諸条件          再調整につながる
    ・タスクの定義         ┌─────────────→  再評価(以下についての)
    ・パートナーの行動様式                      ・効率性
    ・パートナー間の                            ・公正さ
     インターフェース構造                       ・適応性
    ・期待（以下への）:
     ・協業の成果
     ・パートナーの行動
     ・パートナーの真意
                                     可能にする  ↑
    初期の諸条件
    ・タスクの定義
    ・パートナーの行動様式
    ・パートナー間の       促進         学習(以下についての)
     インターフェース構造  あるいは       ・環境
    ・期待（以下への）:    阻害する       ・タスク
     ・協業の成果                       ・協業のプロセス
     ・パートナーの行動                 ・スキル
     ・パートナーの真意                 ・目標
```

出所：Doz, 1996: p. 64

(4) 提携の進化過程における組織学習

Child and Faulkner (1998), Child, Faulkner and Tallman (2005) が指摘する提携の進化過程における四番目の成功要因は「組織学習」である。

Child, Faulkner and Tallman (2005) は「組織学習は成功する提携の進化の重要な鍵である」(p.413) と述べる。そしてDoz (1996) の研究を紹介して次のように述べている。

Doz (1996) は，提携の初期の条件とその後に続く学習の組み合わせは，提携の進化プロセスの決定要因となり，提携を成功あるいは失敗に導くと結論づけた。提携の初期条件は，次に提携がどのように進むか再評価し，その後のパートナー達による学習を促進，あるいは阻害する。そして，その学習は，必要があれば初期の条件を見直すことを可能にする。またDozは，図表3-4のように，成功する提携は学習，再評価，再調整のサイクルを反復しながら進化する (pp.413-414) と結論付けた。

また，Child, Faulkner and Tallman (2005) は，Ariño and de la Torre (1998) が，ポジティブなフィードバック・ループが，進化のプロセスにお

いて決定的であり，協業の進化に対して，初期の条件は主要なインパクトを持っていると結論付けていること（p.414）を紹介している。

同様に，Inkpen and Currall（2004）は，学習のプロセスがジョイント・ベンチャーのダイナミクスを進化させる中心であり，いったんジョイント・ベンチャーが形成され，もしも初期条件が協業を支持すれば，学習プロセスは提携のダイナミクスを進化させる中心である（p.586）と主張している。

(5) 信頼とコントロールの共進化

前記のInkpen and Currall（2004）は，ジョイント・ベンチャーにおいて学習と信頼とコントロールが共進化すると主張している。

彼らの主張は，初期段階におけるパートナー間の信頼とパートナーの協業の目標が，初期のパートナーの相互作用を成形する風潮を形成する。次いで，これらの相互作用は，コントロールの性質（フォーマルなコントロールあるいは社会的なコントロール）についてのその後の決定の原因となる。学習と信頼とコントロールはそれぞれリンクしているが，いったん，ジョイント・ベンチャーが形成され，初期条件が協業の継続を支持すれば，学習プロセスが提携のダイナミクスを進化させる中心となる。初期条件が時間の経過によって進化した条件に変わっていくにつれて，学習と信頼は共進化し，コントロールについての意思決定にインパクトを与えるというものである。

彼らの主張は，進化のプロセスは多様であり，必ずしも信頼の進化とコントロールの共進化のパターンは一義的に決まるものではないが，ジョイント・ベンチャーが進化し，信頼が進化するのに従って，ジョイント・ベンチャーのコントロールがフォーマルなコントロールから社会的なコントロールに変化する可能性を示唆している。彼らは，次のように述べている。

「パートナー企業が，提携のデザインとガバナンスにおいて役立つ知識を習得するのに従って……，不確実性は減少し，パートナーをより信じるようになるかもしれない。企業が提携のガバナンスのプロセスを構造化し，管理する能力により自信を持つようになるのに従って，フォーマルなコントロールから，よりフレキシブルな社会的コントロールへのシフトが結果として生じるかもしれない。このように，私たちは，パートナー企業がフォーマルなコントロールを

第3章　先行研究のレビュー

重要視しなくなるのは，パートナーに関する学習と提携のガバナンスに関する学習の組み合わせの結果であるかもしれないと認知する。……しかし，社会的コントロールは文化のブレンドと共有された価値に依存するので，ジョイント・ベンチャーが形成されるときは，フォーマルなコントロールが唯一のオプションであるかもしれない（Das and Teng, 1998b）。パートナー間のインターフェースが進化して，提携のための共通の価値と規範が明らかになってくると，社会的コントロールはフォーマルなコントロールに対して，場合によってはより効率的であるかもしれない補完物を提供する」(Inkpen and Curral, 2004: p.594)。

同様の主張が，Fryxell, Dooley and Vryza（2002）によってなされている。彼らは，「フォーマルなコントロール・メカニズムの使用と IVJ (international joint venture) の業績の相関は，若い IJV にとっては正であり，年数を経た IJV にとっては負である」という仮説（p. 870）と「社会的なコントロール・メカニズムの使用と IVJ の業績の相関は，情感ベースの信頼が高いときには正であり，情感ベースの信頼が低いときは負である」という仮説（p. 872）の2つの仮説を提示した上で次のように述べている。

「IJV はフォーマルなコントロール・メカニズムの枠組みのなかで形成されるべきである。しかしながら，形成後，程なく，この枠組みでは環境変化や両方のパートナーの進化するニーズへの適応において困難が生じる。コントロールと信頼および IJV の業績との関係は，おそらくダイナミックで非再帰的であり，多く背景因子（contextual factors）に依存するが，ある時点で，情感ベースの信頼と社会的なコントロールが IJV の長期に渡って成功するマネジメントにおける主要な要素になると思われる。我々の考察は，情感ベースの信頼の貯蔵庫への投資によって，交換の関係は，より弾力的で，柔軟で，適合性のある，したがってまた持続的なものになるというものである。その結果として，情感ベースの信頼は，社会的なコントロールがそれぞれの親会社の期待が取り組まれることを確かなものとし（すなわちコントロール），同時に，その急速に変化する戦略的環境とそれぞれの親会社の進化するニーズのなかで進化するための柔軟性を IJV に与える」(Fryxell, Dooley and Vryza, 2002: p. 883)。

このように社会的コントロールは信頼が形成されて初めて機能するコントロールである。したがって，序章において，社会的コントロールを「組織の

価値，規範，文化等のインフォーマルなメカニズムの使用を通じたコントロール」と定義したが，社会的コントロールには，高度な信頼をベースとしたコントロールであるという側面と，組織の価値，規範，文化等のインフォーマルなメカニズムを介したコントロールであるという側面の2つの側面があると言うことができる。

3.1.7 提携についての先行研究のまとめ

ここまで提携に関する研究を概括してきた。前述の通り提携に関する研究はその領域の広がりにおいても，研究されている分量においても膨大であるが，本書での議論の核となる，提携の進化，提携における信頼とコントロールという視点でまとめると，それらの主張は次のようなものであった。

1. 提携がなぜ行われるのか，あるいは提携の目的については，様々なパースペクティブから多くの研究がなされており，昨今の企業経営において，他の企業と提携することは必須である
2. しかしながら，多くの研究者が提携の難しさを指摘している。これに対して，提携の課題を打開するための処方箋である提携の成功要因についても，多くの研究者が様々な視点から論じている
3. 提携の成功要因については非常に多くの要因が挙げられているが，その中でパートナー間の信頼の重要性を指摘する研究は多い（Hardy, Phillips and Lawrence, 1998; Currall and Inkpen, 2002; 真鍋, 2002; 若林, 2006）
4. 信頼はパートナー間の相互作用，学習によって段階的に成長・進化する（Lewicki and Bunker, 1996; Doz, 1996; Child, Faulkner and Tallman, 2005）
5. 信頼関係の形成・進化とともに提携そのものも共進化し，提携のコントロールがフォーマルなコントロールから社会的なコントロールへと変化する（Fryxell, Dooley and Vryza, 2002; Inkpen and Currall, 2004）
6. 探索型提携，あるいはコード化の可能性が低い知識の移転が求められ，学習が必要とされる提携においては，信頼をより強調するマネジ

メントと社会的なコントロールが有効であり，活用型提携，あるいはコード化の可能性が高い知識の移転が求められ，学習の必要性が低い提携においてはパワーをより強調するマネジメントとフォーマルなコントロールが有効である（Ireland, Hitt and Webb, 2006; Koza and Lewin, 1998）

　本書の考察対象は，大企業とベンチャー企業との提携であるが，大企業とベンチャー企業との提携も，それが企業間の提携であるという意味では同じであり，上記の研究は，大企業とベンチャー企業との提携における特殊性を除けば，基本的には適用できるものと考えても良いであろう。

　特に，本書が対象とするような，共同開発を目的とするような大企業とベンチャー企業との提携においては，コード化の可能性の低い知識の移転が求められ，学習の必要性が高いため，信頼をベースとした社会的なコントロールが必要とされることの認識が重要であろう。

3.2 大企業とベンチャー企業の提携に関する研究

　提携に関する先行研究のレビューにおける次の課題は，大企業とベンチャー企業との提携の特殊性の確認である。

3.2.1 研究の動向
(1) 大企業とベンチャー企業の補完性

　大企業とベンチャー企業との提携に関して研究されている分野のひとつは，ベンチャー企業と大企業の提携における補完性に関する研究である。ベンチャー企業は新しい技術やアイデアに強みを持っており，大企業は製造技術，販路，品質管理等に強みを持っているため，補完的な関係が成立するという主張がある（Doz, 1988; Doz and Williamson, 2002; Forrest and Martin, 1992; Prashantham and Birkinshaw, 2008; Slowinski, Seelig and Hull, 1996; 下村・高橋, 2004; 西野, 2002;）。

　Doz（1988）は次のように述べている。「パートナーシップは，大企業に，自分自身の硬直性に打ち勝つための，小企業のイノベーティブで起業家的な

潜在力へのチャンネルを提供する。多くの観察されたパートナーシップにおいて，小企業は，大企業のために研究開発を実行し，或いはイノベーションをトランスファーする。大企業は小さいパートナーに対して，自分自身でインフラストラクチャを築き上げるか，または複数の代理人との複雑な契約交渉することなく世界市場に達する能力をすぐに提供する。また，大企業はしばしば大量生産の経験を提供する。この補完性は明白である」(p. 31)。

Doz and Williamson (2002) は次の4種類の大きな力が，新興企業と既存企業間の提携の増加を促進させている (pp. 774-775) と述べている。すなわち，

1. 新しいビジネスを成功させるのに必要な，ベンチャー企業と大企業がそれぞれ持っている，創造性と効率性のブリッジになる
2. ベンチャー企業に対して，提携は市場への近道を提供する
3. コンピタンスへの集中と，顧客への完全なソリューション提供の要望の間にトレードオフがある
4. イノベーションの機会は，産業が融合し，既存の知識の境界が崩壊するところで見つかる

という4つである。

(2) 大企業のCVC活動に関する研究

大企業とベンチャー企業との提携に関連した研究としては，大企業のCVC活動という観点からの研究もある。CVCとは，金融機関ではない一般の事業会社によって行われる戦略的・財務的目的のためのベンチャー企業への投資である (Narayanan, Yang and Zahra, 2009: p.64, 長谷川, 2008: p.51)。「近年，CVCに関する研究が極めて活発化してきた（例えば，Maula, 2001; Hellmann, 2002; Maula and Murray, 2002; Maula et al., 2003a, 2003b, 2005; Dushnitsky, 2004; Dushnitsky and Lenox, 2005a; 2005b; Hill et al., 2005; Rosenberger et al., 2005; Schildt et al., 2005; Bassen et al., 2006; Dushnitsky and Lenox, 2006; Mathews, 2006; Maula et al., 2006; Schildt et al., 2006; Riyanto and Schwienbacher, forthcoming)」(Maula, 2007: p. 371)。

CVCの研究には，大企業にとってCVCの重要性や有効性を主張するものもあるが (Chesbrough, 2002; Dushnitsky and Lenox, 2005a, b)，「CVC

第3章　先行研究のレビュー

に関する学術研究の多くは，CVCの成功（または失敗）要因を，投資目的，組織形態，メンバー構成などの観点から分析したもの」（長谷川，2008），あるいは，CVCの目標や動機，投資の決定要因，投資の方法等を分析したもの（Maula, 2007）である。また，Dushnitsky（2006）は，CVCの研究者達は，親会社とそのCVCプログラムの関係，すなわち，CVCプログラムの組織構造，CVCの目的，報酬体系等々や，CVCプログラムとそのポートフォリオ企業との関係，すなわち，企業による資金的，非資金的な支援，ベンチャー企業からの知識や情報の流入，両者の製品，サービス，技術の関連性等を研究している（Dushnitsky, 2006: p. 388）と述べている。

したがって，これらの研究対象はあくまでCVCであって，大企業とベンチャー企業との提携をいかに成功させるかという観点から研究されたものではない。

CVCによるベンチャー企業への投資は，事業会社からの資金という面と，投資することで見せる事業会社によるコミットメントという面で，事業会社とベンチャー企業との提携を側面から促進することになるが，事業会社内でCVCを実行する部門はCVCの専任部門であることが多く，実際にベンチャー企業と提携を行う部門とは異なる部門である。

(3) 大企業とベンチャー企業の提携の研究

大企業とベンチャー企業との提携の課題や成功要因についての研究もあるが，それらはベンチャー企業の立場から書かれたものが多い。例えば，Alvarez and Barney（2001），Baum, Calabrese and Silverman（2000），Forrest（1990），Hoffmann and Schlosser（2001），Hellmann（2002），Mathews（2006），Rothaermel and Deeds（2006），手塚・丹羽（2003）。

Alvarez and Barney（2001）は，ベンチャー企業と大企業の提携は経済価値を生み出すが，多くの場合，その価値は大企業に専有されてしまうという。なぜならば，大企業は提携を通じてベンチャー企業の新技術にアクセスすることができるが，ベンチャーが大企業にアクセスすることによって，ベンチャー企業の長期的な成功が苦しくなる（p.139）。また，大企業がパートナー企業のテクノロジーを学習することの方が，小さい企業がパートナーの組織能力を学習することよりも容易であるため，ベンチャー企業は学習競争

に敗れる（p.142）からであるとしている。

　一方，Stuart（2000）はテクノロジー・ベンチャー企業と大企業との提携は，大企業以上にベンチャー企業が大きな利益を享受することができる（p.791）と述べており，大企業とベンチャー企業との提携において，どちらが提携の成果をより多く享受することができるかについては，見解は分かれている。

　大企業の立場からから見たベンチャー企業との提携についての研究は，Doz（1988），Slowinski, Seelig and Hull（1996），伊藤・鈴木（1991）等があるものの，極めて少ない。このテーマは，Contractor and Lorange, Eds.（2002）や Shenkar and Reuer, Eds.（2006），あるいは Cropper, Ebers, Huxham and Ring, Eds.（2008）等の協業や提携，組織間関係に関するハンドブックでも取り上げられておらず，また，Inkpen（2001）のようなレビュー文献においても取り上げられていない。あるいは，Child, Faulkner and Tallman（2005）のような教科書的な文献にも取り上げられていないという状況である。

　日本の自動車産業の大企業と中堅・中小サプライヤーとの長期的関係に基づく成功事例は多く扱われているが，この関係は，大企業とそれまで取引関係が存在しないベンチャー企業との関係とは全く異なるものである。技術ベンチャー企業との提携の問題は扱われていない。

　大企業から見てベンチャー企業との提携には「固有の課題」があり，不安定で，通常の提携よりも難しいと思われるが，その固有の課題や特殊性は十分取り上げられていないのである。

3.2.2　Doz（1988）の研究

　Doz（1988）は大企業の視点からベンチャー企業との提携の難しさについて「パートナーシップは技術上の理由よりも管理上の理由で失敗しがちである」（p.56）と述べている。その管理上の理由というのは，(1)大企業とベンチャー企業との間で，両者の戦略を統合することの困難さ，(2)大企業の各部門のベンチャー企業に対する対応の一貫性の欠如，(3)両者間のインターフェースの設定の困難さという3つの本質的な問題であり，それがあるために，

第3章　先行研究のレビュー

提携が困難に直面する（pp.32-34）というのである。

Doz（1988）は、(1)の両社の戦略を統合することが困難となる原因は、大企業とベンチャー企業の提携においては不可避な、①文化的な距離、②新技術にはやむを得ない不確実性と誤解のリスク、③隠された動機の潜在性であるとして、これらの影響を少なくする手段として、パートナーシップの構想を、①技術的補完性、②ビジネス・システムの補完性、③成果の価値とパートナーの費用、④提携の焦点と境界の明確化、⑤戦略の継続性、⑥精度の高い合意（契約）を考慮して、より慎重に計画するべきである（pp.34-42）としている。

次に、(2)の大企業の各部門のベンチャー企業に対する対応に一貫性が欠如する原因については、①大企業の各部門が既得権益を持っていること、また、②時間がたつにつれて、経営資源のコミットメントと提携・プロジェクトへの支援に対する駆け引きが生じることであると指摘している。これに対する処方箋として、「一貫性を維持するのには、既存の階層構造を当てにするのではなく、小さいパートナーに連結するように水平なグループとタスクフォースを創設すること」、「パートナーシップにおける戦略的問題が進化して行くのにしたがって、それらを明確に理解し、これらの問題についての見解を両者で共有する努力すること」を提案している。また、この際「大企業における垂直および水平のコミュニケーションがパートナーシップをうまく管理する鍵となる」（pp.42-49）と指摘している。

3番目の問題である(3)両者間のインターフェースの問題については、ベンチャー企業が大企業とコンタクトする際にどの部門とコンタクトするかが曖昧であることが主要な原因であり、2つの会社の垂直的なコミュニケーションの違いがそれを助長させると指摘している。この問題の解決には、大企業の中でのインターフェースを明確にする必要があると指摘している。その際、①単一のインターフェースポイントは機能しないこと、②インターフェース・マネージャーやその他のパートナーシップをうまく働かせることに関わるその他の個人、すなわち、境界の架け橋となる（boundary-spanning）人も起業家的特性を持っていることが重要であること、③パートナー間のいくつかの主要な個人の恣意的な移動も、特に技術的なマネジメント領域では

有効であることに注意を払う必要がある (pp.49-55) としている。

そして, 上記の様々な課題に対処するためには, 「大企業の経営トップが, 大企業と小企業とのパートナーシップおける2つの会社の間の相互作用の要件について関心を持つことは, 買収や合弁事業のときよりもさらに重要である」(p.56) と述べている。

このように, このDozの研究は, この問題を包括的に取り上げた優れた研究であり, 大企業がベンチャー企業と提携する際の多くの課題を指摘し, その克服策を提案している。しかし, 日本の大企業にとって, これらの課題の克服策を実際に実行するのは簡単なことではない。これらは, 欧米の企業にとっても実行するには課題があると考えられるために, あえて指摘されたものであろう。後述するように, 創発型の戦略形成を行い, ボトムアップ型の意思決定に特徴がある日本の大企業にとっては, それらの実行はさらに難しい課題になると思われる。その意味では, 日本企業への処方箋としては, 不十分と言わざるを得ない。

3.2.3 Slowinski, Seelig and Hull (1996) の研究

50件の大企業とベンチャー企業との提携について, 7年間に渡る研究を行ったSlowinski, Seelig and Hull (1996) は, 提携を成功させるには, 提携の相乗効果だけでは十分ではなく, パートナーの選択, 提携の交渉, 提携のマネジメントの各段階で, 以下のような課題があるとしている。

パートナーの選択における課題は, ニーズ, スキル, 資源が大企業のそれと完全に補完的であること, また, 財務的に安定的で, 上手にマネージされていることが重要であり, 過去に提携を経験したパートナーは, 経験によって提携のマネジメントがうまくなっている (p.44) と指摘している。

提携の交渉段階における課題は, 第一に, 両サイドが進んで積極的にその要望を開示することが重要であり, それぞれの貢献が期待されるものを相互に完全に理解することと, それぞれの当事者のそれを実現できる能力の現実的な評価は, 成功する関係の必要条件であるとしている。また, 第二の課題は, 誰が, 何の, いつ, どのように責任を持つのかについて明確にすること, あるいは, 誰が, 何を, いつ支払うか, また, 提携の恩恵を誰が受ける

権利を持つのかについて明確にすることが重要である。第三に，両方の当事者が，自らのゴールを達成するためにお互いを本当に必要としていることを確信していることが重要である（pp.44-46）としている。

協業のマネジメント段階における課題は，第一に，両社の現場のマネージャー達を巻き込んでゴールとマイルストーンを設定することの重要性を指摘している。なぜならば，それは，マネージャー達にとって協業の最初の練習となるためであり，また，現場の人達が，フォーマルな契約だけでなく，インフォーマルな合意を知ることができ，マネージャー達が個人的な親密さを進展させる機会となるためである。鍵となるマネージャーの間に進展した個人的な関係が成功の中心であるとしている。第二に，どの協業にも軋轢が生じることを認識して，それを解消するテクニックを開発すること。それぞれの期待が何かを明らかにして，統合する努力をすることの重要性を指摘している（p.46）。また，管理のプロセスは，大企業が独裁者でもなく，無言のパートナーでもない協業でなければならない（p.47）としている。

Slowinski, Seelig and Hull（1996）の研究のタイトルは，"Managing Technology-Based Strategic Alliances between Large and Small Firms"であり，彼らの研究は，まさに本書が考察対象とする大企業とベンチャー企業との研究開発型の提携を対象としたものである。しかしながら，Slowinski, Seelig and Hull（1996）の上記のような主張は，一般の提携の研究においても主張されているものであり，必ずしも大企業とベンチャー企業との提携に固有の課題とは言えない。

3.2.4 伊藤・鈴木（1991）の研究

伊藤・鈴木（1991）は米国のベンチャー・キャピタリストに対するアンケート調査と川崎製鉄株式会社（川鉄）と米国のベンチャー企業であるLSIロジック社（LLC）との提携の事例研究を行い，日本の大企業と米国のベンチャー企業との提携を論じている。

伊藤・鈴木（1991）は，日本の大企業と米国のベンチャー企業との補完性について次のように述べる。「日本企業にとってのグローバルな戦略提携の主たるパートナーである米国のベンチャー企業は，日本企業からの資金提供

を期待し，垂直的提携を好ましいものと判断していることが明らかになった。そして，そうした垂直的提携の一環として，日本企業に日本をはじめとする世界市場での販売チャネルの構築や製造の肩代わりを求めている」一方，日本企業は，こうした戦略的提携に，「これまでの成熟した事業に代わって，将来の『コア競争力』の源泉となるような新たな事業の展開を効果的にかつスピーディに実行するための『窓』を形成すること」を期待していると述べる。それは，「いいかえれば，そうした窓から技術のシーズをつかむことであり，広い意味での情報的経営資源を獲得することにそのネライがある」(p.23) としている。

伊藤・鈴木 (1991) は，提携の成功要因について，戦略的提携には「資本の論理」と「情報の論理」が絡んでおり，戦略的提携の成否は2つの論理をいかに伸縮的にバランスさせるかにかかっている (p.25) と主張している。

ここで，「資本の論理」とは，「基本的には所有権あるいは支配権に由来する様々な権限，あるいはそれに基づく企業の行動や発言力」であり，「資本の論理のもとでは，資本比率は，様々な活動のプロセスや成果へのコントロールを左右するものとして捉えられてきた」(p.24) としている。

「情報の論理」とは，「戦略的経営資源としての情報の獲得，交換，創造を重視するもの」であり，「ここでの情報とは，企業の保有する技術をも含む広義なものである。情報の獲得は，コストやリスクの減少とならんで，企業戦略における最重要課題の1つでもある」。「情報の論理」とは，「情報の当事者間でのフローをめぐるさまざまな局面を意味する。……いかなる情報を，どのように流出入させるか，である。具体的には，いかに多くの意味情報を，いかなるチャネルで，いかにスピーディに移動させるか（あるいは移動させないか）がキーポイントとなる。したがって情報の論理とは，「学習の論理」あるいは「知識の論理」といいかえてもよい」(p.24)。

そして，そうしたバランスを巧みにとったときにはじめて，戦略的提携を成功させるために必要な，しかし避けて通れないパラドックスをクリアすることができる (p.25) としている。

川鉄のLLCとの提携の成功要因は，資本の論理においては，「川鉄がLLCと行なった戦略提携はJV（ジョイントベンチャー）であり，両社の持

分割合はかけ離れていないため,どちらか一方が資本の立場を利用してパワーを行使するということはない。とはいえ,このケースには両当事会社のチェック・アンド・バランスが働くようなきめ細かな工夫がなされて」いたためである(p.36)としている。

一方,情報の論理については以下のように述べている。「この戦略提携は川鉄にとって,……その目的を学習の1点に絞った点に特徴がある」。そして,そうした学習をより効果的に促進した要因として,「提携の目的が学習そのものであることを……周知徹底させたこと」。「自分たちの知識はゼロ」という認識のもとに「白紙からの学習」を行ったことをあげている。また,「学習は良き教師に恵まれたときに,飛躍的に増進する」が,LLCが良き教師になり得たのは,川鉄が冷静な分析を行い,ジョイント・ベンチャーで生産された半導体をほぼすべてLLCが引き取るという形をとることによって,「パートナー間に強い相互依存関係を創出」することができたためであるとしている。

このように述べて,伊藤・鈴木(1991)は,川鉄が米国のベンチャー企業との提携を成功させたと述べている。しかし,川鉄が提携を行った1985年当時のLLCは,設立後5年が経過し,売り上げが2億ドル弱の企業であった。しかも,操業後5年とはいえ,83年に株式上場を果たした上場企業である。また,川鉄とLLCの提携は,両社のジョイント・ベンチャーとして設立された日本セミコンダクター株式会社を介したものであり,通常,大企業がベンチャー企業と提携する時に行うベンチャー企業への直接投資による提携ではない。したがって,伊藤・鈴木(1991)の考察対象は,本書が考察対象としている「アーリーステージのベンチャー企業との共同開発型提携」とは異なっている[3]。

しかも,伊藤・鈴木(1991)で述べられている成功要因の「資本の論理」と「情報の論理」の2つの論理を伸縮的にバランスさせるということは,ジョイント・ベンチャーをコントロールにするために,Das and Teng (1998b)のいうフォーマルなコントロールと社会的なコントロールをいかに組み合わせて用いて,ジョイント・ベンチャーを通じた学習に最も適した関係を構築するかという問題に他ならない。

したがって，伊藤・鈴木（1991）が取り上げた課題は，大企業とベンチャー企業との提携に限定されるものではなく，しかも，日本企業だけが直面する問題とはいえない。

3.2.5 大企業とベンチャーとの提携に関する研究のまとめ

ここまで，大企業とベンチャー企業との提携に関する先行研究についてのレビューを行った。そもそも，大企業とベンチャー企業との提携に関する研究はあまり多くはなく，さらに大企業からの視点で研究されたものは少なかった。

そのなかで，提携の形成に関しては，Doz（1988），Doz and Williamson（2002），Forrest and Martin（1992），Prashantham and Birkinshaw（2008），下村・高橋（2004）らの，大企業とベンチャー企業との経営資源の補完関係について研究があり，提携のマネジメントに関しては，Doz（1988），Slowinski, Seelig and Hull（1996），伊藤・鈴木（1991）らの研究があった。

Doz（1988）は，大企業とベンチャー企業との提携を成功させるためには，両者の戦略を統合すること，大企業内のポジションの一貫性を維持すること，有効なインターフェースと境界スパンニングを構築することが必要であるとしている。

しかしながら，これらの研究は，日本の大企業が直面している課題，すなわち，日本の大企業がなぜベンチャー企業との提携を行わないのか，あるいは提携を成功させるにはどのようなマネジメント上の課題があるのかという問題には十分に答えているとは言えない。特に，これらの研究においては，日本の大企業の特殊性の文脈において問題が捉えられておらず，またベンチャー企業との提携が，その本質的な性質によって変化・進化するものであるとして捉えた議論はなされていない。

このような状況下では，以下の3つの点が問われなければならないだろう。

第一に，日本企業の特殊性から生じるマネジメント上の課題，すなわち，欧米企業と比べて，なぜ日本の大企業はベンチャー企業と提携することが少

第3章　先行研究のレビュー

ないのかという問題である。一般に提携が行われる理由，あるいは大企業とベンチャー企業の補完性は研究され，また指摘されている。そして，それが日本の産業界にも浸透しているならば，より多くの日本の大企業とベンチャー企業との提携が行われるはずである。それにもかかわらず，提携が行われていないのならば，その要因の探求が必要であろう。そして，それが欧米の大企業では行われ，日本の大企業では行われないのであれば，欧米企業にはないが，日本企業にはある課題があるのであろう。したがって，欧米企業と比較した日本の大企業の経営の特徴，すなわち日本的経営の特徴がベンチャー企業との提携にどのような影響を与えているのかが問われるべきであろう。これについては，次の第4章で検討する。

　第二に取り組まなければならないのは，ベンチャー企業の特殊性から生じるマネジメント上の課題である。

　Doz（1988）は，ベンチャー企業は組織が小さいために組織構造やプロセスが大企業と大きく異なり，また組織文化が異なるために提携が困難になると指摘している。すなわち，Doz（1988）の研究は，ベンチャー企業との提携のマネジメントが研究の対象となっている。したがって，大企業，特に日本の大企業がベンチャー企業との提携を選択しない理由，あるいはベンチャー企業との提携の障壁となる要因については検討されていない。それらは，欧米企業にとって大きな問題にはならないことなのかもしれないが，日本企業にとっては大きな問題となっている可能性があり，検討すべき研究課題であろう。

　またDoz（1988）は，ベンチャー企業は単に組織の大きさが大企業と異なる存在であるというだけではなく，それは急速にしかも大きな変貌を伴って成長する存在であることにはあまり注目していない。したがって，またそれに伴って提携の関係性も大きく変化あるいは進化することに起因するマネジメント上の課題は取り上げられていない。

　このベンチャー企業との提携を開始することへの課題，あるいはベンチャー企業との提携の進化に起因するマネジメント上の課題に焦点を当てる必要がある。これについては，第5章で取り上げる。

　第三に検討されるべき課題は，日本の大企業がベンチャー企業との提携を

成功させる諸施策・処方箋を実行できるための要件である。

Doz（1988）は，提携の実行に際して，両者の戦略を統合すること，大企業内のポジションの一貫性を維持すること，有効なインターフェースと境界スパンニングを構築することの必要性と，その対応策を指摘しているが，日本の大企業にとっても問題は，この処方箋をどのようにしたら実現できるかということである。日本の大企業に Doz（1988）の処方箋をそのまま実行することは容易いこととは思えない。

さらには，本書が指摘する，先行研究では十分に取り上げられていない課題，すなわち，日本企業の特殊性やベンチャー企業の特殊性に起因するマネジメント上の課題，あるいは，日本企業とベンチャー企業の特殊性が重なることによって生じる課題に対応することが必要である。

このような課題を解決できないかぎり，日本の大企業はベンチャー企業との提携に向かわず，あるいは提携を開始しても，そのマネジメントを成功させられないのではないだろうか。

したがって，ここでも，日本的経営，すなわち日本の大企業に特徴的な経営のあり方を検討し，そのような特徴を有する日本の大企業は，どのような条件が整えば，こうした処方箋を実行し，課題を克服できるのか，その要件を探求することが求められている。

これは，まさに本書が取り組んでいる研究課題そのものであり，この点については第6章の事例とその後の第7章において考察する。

注
1) 「未来係数」という訳語は Axelrod（1984）の翻訳者である松田の意訳である。原文は discount parameter であり，未来の重要性を割り引かない（discount しない）割合を示す係数である。未来係数が高いというのは，未来が重要性を持っていることを示している。
2) 同様の議論が，Spekman, Forbes, Isabella and MacAvoy（1998），Inkpen（2001），Taylor（2005）らによって行われている。
　Spekman et al.（1998）は，従来，戦略的提携に関する研究の主な関心は提携のフォーメーションの理解であったが，これからは提携のマネジメント特有の問題への認識に注目すべきであると述べている。
　Inkpen（2001）は，戦略的提携に関するレビュー論文において，提携の研究の今後に関して「第一の主要な研究の機会は，提携の進化プロセスである。一度提携の形成

が始まると何が起こるのかについての一層の理解が求められている」(p.425) と述べている。

また，Taylor（2005）はつぎのように述べている。「現在は，研究の焦点は提携の維持，成果の達成，あるいは提携の成功（Cravens et al., 2000; Larson et al., 1998），組織間学習プロセスのダイナミクス（Anand and Khanna, 2000; Dussauge et al., 2000），そして提携の不安定さや終結（Ariño and de la Torre, 1998; Bruner and Spekman, 1998; Inkpen and Ross, 2001）に移行した。継続している議論は，構造的要因とプロセス要因の間の緊張に集中している。多くが，形成時の提携構造が提携の成功の鍵であると主張している。したがって，成功は，パートナーの選択，戦略的および組織的な一致（Das and Teng, 1996; Shane, 1998）のような初期の構成要素の組み合わせ（Doz, 1996）によって，事前に決定される。他の提案者は，提携の実行プロセスとそれが時間の経過とともにどのように進化していくかの方がパートナーシップの成功により影響が大きいと主張する（Ariño and de la Torre, 1998; Khanna et al., 1998）。提携が時間の経過に伴ってどのように展開していくかについては，比較的研究されていない（Koza and Lewin, 1998）ため，『提携の発達過程についての我々の理解はかなり限定的である』（Das and Teng, 2002, p. 726)」(Taylor, 2005: p.470)。

3) 川崎製鉄とLLCの提携に関しては伊藤・鈴木（1991）の他，黒川（1994），松行（2002）の研究があるが，いずれも研究の視点は，大企業とベンチャー企業との提携ではない。

第4章 日本企業の経営の特徴

本章では、欧米の企業と異なり、日本の大企業は、なぜベンチャー企業と提携しないのかを考察するため、まず日本企業の経営の特徴に関する考察を行う。

4.1 日本的経営の特徴

日本的経営あるいは日本型経営と呼ばれる、日本企業（特に日本の大企業）の経営の特徴については、多くの論者が様々な観点から研究を行ってきた。経営の特徴を歴史的経緯から説明するもの、組織や組織間関係の構造から説明するもの、制度や意思決定のプロセスから説明するもの、日本人の国民性や文化的背景から説明するものなどがある。

それらを戦略、組織、雇用・人事制度、経営理念・企業文化の観点によって整理すると、日本的経営の特徴は、以下のとおりである（奥村,1986; 加護野・野中・榊原・奥村,1983; 榊原,2002; 津田,1977; 沼上・軽部・加藤・田中・島本,2007; 間,1971）。

1. 戦略的な特徴
   (1) 内部成長重視の成長戦略
   (2) オペレーション（プロセス・イノベーション）志向
   (3) 企業集団（系列）の重視
2. 組織的な特徴
   (1) 有機的で柔軟な構造
   (2) 創発型の戦略形成
   (3) ボトムアップ型の意思決定
   (4) 現場の自律的集団
   (5) 組織内パワーの平準化（生産部門にパワーが集中する傾向）
3. 雇用・人事制度の特徴

(1) 終身雇用制
(2) 年功制
(3) 企業内組合
4．経営理念，組織文化的特徴
(1) 集団主義
(2) 共同体的価値観
(3) 人間尊重

　日本企業は一般に上記のような特徴を持つとされているが，日米企業の経営比較を行った加護野他（1983）は，環境適応の方法について，米国企業が環境への適応方法として機械的な適応方法をとるのに対して，日本企業は有機的な適応方法をとると主張した。加護野他（1983）によれば，米国企業の機械的な環境適応への戦略がプロダクト志向の戦略であるのに対して，日本企業の有機的な環境への適応戦略はオペレーション志向の戦略であり，日米企業の戦略志向の違いは次の点に求めることができる。

1．方向感覚的なドメインの定義
　　米国企業が相対的に特定的なドメインの定義をするのに対して，日本企業は従業員に方向感覚を示すが，解釈の自由度の高いビジョン的な定義をする傾向がある
2．累積的資源蓄積
　　米国企業が環境の機会やリスクを精緻に認知・分析した上で機動的な資源展開をするのに対して，日本企業は環境がいかなる状態をとろうとも耐えられるような内部からの累積的資源蓄積・展開を重視する
3．人的資源重視
　　米国企業が財務的経営資源重視型の資源展開をするのに対して，日本企業は人的資源重視型の学習・活性化のための資源展開をする。前者は短期業績志向，後者は長期生存志向になる傾向がある
4．ネットワーク形成による変化への適応
　　米国企業は単独でリスク分担をするのに対して，日本企業は組織間関係のネットワークを通じてリスクを削減する
5．帰納的・微調整的アプローチ

米国企業は論理的・演繹的に競争優位を確立し，競争優位を製品戦略に求めようとするのに対し，日本企業は帰納的かつインクリメンタルに競争優位を確立し，競争優位を生産戦略に求める（加護野他, 1983: p.103）

また，加護野他（1983）によれば，米国企業の組織特性，あるいは組織編制原理は，戦略的階層組織を介した，組織の構造を中心とした意思決定とその実行を行うビューロクラティック・ダイナミクスである。それに対して，日本企業の組織特性，あるいは組織編制原理は，創発的ネットワーク組織を介した，集団を中心として人々の直接的な相互作用を通じて意思決定とその実行を行うグループ・ダイナミクスであり，両者の特性を要約すれば，次のとおりである。

1. 創発的ネットワーク組織
   米国企業が戦略に適合した階層構造を設計するのに対して，日本企業は現場の自発性と微調整的適応行動を許容する柔構造を設計する
2. 価値・情報の共有によるコントロール
   米国企業が精緻な統合システムによるコントロールを行うのに対して，日本企業は価値・情報の共有とそれを支援するルースな統合システムによるコントロールを行う
3. 集団による組織学習
   米国企業が階層に応じた専門能力の個人別蓄積を図るのに対して，日本企業は集団内および集団間の相互作用を通じたダイナミックな学習を行う
4. バリエーションの演出
   米国企業がトップ・ダウンのシステムによって変化に対処するのに対して，日本企業はトップが意識的に緊張や脅威のバリエーションを演出することによって，組織メンバーを活性化させ，現場の自生的勢いをつけて変化に対処する
5. 継続主義
   米国企業のトップ・マネジメントの地位が業績主義で不安定であるのに対して，日本企業のトップ・マネジメントの地位は安定的であり，

したがって持続的なポリシーの追求を許容する
6．ルースな価値
　　米国企業は戦略と一貫性を持った明示的かつ普遍的な価値・行動規範を創造して組織全体の差別化を図るのに対して，日本企業は現場に自律的な解釈とその場その場での臨機応変な適応行動を許容する包括的価値・行動規範を共有させて差別化を図る（加護野他，1983: pp.115-116）

4.2 日本的経営の主要な特徴の検討

　日本企業の特性は上記のようにまとめることができるが，ここからは，そのような特性を持つ日本企業の個々の特徴のうち，ベンチャー企業との提携に関連が深いと思われるいくつかの特徴について検討する。これらの特徴は，いずれも提携にマイナスに作用している。

4.2.1 創発型の戦略形成

　第一に取り上げるのは，戦略策定の観点からみた特徴，すなわち「創発戦略」[1]である。沼上他（2007）は，創発戦略が日本企業の源泉であるとして，次のように述べている。

　　「日本企業の強みの源泉は，企業内に発達した横のネットワークを基盤としてミドル・マネジメントたちが自由闊達に議論を戦わせ，緊密なコミュニケーションをとりながら戦略を生成し，その実行にコミットしていくという組織の特徴だったのではないかと思われる。……現場に近いミドル層がタテ・ヨコ・ナナメに密接な相互作用を行うことで，積み上げ的な革新や新事業展開が促され，現場に近いところで環境と経営資源のマッチングが適切に行われ，結果的に優れた事業展開のパターンが創発される。この「創発戦略」(emergent strategy)をミドル・マネジメント層が組織内外の相互作用・相互調整を通じて創出し実行してきたことが日本企業の強みの秘訣であり，それを支えるミドルたちの組織内相互作用プロセスが強さの源泉である」（沼上，2007: pp.2-4）。
　　「創発戦略の創出と実行を強みとしていた日本企業は，細かい点はともかく，イメージとしては有機的組織に近い特徴を備えていたと言えるだろう」（沼上，

2007: p.10)。

　ところが，沼上他（2007）も主張するように，近年の日本企業の業績不振と相まって，創発的に戦略を構築する日本的経営が経営環境の変化に十分に対応できていないとの示唆がなされるようになった（網倉, 2002; 三品, 2002; 延岡, 2002）。

　沼上他（2007）は次のように述べる。

　「創発戦略を機能させるには，緊密なネットワークをもつ組織で下位階層までパワーをもち，相互調整を行って新規活動を進めていくことができなければならない。その意味では創発戦略を促進するためには有機的組織の特徴が重要である。しかし同時に，その緊密なネットワークが大きくなりすぎたり，高齢化したりすると，上下の情報流が阻害され，内向き調整志向が強くなり，経営リテラシーが低下するとともに，フリーライダーが現れてくる。緊密な社内ネットワークなど，有機的組織の特徴がかえって重い組織を創り上げる方向に作用し，トータルで見ると有機的組織の特徴が戦略創発を阻害する状況が出現することがある」（沼上, 2007: pp.207-208）。

　このような創発型の戦略形成という日本企業の経営の特徴は，日本の大企業の強さの源泉であり，また，近年はその機能不全が指摘され始めた。日本企業のこのような特徴は，ベンチャー企業との提携の実践にはマイナスに働く。なぜならば，後述するようにベンチャー企業との提携の実践には整合性のとれた全社的なアプローチが重要であるからである。

4.2.2 **内部開発志向と相互依存度が高い組織構造**

　第二の特徴は，日本企業の内部開発志向（自前主義的傾向）と相互依存度が高い組織構造である。上記の通り，加護野他（1983）は，米国企業が環境の機会やリスクを精緻に認知・分析した上で機動的な資源展開をするのに対して，日本企業は内部からの累積的資源蓄積・展開を重視する（p.103）と述べ，また，米国企業の組織が公式化，集権化の程度が高い機械的組織に近似した組織構造を持つのに対し，日本企業の組織は，公式化，集権化の程度

が低い有機的組織に近似した組織構造を持つ (p.34) と指摘している。そこでは，価値・情報の共有とそれを支援するルースな統合システムによって組織がコントロールされている。

このような成長の型と組織の構造の関係について，榊原 (2002) も同様な指摘を行っている。榊原 (2002) は Pitts (1977) の研究を紹介しながら次のように述べる。

伝統的に内部成長を基本とする組織は，本社の研究関係従事者が多く，事業部間の人材移動が頻繁に行われ，事業部マネージャーの評価方法が上長の判断を重視した主観性の高い評価であるという3つの特徴を持っている。そのため，事業部間の資源共有を高め，社内の異質な資源を組み合わせて個別企業の内部で新規事業を生み出していく。また，日本企業は，全社的な資源共有度が高い組織構造となっており，M&A にはなじまない可能性がある。

一方，おもに買収によって成長を図ってきた企業は対照的に，本社レベルの研究関係従事者が少ない，事業部間の人材移動が少数かつ限定的で，事業部マネージャーの評価は役割との関係で基準が決められるという意味で客観的で，事業部に対する本社の機能は一般的な方向づけと財務的支援に限られているという特徴を持っている。買収戦略においては，人材を買収以後も引き留めることが重要であるため，各事業部マネージャーの自由度を極力高め，全体として事業部間の資源共有度が低い組織になっている (pp.32-35) というのである。

また，日本企業は組織内部にフォーマルな指揮・命令系統や職務権限とは異なるインフォーマル・オーガニゼーションが厳然として存在している (三戸，1982: pp108-110)。インフォーマル・オーガニゼーションは，フォーマル・オーガニゼーションを通じても形成されるが，入社の同期，先輩と後輩，同郷，縁故その他あらゆる関係を通して形成され，入社してから会社経歴が長くなればなるほど，各人それぞれが持つインフォーマル・オーガニゼーションは広く大きく密接なものになってくる。また，日本企業内の心理的基盤として，「よろしく頼む」が通じる状況即応性や「なじみ」の関係における道義的期待および信頼感が指摘されている (岩田，1978: pp.39-68)。このような企業内のネットワーク関係や心理的な基盤は組織の創造性や柔軟性

を高め，環境への適応力を高めて日本企業の高いパフォーマンスを支えてきたのである。

しかしながら，日本企業の成長を支えてきた日本型ネットワーク組織は，個々の組織の相互依存性が高いため，企業内あるいは，後述する企業グループ内のネットワークに止まっており，その柔軟性は組織内部に限った柔軟性であって，組織の枠を越えた組織間ネットワークには適用できないという問題がある。

また，日本企業の基本的な行動様式は，「あるものを使う」と言われており，意識的に行動しなければ外のものを選ぶという発想にはなりにくい。川上他（1994）は次のように述べている。

「日本の職場には，技術にかんして，独特の発想が存在している。石井威望は，宮大工の木材調達の例をあげ，日本には，「選び」の発想ではなく，「合わせ」の発想があると指摘している。宮大工は，新しい神社仏閣を建造するときに，木を買うのではなく山を買うという。山のなかには，日当たりの良いところ，悪いところで育ったさまざまな木がある。そのなかから，質の良いものを選ぶのではなく，それぞれの長所・欠点をうまく組み合わせることによって，質の高い建築物をつくろうという発想である。

この発想は，多様な製品や材料のなかから，基準に合ったものを選ぶという「選び」の発想とは明らかに異なっている。石井は，この「合わせ」の発想と，西欧的な「選び」の発想とがむすびついて，日本独特の品質管理の考え方が生みだされたという……。

このような「合わせ」の発想は，単にものづくりだけではなく，企業のなかの人の活用の仕方にかんして，よりはっきりと認めることができる。終身雇用の制度のもとでは，基準を満たさない人間を排除するということはできない。むしろ，人間の合わせによって適材適所をはかるという発想を取らざるをえないのである」（川上他, 1994: pp.91-92）。

この日本企業の内部志向の成長戦略に基づく全社的な資源共有度の高さ，相互依存度の高さ，企業内もしくは系列内に閉じたネットワーク，あるいは「合わせ」の発想の行動様式においては，「NIHシンドローム」が強くなる。NIHとは"Not Invented Here"の頭文字で，自分達の発明ではない外部の

第Ⅱ部　日本の大企業とベンチャー企業との提携

アイデアや技術に対する抵抗を表しているが，このような日本企業の特徴はベンチャー企業との提携にはマイナスに作用する。

4.2.3 集団主義と閉鎖性

　第三に取り上げる特徴は集団主義である。加護野他（1983）によれば，日本企業の組織は，米国企業のような公式化された階層を構築して規則や計画を通じて組織的統合と環境対応を行う組織ではなく，価値・情報の共有をもとに集団内の成員や集団間の頻繁な相互作用を通じて組織的統合と環境対応を行うグループ・ダイナミックスを生かした組織である（p.116）。このような日本企業の集団主義的性格を指摘する研究は多い（間, 1971; 尾高, 1984; 津田, 1976; 戸部・寺本・鎌田・杉之尾・村木・野中, 1984）。

　間（1971）によれば集団主義とは，「個人と集団の関係で，集団の利害を個人のそれに優先させる集団中心（集団優先）の考え方である。あるいはそれに道徳的意味が加わって，そうするのが『望ましい』とか『善いことだ』とする考え方である」（間, 1971: p.16）。ただし「個人と集団，もっと抽象的にいえば個と全体とは，対立・協調の関係にあるのでなく融合・一体の関係にあるのが望ましい。個人（利害）即集団（利害）であり，集団（利害）即個人（利害）である。この状態では，『会社のため』という，外部の人の目には自己犠牲と映る行動も，当人にとっては，他者への犠牲ではなく，自分自身のためのものでもある」（間, 1971: p.16）という性格のものであり，また「集団主義だからといって，個の主張，いいかえれば自己実現の考え方がないわけではない。ただそれが個人主義のように，どこまでも個人の努力と責任によって実現されるものだとは考えられず，集団を通して実現されるものと見なされる。それゆえ，集団もまたその構成員の自己実現に大きな責任を負うことにもなる」（pp.16-17）という性格のものである[2]。

　このような特徴は，近年，成果評価制度の導入等によって，弱まってきてはいるものの，依然として存在し続けているだろう。

　また，日本企業の集団主義は，組織の「ウチ」と「ソト」の区別につながり，日本企業の閉鎖的性格の原因になっているという指摘は多い（間, 1971; 尾高, 1984; 三戸, 1982; 櫻井, 1994）。「日本企業の閉鎖的性格の根底に

は，内と外を区別し，内部関係者を重視する集団主義的な社会風土が存在するといわれる」(櫻井，1994；pp.43-44)。

こうした集団主義とその閉鎖性という特徴も，外部との提携にはマイナスに作用するだろう。

4.2.4 系列企業

第四に取り上げる特徴は，系列企業である。加護野他 (1983) は，米国企業は単独でリスク分担をするのに対して，日本企業は組織間関係のネットワークを通じてリスクを削減すると述べているが，「系列企業」や「中間組織」もまた，集団主義と並んで，日本的経営の特徴として挙げられることが多い特徴のひとつである (浅沼，1984；藤本，1997，1998；今井・伊丹・小池，1982)。

系列企業とは，核となる有力企業のもとに形成されたグループ化された企業群であり，旧財閥系企業のように資本関係にある企業グループや，トヨタなどの有力大企業を中心とした長期的取引関係のある企業グループがある。中間組織とは，系列企業のような市場取引と組織内取引の中間的特徴を持つ取引形態や組織間関係のことである。このような系列企業の存在は日本企業の強い競争力のひとつの要因と指摘されている。特に自動車メーカー（アセンブラー）と自動車部品メーカー（サプライヤー）との関係が日本の自動車産業の競争優位となっているという指摘は多い (Dyer and Ouchi, 1993; Nishiguchi, 1994; 延岡，1996；西口・ボーデ，1999)。加護野他 (1983) にも「日本の外注企業は，専門化による経験効果と機動力によって，コスト，技術，スピードの面で大企業を支援している」(p.85) という指摘がある。

また，そのアセンブラーとサプライヤーの間には，長期的な取引関係によって信頼関係が構築されており，それが日本の自動車産業の強さの源泉となっている (Sako, 1992; 酒向，1998；真鍋・延岡，2002；真鍋，2004) と指摘されている。

このような企業系列内での信頼関係により，また，前述の岩田 (1978) が指摘する日本企業の組織内の心理的基盤としての信頼感により，一般に，日本社会は信頼関係に基づく社会であり，日本企業は信頼に基づくマネジメン

トが行われていると考えられている。

4.2.5 信頼と集団主義

日本企業の信頼について，石井・奥村・加護野・野中 (1985) は次のように述べている。「日本企業が築き上げてきた「高信頼」システムは，社会的資本として日本企業の競争優位の源泉の1つとなっている」と述べ，また，信頼の機能について，次のように述べる。

> 「信頼は，組織内において主として次のような機能を果たす。第1に，相互作用を促進して，組織成員間の知識・情報の共有を促進する。第2に，頻繁な対面相互作用を通じて組織内に親密感を醸成する。第3に，組織成員の組織維持に対する動機づけを高め，成員の自主的な学習を促進する。最後に，「ただ乗り」を防ぐことによって組織成員の貢献度を高める。
> 　以上のような信頼の持つ諸機能は，組織内に互恵的な規範を確立する。互恵的規範の下では，ある主体が利他的に行動すれば相手も利他的に行動するであろうという期待が成立する。したがって，高い信頼関係が形成されている組織では，モニタリングなどにかかる社会的調整コストが大幅に節約できる。従来型の組織にとどまらず，特に……バーチャル・コーポレーションにおいてはその効率性や利点を享受するために，管理ではなく信頼にもとづいた組織を設計・運営しなければならない。
> 　さらに，高い信頼にもとづく組織は，組織的に知識を生み出す能力という点でも優れている。本来知識は属人的なものであり，個人の専有物となるはずである。しかし，互恵的規範の下では，個々人が利他的に行動しあうので，知識や情報が積極的に提示される。こうして暗黙知と形式知の相互補完・循環関係である「知識変換」の集団，組織内での展開が促進されるのである。このような組織的知識創造能力は，単一企業内にとどまらず，組織間においても発揮されている。たとえば自動車産業においては，下請の部品メーカーが，自動車の設計段階から親会社に参加して共同開発を行う「デザイン・イン」が行われている」(石井・奥村・加護野・野中, 1985: p.232)。

日本の企業の信頼と集団主義に関連して清水 (1991) は，日本の取引慣行の特徴は「信頼 (creditability)」取引であるとして，次のように述べている。

「「信頼」(Creditability）取引は，相手方との１回１回の取引で利益がでなくてもいい。信頼できる，ネットワーク化された，多角的な複数の相手方と取引し，長期的にみて全体として利益がでればいいと考える取引である。ある特定の相手方との取引だけをみるとマイナスであっても，その相手方をふくめたネットワークに属する複数の相手方との取引全体でプラスになればいい。そこではたえず相手との信頼関係の強化および信頼できる人々のネットワークの拡大が重要な目的となっている。信用取引のように確定的な経済条件ないし取引ルールを必ずしも事前に決めておかなくてもいい。日本でよくいう，"今回は泣いてくれ"，"仲間取引"，"談合"，"一見の客には売らない"などの商慣習や"カシ・カリの論理"，"そこをなんとか"の一般的関係は，この「信頼」取引の典型的な例である。自然条件，政治，諸制度，取引相手が安定していて，不確実性要因が全くないと予想されるときに使われる方法である。この「信頼」(Creditability）取引の考えは，江戸時代の平和期に儒教倫理にバックアップされて，日本の商慣習として定着し，今日まで尾をひいている。この考え方は，集団性，協調性を強調するため，日本企業の労使協調，意思決定の迅速さ，系列企業システムの効率向上，企業内組織の柔軟性などで，優れた面もある」（清水, 1991: p.6）。

　一方，山岸（1998）は，日本の「集団主義社会は安心を生み出すが信頼を破壊する」(p.1) という考え方，あるいは「信頼の解き放ち理論」と名付けた独自の考え方を述べている。
　山岸（1998）は，信頼を「能力に対する期待としての信頼」と「意図に対する期待としての信頼」に分けた上で，「意図に対する期待」のなかに２つの異なった内容，すなわち，信頼と安心が含まれる（pp.34-37）と主張する。山岸（1998）によれば，信頼とは「社会的不確実性が存在する状況，すなわち，相手が利己的にふるまえば，自分がひどい目にあってしまう状況で，相手が利己的にふるまうことはないであろうと期待すること」(p.38)である。これに対して，安心とは「そもそも社会的不確実性が存在しないと感じること」(p.39) として「信頼」と「安心」を区別している。
　さらに，山岸（1998）は，信頼を情報依存的信頼と一般的信頼に分類する。情報依存的信頼（knowledge-based trust）は，特定の相手についての具体的情報に基づいて相手の信頼性を判断することであり，これに対して一

般的信頼（generalized trust）とは，他者についての情報が存在しない状態での，他者の信頼性についての「デフォルト値」としての信頼である（pp.42-43）。

そして，山岸（1998）は，日本社会は，「他の相手からの有利なさそいを拒否して，同じ相手との関係を継続する選択をし合う」関係であるコミットメント関係によって，社会的不確実性を低下させている社会であり，しかも，そのコミットメント関係は，「敵対的な（あるいは敵対的なように思われる）外部社会に対応するための，内部の結束を維持する」ための「やくざ型」コミットメントである（p.65）。「やくざ型コミットメント関係の内部では，安心が提供されている。そして多くの場合，やくざ型コミットメント内部に存在する安心を，人びとは『信頼』と呼ぶ。日本社会を『信頼社会』と特徴づける常識的な見解は，安心と信頼の間のこの混同に基づくもの」（p.198）と述べる。そして，既存のコミットメント関係にとどまり，その内部で提供されている安心に安住している人にとっては，社会的知性を高め，一般的信頼を高める必要がないため（pp.190-191），日本人はアメリカ人と比較して一般的信頼のレベルが低い（pp.89-109）と指摘している。その意味において，集団主義が信頼を破壊しているのだとする。逆に，一般的信頼が高ければ，人を特定のコミットメント関係の内部の相手とだけのつきあいから解放されるという意味で，信頼には「解き放ち」機能があると主張する。

このように山岸は，日本社会における不確実性の低減をもたらしているものは，「やくざ型」のコミットメント関係であるとしている。しかし，組織内，あるいは系列内において不確実性の低減をもたらしているものは，組織のメンバー間や系列企業間の長期にわたる相互作用によって形成された，Lewicki and Bunker（1996）の言う「同一化に基づく信頼」，あるいは，Child and Faulkner（1998）や Child, Faulkner and Tallman（2005）の言う情感的信頼であろう。このような信頼は，仮に，当初の関係がやくざ型コミットメントによる計算に基づく打算的信頼から始まったものであっとしても，それがそのままの状態で留まっているものではなく，継続する取引関係によって理解に基づく認知的信頼を経て，同一化に基づく情感的信頼に進化する。そこでの信頼は，むしろ山岸（1998）の言う相互の感情的な絆によっ

て成立する「恋人型」コミットメント関係によってもたらされる信頼に進化しているると考えられる。そうした関係においてこそ，取引費用が削減されるだけでなく，情報共有が促進され，関係特殊的な投資が促進される（Dyer, 2000: pp.87-88）。したがって，系列企業間の信頼は単なる安心に過ぎないとは言えないだろう。

しかしながら，山岸（1998）の言うように，一般的信頼には固定的な関係から人々を解放する効果はあるだろうし，固定的な組織，あるいは中間組織に安住することで，集団主義が一般的信頼を破壊しているのだとすると，日本企業の構成員が，組織外，あるいは系列外の企業との信頼関係を構築するのは困難なものになることは否めない。こうした傾向は，集団の「ウチ」と「ソト」を明確に区別する集団主義的な意識や行動様式を助長していると考えられる。

このように，信頼には，組織成員間の知識・情報の共有を促進し，組織内に親密感を醸成する機能があり，また，組織成員の組織維持に対する動機づけを高め，成員の自主的な学習を促進し，組織成員の貢献度を高める機能がある。さらに，信頼は，集団性，協調性を強調することで，意思決定の迅速さ，系列企業システムの効率向上，企業内組織の柔軟性などに貢献している。

しかしながら，日本企業においては，これらの利点は，「ウチ」である組織の内部，もしくは系列企業内部にのみ通用することであり，「ソト」に対しては通用しない。むしろ信頼は，「ウチ」と「ソト」の区別を助長する方向に機能しているのである。

ここまで，日本的経営の特徴を考察し，大企業がベンチャー企業と提携する際に関連が深いと思われる5つ特徴を指摘してきた。それらは，相互に密接に関連しており，日本企業の有機的な環境適応という戦略志向を形成しているが，ベンチャー企業と提携するにはマイナスに作用している。

4.3 WHATに弱い日本の組織

いわゆる日本的経営の特徴は上記の通りであるが，日本企業にはHOW

には強いがWHATには弱いという特徴もある。

　日本企業が急速な成長をとげた期間において，日本企業にとっての目標（WHAT）は明確であった。製品のコンセプトや事業モデルの手本は米国にあり，そのコンセプトやモデルに沿って高品質で安価なものを作ることが目標であった。しかもその時代においては製品のライフサイクルが今ほど短くなかったため，米国企業にキャッチアップする時間的余裕もあり，利益を生むこともできた。したがって，どのように作るのか（HOW）に集中すればよかったのである。

　情報通信産業の分野で言えば，かつてIBMの製品が日本企業の目標となっていた。IBMと同等以上の製品を低価格で提供することが日本企業の事業モデルであった。ところが，かつてのような絶対的目標はなくなり，何を目標にするか自体が問われるようになった。また目標が設定できたとしても，次第に経済・社会の変化のスピードが加速化し，またネットワークの外部性が強く働くようになったため，キャッチアップモデルが通用しなくなった。日本がイノベーションの先頭を走るようになったのかどうかは定かではないが，少なくとも欧米で生まれた製品を見てから自社で開発して追いつく時間的余裕はなくなった。

　こうした状況下においては，自らが新しい製品コンセプトや事業モデルを創出し，市場を創造しなければならない。設定された課題を解くことではなく，何が課題なのかを自ら設定することが求められているのである。

　図表4-1に示すように，設定された問題を解く能力と何が問題なのかを設定する能力は別の能力であると言われている。課題を解くのは「分析的取り組み」であり，課題を設定するのは「解釈的取り組み」である（Lester and Piore, 2004: 邦訳 pp.125-153）。あるいは，問題を解くのは「収束的思考」であり，問題を正しく把握するのは「発散的思考」である（Foster and Kaplan, 2001: 邦訳 pp.157-165）と言われている。

　したがって，これまでのような課題を解くための「分析的取り組み」や「収束的思考」が得意であった組織にとっては，課題を設定するための能力である「解釈的取り組み」や「発散的思考」を意識的に強化することが必要である。しかし，そうした努力はなされていないようである。むしろ逆に

第4章　日本企業の経営の特徴

図表4-1　イノベーションと必要な取り組み

	これまでの仕組み	これからの仕組み
イノベーションの種類	漸進型 連続的・持続的	構築型 抜本的・画期的 破壊的・(非)連続的
必要な取り組み・発想法等	分析的取り組み 収束的思考 計画・管理	解釈的取り組み 発散的思考 企業家精神
適合する領域	HOW 問題を解く 既存事業	WHAT 課題の設定 新規事業

「分析的取り組み」や「収束的思考」をより強化する方向に向いてさえいるようである。「分析的取り組み」や「収束的思考」は過去の成功体験や厳しい損益管理によってむしろ強化されてきたのである。

このような組織は，連続的・持続的なイノベーションを起こすには適しているが，非連続的・破壊的なイノベーションを起こすには適さない組織である。非連続的・破壊的イノベーションを起こせないというだけでなく，非連続的・破壊的イノベーションを起こす新しい仕組みに対しても消極的であるか，むしろ反対してしまう。このような組織はあいまい性を排除し，深く分析して確実な解を求めようとするが，破壊的イノベーションや非連続的なイノベーションには，過去の事例がなく，いくら分析してみても確実な解を得ることができないからである。

「確実な市場調査と綿密な計画のあとで計画どおり実行することが，すぐれた経営の特徴である。しかし，……破壊的技術に直面したとき，まだ存在しない市場に関するデータを必要とするため手も足も出なくなる」(Christensen, 1997: 邦訳 p.301)。このような組織はリスクの高い非連続的・破壊的イノベーションそのものに対して消極的であるため，それを，ベンチャー企業を活用して推進しようとする以前の段階に止まってしまい，ベンチャー企業が活用されることはない。

しかしキャッチアップモデルが通用しなくなった以上，新規事業こそが成

長の源泉であり,非連続的・破壊的イノベーションを起こせないようでは成長を見込むことはできない。したがって全社的な仕組みとして「解釈的取り組み」や「発散的思考」を推進するような手立てを講じる必要があるのである。

注
1) Mintzbergは,完璧に実現されることを意図して計画的に策定される「計画的戦略」に対し,最初から明確に意図されたものではなく,行動のひとつひとつが集積され,そのつど学習する過程で,創発的に形成される一貫性やパターンを「創発的戦略」と呼んでいる (Mintzberg, Ashlstrand and Lampel, 1998: 邦訳 pp.12-13) が,ここでは,形成された戦略そのものよりも,そうした戦略が形成される組織過程に注目している。
2) 同様に,尾高 (1984) は,次のように述べている。「「集団主義」とは,ひとつの集団や組織体─このばあいでは主として企業─を自分たちの運命共同体としてとらえ,したがってそれの全体的秩序の存続繁栄と集団内生活の全体的な安寧幸福を,そこにおける成員個々人の能力発揮や個人的欲求の充足にさきんじて重要視する価値志向」(p.66) としている。ただし,ここでの「全体優先」ということの意味は,全体の必要を満たすことが至上命令であって,このためには個々人の個性発揮や自己主張は全面的に抑圧され犠牲に供されて差し支えない,ということではない。……集団主義における集団は,このような独善的,超個人的な全体者ではない。むしろ集団生活全体の繁栄と幸福は,究極的には,そこにいる成員個々人の福祉を増すためにめざされている,ということすらできる。というのは,集団主義における全体優先の考え方は,元来,全体の繁栄幸福が達せられてはじめて成員個々人はその余沢にあずかることができるのだ,という思想を前提としているからである。また,この全体の繁栄幸福を達成する道程においても,集団主義のばあいには,成員個々人の個性発揮や自己主張が全面的に抑圧され,犠牲に供されるというようなことはありえない。むしろ各人は,みずから進んで個性を発揮し,特技を生かして,最善の努力を傾けることが期待されているのである」(pp.81-83)。

また,津田 (1976) は,日本的経営の特徴は,集団主義ではなく,「生活共同体」であるとして次のように述べる。「日本の企業経営の仕事単位である「職場」は欧米のように機械設備と職務体系が林立する客体ではなく,人間が生き生きと生活する場所であって,職場共同体とよぶにふさわしい。職場が家庭と同じく生活の場である理由は,終身雇用によって生涯の生活の場ときめて入社した従業員が発散する人間臭にみちみちた職場が形成されていることと,ライフ・サイクルをほとんど経過してしまうほどの長い時間にわたって同じ人間同士で働き合うことからくる濃厚な人間関係の場になっているからである」(p.38)。そして「日本の企業経営の中から二四時間ぶっとおし仕事に精を出す「猛烈社員」が排出して外国人をおどろかすのは,金銭や雇用の動機から出てくるのではなく,まさに生活共同体の原理から出てくるのである。企業が自分の心身を投入する生活の場所であるからこそ,「猛烈性」という個性をもつ従業員が

「猛烈社員」になる」(p.284) としている。

　日本の組織における集団主義については，戸部・寺本・鎌田・杉之尾・村井・野中 (1984) の指摘もある。戸部他 (1984) は，日本軍の組織論的研究を行い，日本軍の組織構造上の特性は「集団主義」であるとし，次のように述べている。「ここでいう『集団主義』とは，個人の存在を認めず，集団への奉仕と没入とを最高の価値基準とするという意味ではない。個人と組織とを二者択一のものとして選ぶ視点ではなく，組織とメンバーとの共生を志向するために，人間と人間との間の関係（対人関係）それ自体が最も価値あるものとされるという『日本的集団主義』に立脚していると考えられる。そこで重視されるのは，組織目標と目標達成手段の合理的，体系的な形成・選択よりも，組織メンバー間の『間柄』に対する配慮である」(p.222)。戸部他 (1984) が指摘する「間柄」を重視する「日本的集団主義」は，現在の日本企業の組織にも存続しているであろう。

第5章 大企業とベンチャー企業との提携の特殊性

本章では,通常の提携と比較したときの,大企業とベンチャー企業との提携の特殊性を考察する。ベンチャー企業との提携には特殊性があり,その特殊性はベンチャー企業との提携の成功を一般的な提携よりも難しいものとしていると考えられる。しかしながら,前述の通り,提携の先行研究において,大企業とベンチャー企業との提携という文脈で行われた研究は多くない。その理由として考えられることは,戦略的階層組織を介したビューロクラティック・ダイナミクスを組織編制原理としている欧米の大企業にとっては,このベンチャー企業との提携における特殊性が,必ずしも提携を阻害する大きな要因にはならず,そのため,ベンチャー企業との提携の特殊性は大きな問題とは認識されていないのである。それが問題視されなければ,学術的な研究も行われないであろう。しかしながら,この特殊性は,創発的ネットワーク組織を介したグループ・ダイナミクスを組織編制原理としている日本の大企業にとっては,提携を阻害する大きな要因となる可能性がある。

そこで,本章においては,一般的な提携と比較した場合の,大企業とベンチャー企業との提携の特殊性を考察する。

5.1 提携段階での特殊性

5.1.1 新規事業開発への抵抗

大企業がベンチャー企業との提携を行うのは,新規事業開発,あるいは新製品の開発に必要な技術を求めた提携の場合が多い。なぜならば,既存事業の延長線上にある事業開発や製品開発ならば,それまでに活用していた既存の経営資源・技術資源を引き続き活用して開発を行うことができるからである。

したがって,ベンチャー企業との提携が行われるためには,それ以前に,そうした新規事業開発や新製品開発に取り組むという明確な意思決定がなさ

れる必要がある。その場合，新規事業は既存事業と性格が異なり，特有の課題があることを十分に認識する必要がある。新規事業は既存の事業と比較してはるかにリスクが高く，成果が出るまで時間がかかり，失敗する可能性も高い。また，新しい技術を採用するためには，既存の技術と結びついている設備，材料，製造法，供給業者等，場合によっては組織構造に至るまでシステム全体の変更が要求され，既存の技術を使い続けるよりもはるかに大きな費用がかかる。そのため新規事業への進出や新しい技術の採用についての意思決定を第一線の現場に任せてしまうと，そうした意思決定はなかなかなされないことになる。

したがって，新規事業開発には，漸進的なイノベーションと構築型あるいは抜本的イノベーションや非連続あるいは破壊的イノベーションとの違いを認識した上で，経営層レベルの意思決定，組織全体としての意識的な取り組みが必要である。

5.1.2　外部リソース活用への抵抗

新規事業開発への抵抗を乗り越え，既存事業とは異なるマネジメント手法や見方を受け入れて新規事業を興そうとする場合，あるいは新しい技術を採用しようとする場合にも，外部のリソースを活用することに対しては抵抗がある場合が多い。いわゆるNIH（not invented here）シンドロームの問題である。

さすがに最近は日本でも，必要となるすべての技術を自社で開発できるという研究者・開発者はいない。しかし，自ら積極的に社外のリソースを探そうというところまでは至っていない。社外の技術の活用を否定はしないという程度である。このような状況では，仮に社外に優れた技術があり，それが社内に紹介されたとしても，社内に導入されることはない。

外部の技術を活用するには組織としての強い意思が必要である。どんなに優れた技術であっても，社内の技術との組み合わせで使われる場合には，社内の技術との擦り合わせや，技術の検証が不可欠であり，そうした作業にリソースをかける必要があるからである。

提携を開始するためには，提携候補の探索のための費用，資本参加のため

の資金，提携候補が持っている技術や製品の品質を検証するための費用，あるいは共同開発や事業支援のための費用等が必要であり，そうした資金を支出することに対して組織として予算が確保され，また奨励されていなければならない。しかし，提携のリスクやNIHという要因から，第一線の現場にそれを期待することは困難なのである。

　外部の技術を使うという意思決定をする場合，同時に自社による開発を中止するという意思決定をする必要がある場合が多いが，そうした意思決定は現場からは出て来ない。開発の現場としては，自社開発することが自らの存在価値であると思いがちであり，それを否定するような意思決定はできない。また，社外のリソースを活用すると，社内の人材や設備等のリソースが遊休化してしまう可能性がある。そのため，仮に新製品の上市が遅れることになっても自社開発しようとしてしまうのである。

　日本においてNIHが欧米よりも強い理由には，日本の人材の流動性が低いことがあるだろう。日本では，転職がまだまだ少なく，一度大企業を退職すると，もとのような職を得ることが極めて難しいのが現実である。そのため，研究開発部門のトップとしても，研究開発者を容易に解雇することはできず，簡単に外部の技術を導入して自社開発をやめるというような意思決定をしにくいのである。

　このようにNIHは個別の組織や個人の立場からみれば合理的な選択なのであり，人材の流動性の低い日本は欧米と比較してNIHが強くなる。NIHは組織全体として取り組まなければ解決できない課題である。

　こうして，日本企業においては，それが必要であると認識されていながら，社外リソースが使われないということになりがちになるのである。その結果，社内の研究開発パイプラインには，自社の研究開発能力を超える数の研究開発テーマが並び，当然予算の制約もあって，世界レベルの研究開発をするには，それぞれのテーマに十分なリソースが投入できない状態となる。一方，シリコンバレー等の優れたシーズを持ったベンチャー企業にはVCによってふんだんなリスクマネーが供給されており，そうしたベンチャー企業と比較して日本の大企業は開発に遅れをとるというような事態が生じるようになっている。

したがって，NIHを克服するなんらかの方策がとられなくてはならない。Chesbrough (2003) はNIH問題に対処するために，有効な社外のテクノロジーを見つけたものにボーナスを出すべきである（邦訳p.192）と述べているが，NIHは個別の組織や個人の立場からみれば合理的な選択なのであり，組織全体として取り組まなければ解決できない課題である。

5.1.3 ベンチャー企業活用への抵抗

新規事業への抵抗を乗り越え，NIHを乗り越えて，外部リソースを活用しようとする場合でも，ベンチャー企業を活用することへの抵抗がある。外部との提携の必要性は認識しているが，ベンチャー企業は使いたくないというものである。ベンチャー企業を活用できない理由としては，以下のような意見が多い。

1. ベンチャー企業の製品についての懸念
   (1) ベンチャー企業の製品は品質問題を起こす可能性が高い。また，財務体質が脆弱なため，品質問題が起きても賠償させることができない
   (2) ベンチャー企業の製品はサポートが不十分である
   (3) 提携が解消した後，訴訟リスクがある
2. ベンチャー企業そのものについての懸念
   (1) ベンチャー企業は継続性に問題がある
   (2) 提携できるベンチャー企業が日本にはなく，外国企業と提携しなければならないが，言葉の壁，文化の壁，意思決定のスピードの違い等があり，外国企業と提携してもうまくいかないと思う

すなわち，ベンチャー企業はリスクが高くて使えないというものである。

こうした意見の背景には，ベンチャー企業の製品が必然的に破壊的技術を採用しているために既存技術との比較において品質が劣る場合が多いことがある。しかし，そうした破壊的技術は，現時点の品質では既存顧客に提供する主力製品に使えないが，技術が改良されて品質が向上すると主力製品に使えるようになるという場合が多い。そうしたメカニズムを理解せず，単純に現時点の品質に問題があると言って無視してしまえば，イノベーションのジレンマ（Christensen, 1997）に陥ることになるのである。

5.1.4 提携のノウハウの蓄積の必要性

ベンチャー企業と提携を検討できないもうひとつの理由は，ベンチャー企業との提携に限らず，提携を成功させるためには，提携のノウハウの蓄積が必要なことである。

たとえばBadaracco (1991) は，提携の運営に重要なのは，リーダーシップ，信頼，献身であると指摘し，提携の成功条件として以下の9つを上げる。①提携を検討する際には，自社の現在の能力，自社が将来に必要とする能力の両者について明確な戦略的な理解を持つ。②広範囲の可能な提携を検討する。③自社が提携関係に献身する前に，パートナー候補の価値観，熱意，能力を綿密に調査する。④楽観主義，知識の漏洩，知識の陳腐化という3つのリスクを理解する。⑤提携に過度に依存することを避ける。⑥企業の提携は，独立した企業のような形で構築・経営する必要がある。⑦両方のパートナーは相互に信頼しあうようにしなければならない。⑧提携からの学習に対して開放的になるように，自社の中核的な活動と伝統的な組織を変革しなければならない。⑨提携は単に経営するだけでは不十分であり，それを指導する必要がある（邦訳 pp.181-207）。

これらの成功要因となるノウハウは日常の事業運営とは異なっているため，日常の業務のなかでノウハウが蓄積されていくというものではない。また，会社全体として提携をするのが初めてということではなくても，実際に提携を実行する個々の部門にとっては，提携の経験は初めてというような場合も多く，これらノウハウを個々の現場が持っていることを期待することはできない。また，日本においては，優れた技術を持ったベンチャー企業が輩出されないため，やむを得ず海外のベンチャー企業と提携を組むことになることが多くなる。こうした事情のため提携を成功させるのが一層難しくなり成功確率も低くなるため，提携に取り組むことを難しいものとしているのである。

また，提携を実行するためには，提携候補の探索のための費用，資本参加のための資金，提携候補が持っている技術や製品の品質を検証するための費用，あるいは共同開発や事業支援のための費用等が必要である。提携を行うために，そうした資金を支出することに対して組織としての意思決定が行わ

れて予算が確保され、また奨励されていなければ、予算と業績評価に制約された第一線の現場が提携を行うことはできない。こうした状況もまた提携への取り組みを難しいものとしている。

このように、提携を成功させることは簡単なことではなく、組織全体としての経験・ノウハウの蓄積と共有が必要であり、少なくともそうした活動を組織として必要と認め、予算を確保し、組織の仕組みとする必要がある。提携の失敗を個人に起因するものと決めつけるようであってはならず、組織が全体として取り組むべき課題である。提携を成功させるにはやはり組織全体としての強い意志が必要なのである。

5.1.5 変革への抵抗

ベンチャー企業との提携は、これまでのイノベーションのあり方からみれば大きな変革である。組織は新しいものには抵抗するのが常であるため、その推進には当然大きな抵抗があることを覚悟しなければならない。特にその必要性が理解されなければ抵抗が大きい。ここにも大企業がベンチャー企業を活用できない理由がある。またその必要性が理解されていても組織のメンタル・モデルを変えることは容易なことではない。

そもそも組織は変革には抵抗する。Boyett and Boyett（1998）によれば、変革は、多かれ少なかれ変わらなければならない人々からの抵抗に遭うものであり、人々は自分たちに都合の悪い変革に限らず、最終的には恩恵をもたらすような変革にさえ抵抗を示すものだと言う。

また、組織による変革への抵抗は変革を推進する側から見ると「非合理性」の表明であるように思われるが、変革の対象にとっては「抵抗は多種多様な合理性の自然の表明」（Ansoff, 1988: 邦訳 p.341）である。組織は自己否定になる意思決定や自己のパワーが減じられるような意思決定、自己の生存を脅かすような意思決定はしないのである。ベンチャー企業との提携は長期的視点から、あるいは全体最適の視点からみれば必須の事項であるが、個々の組織は短期的視点あるいは部分最適の視点にとらわれがちであり、ベンチャー企業との提携に対しては抵抗こそすれ、推進しようとはしない。

したがって、ベンチャー企業との提携を推進するためには、組織の抵抗を

十分考慮した上で，それを克服する手立てを講じる必要がある。

1980年代，日本企業は"Japan as No.1"（Vogel, 1979）と呼ばれるような大きな成功を体験した。そのためHOWが重要であった時代の成功体験に過剰適応してしまった結果，WHATが重要な時代になってもその成功体験から抜け出せていない。

Foster and Kaplan（2001）は，日常行われている漸進的イノベーションとは異なり，抜本的イノベーションや破壊的イノベーションを実行するためには，既存事業に適応したメンタルモデルを克服する必要があると述べている。しかし，メンタルモデルの変更は容易なことではない。それが過去の成功体験に裏打ちされているとなるとなおさらである。1980年代の日本企業の成功は分析的取り組みによるものであり，継続的・連続的イノベーションによるものである。また企業は成功体験を重ねることで，自らの事業ドメインを固定的に定義するようになる「成功体験によるマーケティング・マイオピア」に陥りがちである。したがって，WHATが重要な時代には，解釈的取り組みを奨励し，破壊的・非連続的イノベーションを奨励する意識的な仕組みが必要である。

日本企業においては1980年代の成功を実現した，分析的取り組みや継続的・連続的イノベーションに長けた分析的人材が重用されマネジメントの中核を担うようになっている。もちろんそうした人材が重要であることは論を俟たないが，それによって解釈的取り組みや破壊的・非連続イノベーションに長けた解釈的・創造的人材が排除されることがあれば大きな損失である。もちろん理想を言えば，双方の能力を持った人材が理想ではあるが，現実にはどちらか片方の能力を備えるのみのようである。組織の中核を担う分析的人材から見ると解釈的・創造的人材は実務を伴わない「夢追い人」のように見えてしまい，組織の存続を危うくするだけの人材に思える。しかし，WHATが重要な時代には分析的人材だけでなく，解釈的人材の創造性が極めて重要であり，解釈的人材を活用しなければ組織の存続は覚束ないのであり，過去の成功体験から分析的になりがちな日本企業としては，組織全体の意識的な取り組みとして解釈的・創造的人材を活用しなければならない。そうすることにより，組織としてのメンタルモデルを変革することができるの

である。

5.2 実行段階での特殊性

　ベンチャー企業との提携を検討する段階での抵抗に続く，提携を行えないもうひとつの理由は提携の実行段階でのマネジメントの難しさである。上記のとおり，提携は日常業務とは異なるノウハウが必要である。さらにベンチャー企業との提携のマネジメントには，単なる提携の難しさだけではないベンチャー企業との提携特有の難しさがある。

5.2.1　ベンチャー企業の成長段階への適応の問題

　前述の通り，Doz（1988）は，「パートナーシップは技術的な理由というよりもむしろ管理上の理由で失敗しがちである」（p.56）と述べ，大企業とベンチャー企業との間の意思決定スピードの差，企業文化的の相違，組織構造の相違等により，提携が困難に直面する（pp.35-36）と指摘している。これらを解決するには，両者の戦略を統合すること，大企業内のポジションの一貫性を維持すること，有効なインターフェースと境界スパンニングを構築することが必要であるとし，そのためには，大企業の経営トップが，大企業とベンチャー企業との提携における2つの会社の間の相互作用の諸要件について関心を持つことが重要である（p.56）と述べている。

　これらの大企業とベンチャー企業との相違から生じる課題の指摘は重要なものである。しかしながら，ベンチャー企業の大きな特徴は，急速に成長して短期間のうちにイノベーションを実現することである。すなわち，ベンチャー企業の設立当初の経営目標は研究開発であるが，数年後の経営目標は製品化・事業化に転換される[1]。この2つの経営目標を達成することで，短期間のうちにイノベーションを実現する。このような特徴があるからこそ，VCは，ベンチャー企業にリスクマネーを投資し，また大企業もベンチャー企業と提携しようとする。ベンチャー企業をベンチャー企業たらしめているのは，このような，設立当初における研究開発，数年経過後の製品化・事業化，そして急速な成長課程における研究開発から製品化・事業化への転換な

のである。ベンチャー企業がこれらを実現できるかどうかが，ベンチャー企業の成功を決定づけ，また，ベンチャー企業との提携の成否を決定づけることになる。したがって，ベンチャー企業との提携に特有の経営課題を考察するには，このベンチャー企業に特有な成長課程，すなわち，研究開発から製品化・事業化への転換から生じる提携の進化の過程を考察することが求められる。

5.2.2 信頼とコントロールに関わる2つの課題

　ベンチャー企業が急速に段階的に成長するという特徴は，第3章の3.1.5項から3.1.6項で述べたような，提携と信頼の形成・共進化の過程，探索型提携・活用型提携とコントロールの型の関係，知識のコード化の可能性とそうした知識の移転に関わるコントロールの形態の関係を前提とすると，大企業とベンチャー企業との共同開発型の提携において，以下のように大きな課題をもたらすことが示唆される。

　ベンチャー企業の設立当初の事業課題は研究開発であるが，数年後には製品化となる。したがって，提携の初期の研究開発段階においては創造性や柔軟性が重要な探索型提携である。この段階で生み出される知識のコード化は困難であり，パートナー間の学習の必要性は高い。これに対して，製品化段階においては計画や管理が重要な活用型提携に変化し，そこで生み出された知識は比較的コード化の可能性が高く，パートナー間の学習の必要性は低くなる。したがって，大企業がベンチャー企業と提携する際，初期段階には信頼をベースとしたコントロールが求められ，一定期間が経過した後にフォーマルなコントロールの導入を迫られることになる。これは，大企業にとって図表5-1に示すような2つの課題を生み出す。

　ひとつは，大企業にとって提携の初期段階からベンチャー企業に対する信頼が形成され，社会的なコントロールが行われなければならないことである。前述の通り信頼は相互関係の進展とともに進化・成長すると考えられ，提携の当初から信頼が形成されていることは困難である（Child and Faulkner, 1998; Child, Faulkner and Tallman, 2005; Lewicki and Bunker, 1996）。また，そのため，多くの研究者が提携の開始にあたり，提携の諸条

図表5-1　信頼とコントロールに関わる2つの課題

【課題1】
社歴の浅いベンチャー企業に対して，提携の初期段階から信頼が形成されていなければならない。

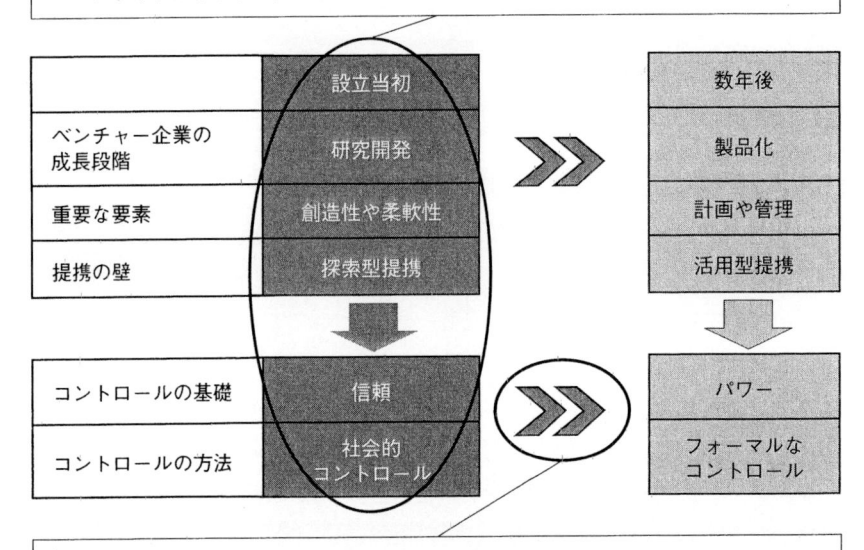

	設立当初		数年後
ベンチャー企業の成長段階	研究開発	≫	製品化
重要な要素	創造性や柔軟性		計画や管理
提携の壁	探索型提携		活用型提携

コントロールの基礎	信頼	≫	パワー
コントロールの方法	社会的コントロール		フォーマルなコントロール

【課題2】
提携の進展に伴って，コントロール方法の変更を先行研究で言われている一般的なパターンとは逆のパターンで行わなくてはならない。

件についてのパートナー間の詳細な契約が必要であると主張している（Hoffmann and Schlosser, 2001; 安田, 2006; 神田・高井, 1997; Mayer and Argyres, 2004; Poppo and Zenger, 2002; Reuer and Ariño, 2007）。

　それでも大企業同士の提携であれば，パートナー候補の専門的能力に関する公開情報や業界での評判等がすでに存在し，また，大企業が機会主義的行動をとった場合に失うものの大きさを考えれば，パートナー候補の信頼性を評価することは比較的容易であろう。したがって，大企業同士の場合は，少なくとも最低限の信頼関係の中で提携を開始することは可能であろう。しかしながら，社歴が浅いベンチャー企業の信頼性を評価するのは困難であるため，ベンチャー企業との提携において，提携の初期段階から社会的コントロールによって提携をコントロールすることはより難しいのである。

2つめの課題は，コントロールの方法を，既存研究で言われている一般的なパターンとは逆のパターンに変更しなければならないことである。信頼関係は提携の相互作用によって段階的に成長・発達し，その信頼の成長・発達に伴って，提携関係のコントロールがフォーマルなコントロールから社会的なコントロールに変化すると言われている。すなわち，フォーマルなコントロールが，信頼関係が構築されるにしたがって社会的なコントロールに変化するということである。しかしながら，大企業がベンチャー企業と提携する際には，ベンチャー企業の成長によって提携の型が探索型から活用型に変化するため，先行研究で言われている一般的なパターンとは逆に，信頼をベースとした社会的なコントロールが行われていた関係に，フォーマルなコントロールを持ち込むことを求められる[2]。

それまで比較的自由に経営してきたカリスマ的な創業者にとって，外部からのフォーマルなコントロールは受け入れ難いものであろう。この状況が，大企業にとって，ベンチャー企業との提携を通常の提携と比較してより難しいものとし，提携を成功させられない大きな要因となっていると考えられる。

5.2.3 提携の当事者に関連するマネジメントの課題

ベンチャー企業との提携の実行には，さらに，提携の当事者の関係が通常の提携よりも複雑になるという課題がある。通常，企業間の提携は，文字通り企業対企業の二者間の関係の提携であるが，大企業とベンチャー企業が提携する場合には，以下に述べるような理由から単なる二者間の関係ではなくなるため，通常の提携以上にそのマネジメントが複雑になる。

(1) ベンチャー企業とベンチャー・キャピタル

前述したように，ベンチャー・キャピタル（VC）とは，「リスクの大きい新事業をはじめようとする起業家あるいは社歴の浅い企業に出資し，当該企業が成長した後に株式を売却しキャピタルゲインを得ることを目標とする企業である」（清成, 1972: p.134）。また，彼らは，単なる成長企業への資金供給と利益獲得という業務を超えて，自らの何かをもって投資先企業を支援し，付加価値を高める役割を果たす（Bygrave and Timmons, 1992: 邦訳

p.165)。

　大企業が提携しようとするベンチャー企業には，すでにこのベンチャー企業への投資をなりわいとする VC が投資をしている場合が多い。VC は創業者の能力を見込んで設立間もないベンチャー企業に投資し，初期段階の研究開発資金を拠出するのに対し，大企業がベンチャー企業との提携を検討するのは，ある程度，研究開発が進んでからである。そのため，大企業がベンチャー企業と提携する時点では，VC の資金を活用して研究開発を進めてきた創業者が大企業と対峙することになる。

　したがって，大企業とベンチャー企業との提携の当事者は，大企業，創業者，VC の三者であるとも考えられる。すなわち，創業者と VC と大企業の三者がベンチャー企業を構成し，コントロールしていると考えられるのである。

　しかも，通常，VC は自社の投資先であるベンチャー企業が提携している大企業とは距離を置いて，創業者と連携する。なぜならば，ベンチャー企業が提携先の大企業に過度にコントロールされて，上場もしくは売却のための自由度を失うことを恐れるからである。したがって，大企業が投資家の立場で，出資比率を背景として提携をコントロールするのは難しい。

(2) 創業者との関係

　アーリーステージのベンチャー企業は組織も小さいため，ほとんどすべての意思決定を創業者に依存している。また，企業を構成するほとんどのメンバーが創業者を信奉し，創業者に心酔して集まっていることが多い。さらには，VC 業界では，ベンチャー企業に対する投資を決定する際，最も重要な要素は創業者であるという意見で一致しており，事業資金を投資している VC も創業者の能力を信じて投資している（Bygrave and Timmons, 1992: 邦訳 p.8)。したがって，大企業がベンチャー企業と提携しようとする場合，ベンチャー企業の創業者との関係が極めて重要である。

(3) 提携の当事者の資源とパワー

　前述のように，大企業とベンチャー企業は，それぞれ相互補完的な経営資源を持っている。また，VC はベンチャー企業に対して投資を行い，経営を指導する。それを別の観点から言い換えれば，提携の当事者である大企業，

ベンチャー企業の創業者，VCは相互補完的な資源を提供してベンチャー企業を構成していると言うことができる。そして，それらは，ベンチャー企業の成功に大きな影響を持つ経営資源である。大企業が提供する資源は，資金，販路，製造技術・量産技術，VCが提供するのは資金およびマネジメント支援能力であり，創業者が提供する資源は画期的なアイデアや先端技術である。

ベンチャー企業の創業者の立場は，通常弱いと考えられがちであるが，創業者がベンチャー企業に投下している資源は，大企業やVCが投下した資金が一度投下すると回収が困難になるのとは異なり，自分の頭の中にあり続ける。そのため，自分の主張が通らなければ，会社をやめるという選択を他の二者と比較すると容易に行うことができる。それは，自らの主張を通すための強力なパワーとなり得るのである。

提携を構成する三者がそれぞれ提供する経営資源は，それぞれのパワーの源泉になり，ベンチャー企業のコントロールをめぐって行使されることになる。

このように，ベンチャー企業との提携においては，提携の当事者である創業者，VCとの関係，またベンチャー企業そのもののコントロールが重要となり，通常の提携と比較して関係が複雑である。

5.3 ベンチャー企業との提携と日本的経営

このように，大企業がベンチャー企業と提携するには，外部の技術の活用には現場の抵抗がある。ベンチャー企業との提携はリスクが高い。ベンチャー企業との提携のマネジメントには固有の課題等，様々な課題がある。このようなベンチャー企業との提携の特殊性に対して，前章で考察した日本の大企業の経営の特徴はどのように作用するだろうか。

5.3.1 提携を開始することに関する特殊性と日本的経営

大企業がベンチャー企業との提携を開始することへの障害となる，現場の抵抗や，ベンチャー企業との提携に伴うリスクの問題は，個別の現場やイン

フォーマルなネットワークでは解決が困難である。したがって，全社的な見地からのトップダウン型のマネジメント，あるいはトップがコミットすることで解決しなければならない。

　欧米の企業においては，トップダウン型のマネジメントやトップのリーダーシップにその特徴があり，こうした事柄は大きな問題とはならないであろう。しかしながら，創発型の戦略形成，内部開発志向，相互依存度が高い組織構造という特徴があり，その特徴に強い成功体験を持っている日本の大企業は，そうした解決策を採ること自体が困難なのである。これが日本の大企業がベンチャー企業と提携しようとしない根本的な原因であると考えられる。

　実際，前述のCVCフォーラムの2010年9月3日の集まりでも，多く参加者が「ベンチャー企業との提携の推進にはトップのコミットメントが必須であるが，それが十分でないために提携が進まない」と指摘していた。したがって，これらの課題を克服するには，経営トップが，意識的にコミットすることにより，全社的な取り組みとしてベンチャー企業との提携を推進する必要があるだろう。

　もちろん，内部開発志向あるいは自前主義の傾向が強い日本企業も，提携を全く行っていないということではない。近年，日本の企業が大型の提携を行う事例も増加している。こうした，大型案件においては，全社的な意思決定がなされ，経営トップがコミットすることが必須であり，また，その必要性が全社的に共有されている。それがあって初めて提携が検討され，実行される。

　ところが，ベンチャー企業との提携においては，そのひとつひとつの個別の案件は，経営トップの最重要課題とはなりにくく，個々の案件に経営トップの関与を期待することは現実的ではない。そのため，経営トップが意識的な行動をとらない限り，ベンチャー企業との提携は進まないという現実があるのである。

5.3.2　提携を成功させるためのマネジメント上の課題と日本的経営

　次に，ベンチャー企業との提携を成功させるためのマネジメント上の課題

第5章 大企業とベンチャー企業との提携の特殊性

に対する日本企業の経営の特徴の作用である。

(1) Doz（1988）の指摘

上記の通り，Doz（1988）は大企業の視点からベンチャー企業との提携の難しさについて，(1)大企業とベンチャー企業との間で，両者の戦略を統合することの困難さ，(2)大企業の各部門のベンチャー企業に対する対応の一貫性の欠如，(3)両者間のインターフェースの設定の困難さという3つの本質的な問題があるために，提携が困難に直面すると指摘している（pp.32-34）。

そして，このような課題に対処するためには，「大企業の経営トップが，大企業と小企業とのパートナーシップおける2つの会社の間の相互作用の要件について関心を持つことは，買収や合弁事業の時よりも更に重要である」（p.56）と述べている。

しかし，日本の大企業にとって，これらの課題の克服策を実際に実行することは簡単なことではない。これらは，欧米の企業にとっても実行に課題あると考えられるために，あえて指摘されたものであろう。創発型の戦略形成を行い，ボトムアップ型の意思決定に特徴がある日本の大企業にとっては，それらの実行はさらに難しい課題になる。

(2) 提携の初期段階での信頼の形成と日本的経営

前述のように，ベンチャー企業との提携を成功させるためのマネジメント上の大きな課題のひとつは，提携の初期段階から，信頼をベースとした社会的コントロールが行われることである。しかしながら，日本の大企業にとって提携の初期段階から社歴の浅いベンチャー企業に対する信頼が形成されていることを期待するのは困難である。

また，信頼は相互関係の進展とともに進化・成長すると考えられ，一般に，提携の当初から信頼が形成されていることは少ない。しかも，日本企業の場合，それはさらに難しい。なぜならば，山岸（1998）が言うように，日本人は米国人と比較して，一般的信頼，すなわち他者の情報が存在しない状態での他者に対する信頼性の「デフォルト値」としての信頼のレベルが低い。また，前述の通り，日本の経営の社会的・文化的特徴として，「ウチ」と「ソト」を区別することにつながる集団主義，共同体的価値観などがあるからである。

Bachmann（2001）は，個人的な信頼に関する場合，英国のビジネスマンと比較してドイツのビジネスマンは組織の代表者としてお互いを信頼すると述べているが，ドイツ人以上に組織への帰属意識が強く，ビジネスにおいて関係する個人を組織の一員としての個人と考える傾向が強い日本の企業とっては，組織としての実績がほとんどないベンチャー企業に対して信頼をベースとしたマネジメントを行うことは難しい課題である。

　前述の通り，多くの研究者が，日本の自動車産業の大企業と中堅・中小サプライヤーとの間の関係における信頼の存在を指摘しているが（Sako, 1992，真鍋, 2002），これらの関係における信頼は長期的な取引の上に構築されたものであり，それまで取引のない技術ベンチャー企業との関係とは異なるものである。

　また，金井（1994）が指摘するように，欧米のベンチャー企業が多く排出される地域においては，起業家を取り巻く重層的なネットワークが形成されており，そのネットワークの参加者は起業家の詳しい情報を入手することができる。しかしながら，日本においては，そうしたネットワークは形成されていないため，日本のベンチャー企業の情報を入手することは難しい。また日本企業が欧米の起業家ネットワークの一員となることも困難であるため，日本企業が欧米のベンチャー企業の情報を入手することも困難である。

(3) コントロール方法の変更と日本的経営

　ベンチャー企業との提携を成功させるためのマネジメント上の2つめの課題は，コントロールの方法を，先行研究で言われている一般的なパターンとは逆のパターンで変更しなくてはならないことである。前述の通り，信頼関係は提携の相互作用によって段階的に成長・発達し，その信頼の成長・発達に伴って，提携関係のコントロールがフォーマルなコントロールから社会的なコントロールに変化すると言われている。しかしながら，大企業がベンチャー企業と提携する際には，通常のパターンとは逆に，信頼をベースとした社会的なコントロールが行われていた関係に，フォーマルなコントロールを持ち込むことを求められるのである。

　その場合，創発型の戦略形成や意思決定や，暗黙知の共有によるマネジメントに経営の特徴がある日本の大企業にとって，組織の境界を越えて，フォ

ーマルなコントロールを効果的に導入することは課題となろう。

5.4 研究対象とならなかった理由

　前述の通り，大企業とベンチャー企業との提携を扱った研究は多くはなく，その研究も，ひとつは大企業とベンチャー企業との提携の補完性を論じたもの，ひとつはCVCについて論じたものである。提携のマネジメントについて論じた研究も少数あるが，それはベンチャー企業の立場から論じられたものであり，大企業の立場から論じられたものはほとんどない。

　大企業の立場からベンチャー企業との提携が論じられていない理由のひとつとして，学会および実業界において，その必要性が認識されていないことが考えられる。すなわち，少なくとも米国，特にシリコンバレー等においては，大企業とベンチャー企業との提携は頻繁に行われており，米国企業にとってベンチャー企業との提携は課題があるにせよ，解決困難な課題として認識されていないため，問題視されていないということである。

　大企業がベンチャー企業との提携を開始することへの障害は，個別の現場では解決が困難であり，全社的な見地からのトップダウン型のマネジメント，あるいはトップがコミットすることで解決しなければならない。しかし，トップダウン型のマネジメントやトップのリーダーシップにその特徴がある欧米の企業においては，それは大きな問題とはならないであろう。

　信頼とコントロールに関連して言えば，シリコンバレー等においては，Saxenian (1994) が指摘するように，濃密なネットワークの中で信頼できる創業者の情報は獲得可能であり，また，ベンチャー企業の創業者の独創性を尊重する風土も形成され，特性の理解も進んでいるため，信頼をベースとしたコントロールからスタートするのは，それほど困難なことではないということである。

　また，ベンチャー企業が成長し，フォーマルなコントロールが必要になった段階において，上場準備として，技術系の創業者が社長の地位を経営の専門家に譲るというケースも珍しいことではない。また，欧米企業は日本企業とは異なり，フォーマルなコントロールが通常の経営スタイルであり，独創性

よりも効率性や安定性が重要となった時点で、フォーマルなコントロールを導入することに大きな課題は生じないと思われる。IBMやシスコ等の米国企業は、多くの成長したベンチャー企業を買収しているが、それは、提携よりも完全に買収してしまった方がフォーマルなコントロールを容易にすることができるためであるとも考えられる。

ところが、日本企業にとっては、日本国内にシリコンバレーのようなイノベーションのエコシステムが存在していないため、ベンチャー企業の創業者の信頼性に関する情報を獲得することは、通常のオペレーションでは難しい。また山岸（1998）が主張するように、一般的信頼のレベルが低い日本企業にとって信頼をベースとしたコントロールによって提携を開始することも大きな課題となる。また、もともとフォーマルなマネジメントを得意としていない日本企業にとっては、製品化段階に入ったベンチャー企業にフォーマルなコントロールを持ち込むのも課題となる。

したがって、米国の大企業にとってはさほど大きな問題とならない課題であっても、日本の大企業にとっては大きな問題となるのである。

5.5 マネジメント上の課題整理

ここまで、提携に関する先行研究のレビューを行い、また大企業がベンチャー企業との提携を成功させるための課題を検討した。また、そこでの課題が、日本の大企業においてどのように作用するかについて考察するため、日本的経営の先行研究についてもレビューを行った。そこで、明らかになったことは以下の通りである。

1. 自社に足りない経営資源を獲得するため、他社と提携を行うことは非常に重要である
2. 提携の対象をベンチャー企業とした場合、大企業とベンチャー企業の経営資源には相互に補完性があり、大企業とベンチャー企業の提携は、双方にとって、有効な経営上の選択肢である
3. 大企業からの視点で、ベンチャー企業との提携を見た場合、提携を成功させるためには、ベンチャー企業との提携特有の課題がある

4. 特有の課題の主要なものは，第一に，ベンチャー企業との提携のリスクに起因する提携を始めることへの障壁，第二に，ベンチャー企業との提携のマネジメントの課題である
5. 大企業がベンチャー企業との提携を開始することへの障壁に対しては，個別の現場では対応が困難であるため，全社的な見地からのトップダウン型のマネジメント，あるいはトップがコミットすることで解決しなければならない
6. ベンチャー企業との提携のマネジメントにおける課題は，ひとつは，提携の初期段階からベンチャー企業に対する信頼をベースとした社会的コントロールが求められること，また，ベンチャー企業の成長によって提携の型が探索型から活用型に変化するため，その社会的なコントロールをフォーマルなコントロールに変更することが求められることである
7. またもうひとつの提携のマネジメントにおける課題は，大企業とベンチャー企業が提携する場合には，単なる二者間の関係ではなく，ベンチャー企業の創業者，VCとの三者の関係となり，そのために通常の提携以上にそのマネジメントが複雑になることである
8. これらの課題は，ベンチャー企業との提携のマネジメントをより難しくするが，これらの課題を解決するにも，全社的な取り組みや経営トップのコミットメントが必要とされる
9. しかしながら，日本の大企業の経営の特徴は，いわゆる日本的経営と呼ばれるもので，創発型の戦略形成やボトムアップ型の意思決定に特徴があり，それが日本企業の競争力の源泉であったが，その特徴が，上記の課題をより難しいものにしている
10. また，提携の初期段階から信頼をベースとしたコントロールが求められるが，これは，長期的な取引関係を背景とした信頼関係の構築には長けているものの，個人が帰属している組織に依存しない信頼形成には困難がある日本の大企業にとっては大きな経営上の問題である
11. さらに，提携が製品化段階に入ると，フォーマルなコントロールの

導入を迫られることになるが,創発型の戦略形成や意思決定や,暗黙知の共有によるマネジメントという特徴を持つ日本の大企業とって,組織の境界を越えてフォーマルなコントロールを効果的に導入することは難しい。

注
1) Penrose (1959), Starbuck (1965), Lippitt and Schmidt (1967), Thain (1969), Greiner (1972), Churchill and Lewis (1983), Quinn and Cameron (1983), Miller and Friesen (1984), Kazanjian (1988), Timmons (1994), Flamholtz and Randle (2000), 奥村 (1984), 清水 (1984, 1986) 等,多くの研究者が企業や組織の成長・発展段階を論じている。しかし,彼らが論じる企業の成長・発展段階論は,より長い時間軸での成長・発展を論じている。本書での議論はそれらが第一段階としている段階の間に起こる変化である。

Galbraith (1982) は,ベンチャー企業の発展を (1)原理の証明, (2)プロトタイプ, (3)モデルショップ, (4)スタートアップ, (5)自然成長, (6)戦略的展開の6つの段階に分け,それぞれの段階のタスクを, (1)発明, (2)試作, (3)改良とテスト, (4)製造と大量流通, (5)利益の確保, (6)ニッチの支配としている。そして,第3段階から第4段階に移行する際,意思決定のプロセスがインフォーマルなものからフォーマルをものへ変化する (pp.76-77) としている。本書はこの Galbraith (1982) の第3段階から第4段階への移行に着目する。
2) Cardinal, Sitkin and Long (2010) が指摘するように,フォーマルなコントロールと社会的コントロールは排他的なものではなく補完的なものであり,ここでのコントロールの変更とは,コントロール方法の相対的な重要性が変化するというものである。

第6章 事例―富士通とアムダール社の提携

　本章では，これまでの先行研究のレビュー等から抽出された大企業とベンチャー企業の提携の課題について，現実との適合性を検証し，またその課題の解決策の検討を行うため，富士通と米国アムダール社の提携の事例研究を行う。

　この事例は，大企業とアーリーステージの技術ベンチャーとの共同開発型提携であり，すでに述べた提携の成功基準から見て成功した事例ということができる。後述するように，この提携がもたらした成果は，富士通にとってもアムダール社にとっても極めて大きなものであり，困難なマネジメントの課題を克服できたという面でも成功した事例であった。したがって，この提携の事例は，本書が考察対象とする提携の典型的な事例であり，かつ数少ない成功事例のひとつといえよう。

　また，本事例では，大企業が提携の当初から信頼をベースとした提携のマネジメントを行い，その後，提携が開発段階から製品化段階に入る時点で管理を強めてフォーマルなコントロールを導入し，提携を成功させている。したがって，この事例は，本書が示唆したマネジメント上の課題が実際の提携において存在し，また，その課題は克服され得ることを示している。

6.1　事例の概要と意義

　富士通は1971年10月，米国のベンチャー企業，アムダール社（Amdahl Corporation）と戦略的提携のための基本契約を締結した。アムダール社は70年に設立された，IBM機と互換性を持つコンピュータの開発・販売を目的とするベンチャー企業である。起業したのは，IBMの大型コンピュータ，システム/360シリーズの開発の中心人物であったアムダール博士（Dr. Gene M. Amdahl）である。基本契約締結時点での年間売上は，アムダール社は"0"，富士通の売上は1642億円（1971年度）であった。

第Ⅱ部　日本の大企業とベンチャー企業との提携

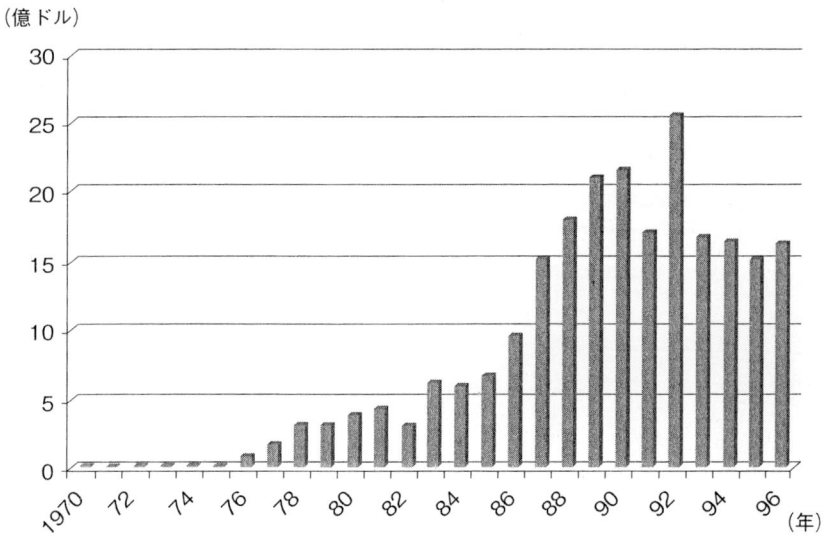

図表6-1　アムダール社の売上推移

(億ドル)

注：Amdahl社 Annual Report 等より筆者作成

　合意内容は，超大型コンピュータの共同開発，富士通からアムダール社への500万ドル（約18億円）の投資，アムダール社から富士通へのノウハウの開示等であった。先端的技術を持ったベンチャー企業と大企業の提携の典型的な事例と言える。

　図表6-1の通り，富士通と提携したアムダール社は業績を伸ばし，1976年にNASDAQ市場に上場した。上場5年後，設立10年後の81年，アムダール社の売上は4億4300万ドル（約975億円）となった。また，92年には25億ドルを超える売上を計上している。

　この提携はアムダール社の成功だけでなく，富士通の競争力の強化，業績の向上においても極めて重要な意味を持つものであった。

　富士通が提携によって獲得した技術は，同社の国内市場におけるシェアの拡大に大きく寄与しており，さらにはICL（英）やジーメンス（独）との提携によって規模の経済を働かせること（Doz and Hamel, 1998: 邦訳p.39）に貢献した。

　また当初，アムダール社は，自社で販売する機器は自社で製造する計画で

第6章 事例―富士通とアムダール社の提携

あったが，結果的に富士通に製造を任せるようになったため，富士通はアムダール社に対して多額の輸出売上を計上した。1990年代前半のピーク時には，ストレージ・システムを含む輸出売上は単年度でも1000億円を超え，97年9月に同社を100%子会社化するまでの間に，総額1兆円を超える輸出売上を計上している。

　富士通にとってこの提携は，提携によって獲得した成果の大きさという面でも，また目標の達成度という面でも成功であったということができる。少なくとも国内の事例でこれほどの成功事例はない。

　しかしながら，後述するように，この大きな成功は当初から約束されたものではなく，設立当初の見込みは不透明であった。アムダール博士は著名な技術者ではあったが，アムダール社が目指した事業モデルは，技術的にも困難なもので，競争環境も極めて厳しいものであった。そのため，アムダール博士であってもそれを達成するのは困難であろうと見なされ，アムダール社の資金調達は難行した。実際にアムダール社の経営は危機の連続であった。その意味では，アムダール社も，まさに通常のベンチャー企業そのものであり，日本の大企業とアーリーステージの技術ベンチャー企業との共同開発型提携の典型的な事例ということができる。

　ただし，通常の大企業とベンチャー企業との提携と異なる点があるとすれば，それは，この提携が富士通にとってその後の業績を大きく左右するほどの重要性を持っていたことであろう。通常，大企業がベンチャー企業と提携する場合，会社の命運をかけるほどの重要性を持つ提携であることは多くない。したがって，富士通とアムダール社との提携と，通常の提携を比較したときの，この差には注意を払う必要があろう。

　逆に言えば，通常の提携が成功せず，富士通とアムダール社との提携が成功したとするならば，この通常の提携との差こそが，富士通とアムダール社の提携を成功させた要因になっている可能性があり，富士通にとっての戦略的な重要性が，提携にどのように作用したのかについては詳しく検討されるべきであろう。

6.2 提携の経緯

上記のように，富士通にとってアムダール社との提携を成功させたことは，その後の富士通の業績に大きく貢献したが，アムダール社との提携を検討していた1970年当時から，富士通にとってアムダールとの提携は，極めて重要な意味を持つと考えられていた。そこで，ここでは先ず，そうした重要性を持つと考えられるに至る要因となった富士通をとりまく競争環境や富士通自体の経営状況を振り返る。

6.2.1 コンピュータ産業の厳しい競争環境
(1) コンピュータ技術の日米格差

日本においてコンピュータの研究開発が開始されたのは，1950年代になってからである。また，日本メーカーによって国産の商用コンピュータの生産が本格的に開始されたのは60年であり，日本のコンピュータ産業は米国と比較してそのスタートに10年の遅れがあった（伊丹・伊丹研究室, 1996: p.58）。日本企業と米国企業との格差は歴然としてあり，60年代に入ると富士通を除く国産メーカー各社は相次いで米国企業と技術提携を行った。61年5月に日立がRCAと，62年の2月に三菱電機がTRWと，4月に日本電気がハネウェルと，9月に沖電気がスペリーと，64年10月に東芝がGEとそれぞれ技術提携した。

(2) 巨人IBMの存在

1911年に設立されたIBMは，56年には商用コンピュータの設置金額ベースで，ほぼ世界市場とも言える米国市場の7割以上を占めている。しかも，IBMは日本国内に子会社を持っていた。「日本企業にとって世界の巨人が初めから国内での直接の競争相手だった」（伊丹・伊丹研究室, 1996: p.86）のである。60年の国産機の出荷台数は31台，外国機（米国機）の出荷台数は35台であった。

また，IBMは1964年4月には，システム/360を発表した。これは，世界初のICを搭載した第三世代のコンピュータで，小型機から大型機まで統一されたアーキテクチャで開発された画期的な製品であり，日本の各企業に大

きな衝撃を与えていた。

　360という商品名は，全方位，すなわちどのような用途にも使えるという「汎用性」を意味している。1960年代の前半においては，コンピュータは，事務用と科学・技術計算用の2つの系統があった。事務用は大量のデータを扱うのに適しており，科学・技術計算用は少ないデータを使って膨大な計算をするのに適していた。それに対し，システム/360はどちらの用途でも使えるというものであった。

　それから6年後の1970年6月，IBMは，システム/360の後継機として，システム/370を発表した。使用されていた素子は，予想されたLSI（大規模集積回路）ではなく，MSI（中規模集積回路）であり，システム/370は，言わば3.5世代のコンピュータであった。同時に発表されたのは，大型165と中型の155だけであったが，システム/360の同型機と比較して，処理能力で4倍，処理速度は2～4倍であり，その上，ユーザーのコストは半分以下であった。システム/370と360のアーキテクチャは基本的に同一であり，360との互換性が保証されていた。

(3) 自由化の圧力

　「50年代半ばから71年まで日本政府は，コンピュータ産業において資本，製品両面で非自由化措置をとり続け，外国メーカーに対する厚い防波堤の役割を果たして来た」（伊丹・伊丹研究室, 1996: p.196）が，米国からの強い圧力により1971年6月，自由化の方針が決定された。72年2月から徐々に自由化が行われ，76年4月からはソフトウェアを含むすべてのコンピュータ関連の貿易および資本の自由化が完了することになる。

(4) コンピュータ産業の高い将来性

　日本政府は，1950年代の半ばからコンピュータ産業を「経済社会の近代化に大きく貢献し，広汎な需要分野を有する産業であり」，「電子工業の技術水準の向上を先導すべき存在である」と位置付け，その誕生と育成に様々な施策を講じてきた（伊丹・伊丹研究室, 1996: pp.188-189）。

　コンピュータ産業に対する産業政策は3つの施策から構成されている。ひとつは外国製コンピュータの輸入制限および外資導入の制限。2つめはIBMによってコンピュータの販売方法として一般的になっていたレンタル販売の

ための資金援助政策。3つめは国産メーカーに対する研究開発支援である。

こうした一連の施策について新庄（1984）は，「その意味する最大のものは資金面にあるのではなく，通産省がコンピュータ産業を重要な育成分野であると内外に示した点にあったといえる」（p.306）と述べ，また「産業の将来の発展可能性が不確かな状況において，企業の危険負担を軽減し，積極的な経営戦略を採らせる上で効果を発揮したものと思われる」（p.317）と述べている。

その結果，当時，6社の国産メーカー（NEC，日立，富士通，東芝，三菱電機，沖電気）が米国と比較してはるかに小さい市場にひしめきあっていた。

6.2.2　富士通の経営状況

(1) 富士通の沿革

富士通株式会社は1935年6月，富士電機株式会社の通信機器部門が分離・独立し，通信機器の専業メーカーとして設立された（設立時の社名はそれぞれ富士通信機製造株式会社，富士電機製造株式会社であった）。富士通は，戦後の旺盛な通信機需要に呼応して事業を拡大し，49年5月には東京証券取引所に株式を上場させていた。しかし，日本電信電話公社（電電公社，当時は逓信省）への主要納入業者（日立製作所・日本電気・沖電気・富士通）の中では最後発であり，通常は安定した受注がある反面，最後発の納入業者としての苦しさも経験している。49年のGHQの強力なデフレーション政策（ドッジライン）によって，逓信省の電話増設計画は48年度14万台から，49年度6万7000台，50年度6万2000台へと大幅に後退する見込みとなったとき，富士通は49年には上田工場の閉鎖を始め全従業員の36％にあたる1492人もの人員の削減を余儀なくされた。また，「逓信省の納入業者の間には，日本電気，沖電気工業の次が富士通で，日立製作所は別格，という厳格な序列があった。富士通がいくら優れた製品を開発しても，発注量はこの順番で変わることはなかった。逓信省向けの仕事は安定していたが，当時はこういう仕事で満足するような雰囲気はまったくなかった。社内には，三社に対する強いコンプレックスと，『逓信省に依存していては，いつまで

も四番手から抜けられない。何か手を打つべきだ』という空気が充満していた」(山本, 1999: p.67)。

(2) 富士通のコンピュータ事業

富士通の社史のひとつ富士通（1986）によれば，同社のコンピュータ事業の始まりは，以下の通りである。

「戦後，わが国では統計的管理手法が急速に普及したことに伴い，当社ではまず昭和26年に東京都に納入したリレー式統計分類集計機を手がけ，次いで昭和29年10月わが国初のリレー式自動計算機FACOM 100を完成させた。

FACOMはFuji Automatic COMputerを略したもので，以後当社の電気計算機，コンピュータおよび関連機器にはすべてこの商標が使われるようになった。……

昭和31年に科学用計算機FACOM 128Aを完成したのを初め，このほかFACOM 128B, 138A, 318A, 415A, 416A, 426Aなどを相次いで開発し各方面に納入した。特にカメラのレンズ開発に活躍し，連続計算に威力を発揮した。また昭和32年に会計用として特に入出力機器の充実に工夫を加えたFACOM 514（中型），524（大型）の両機を完成させた。これらは当社開発による最初の本格的な事務用計算機であり，今日の当社のコンピュータ事業の素地を作ったものといえる。

昭和33年には素子にパラメトロンを用いたコンピュータFACOM 200を，翌34年には事務用小型機FACOM 212を，さらに35年には科学用中・大型機FACOM201, 202などを相次いで開発した」(富士通, 1986: pp.15-16)。

「昭和36年2月には，トランジスタを素子とし，当時国産としては最大の汎用大型コンピュータFACOM 222のほか，小型機の241, 231などを完成した」(富士通, 1986: p.18)。

1959年11月に社長に就任した岡田完二郎は，「一九六一年春には，通信工業部と電子工業部の二工業部制を導入し，コンピューターを手がける電子工業部を，それまでの「本業」だった通信工業部と並ぶ二本柱の一つだとはっきり位置づけた」(山本, 1999: pp.101)。「工業部にはそれぞれ営業から技術，製造までを一貫して担当させると同時に責任ももたせるもので，ほぼ事業部制に近い体制」(富士通, 1986: p.18) であった。

図表 6-2　富士通の主なコンピュータの発表時期（M-190）まで

時期	機種名
1953年3月	東京証券取引所向けリレー式株式精算システム（商談敗退）
1954年10月	リレー式計算機 FACOM 100
1956年5月	商用リレー式コンピュータ FACOM 128
1957年	事務用計算機 FACOM 514（中型），524（大型）
1958年	パラメトロンを用いたコンピュータ FACOM 200
1959年	事務用小型機 FACOM 212（日本のコンピュータ輸出1号としてフィリピンに）
1960年	科学用中・大型機 FACOM 201，202
1961年2月	トランジスタを素子とした国内最大の汎用大型コンピュータ FACOM 222，小型機 241，231（1964年のニューヨーク世界博覧会に出品）
1964年5月	FACOM 230（小型機 FACOM 231 の拡張）
1965年	FACOM 230-50（富士通，日本電気，沖電気と共同開発した FONTAC を商用化したもの） FACOM 230 を FACOM 230-30 と名前を変え，230 シリーズとしてシリーズ化
1965年3月	FACOM 230-10
1968年3月	**FACOM 230-60（マルチプロセッサの採用，全IC化）**
1968年8月	FACOM 230-45，35，25（230 "5" シリーズ）
1970年4月	FACOM 230-15
1970年6月	FACOM 230-75（論理回路素子に LSI を採用）
1971年2月	FACOM 230-45S
1971年11月	FACOM 230-55
1972年8月	FACOM 230-55，48，38，28，28S（230 "8" シリーズ）IBM370 対抗機
1974年11月	**FACOM M-190（アムダール社との共同開発による超大型機）**

注：富士通，1976，1986 等により筆者作成

　さらに「一九六二年（昭和三十七年），岡田社長は年頭訓示で『コンピューターに社運を賭ける』と宣言した」（山本，1999: pp.101-102）。

　1963 年 10 月，フィリピンに対する戦後賠償の一環として，パラメトロン式のコンピュータ FACOM 212 がマニラ税関向けに輸出された。これは日本製コンピュータの輸出第1号である。翌 64 年にはニューヨークで開催さ

れた世界博覧会にトランジスタ式のFACOM 231を出展した。純国産技術製品の展示を望んだ日本政府の要請に応じたものであった。

1964年から発売を開始したFACOM 230シリーズは各界から好評を持って迎えられ，70年には日本電気や日立を抜き，国産コンピュータ・メーカーの中ではトップ企業となった。この躍進の中心人物は，のちにアムダール社との提携を主導することになる池田敏雄であった。

前述の通り，1960年代に入ると国産各社は相次いで米国企業と技術提携を行ったが，富士通だけは，池田敏雄という希有の人材を擁していたこともあり，純国産を貫いていた。その意味では，富士通は内部開発志向（自前主義的傾向）が強い企業であった。

(3) 若手を信頼して任せる経営

前記の富士通の『社史』には記述されていないが，富士通の社内で語り継がれているコンピュータ事業に関連したいくつかのエピソードがある。ひとつは，1952年の夏から開発が始まった小林大祐の「東京証券取引所の株式精算システム」のエピソードである。

1951年，新規事業開発を担当する開発課の課長に就任した小林大祐（のちの社長，会長）は，コンピュータ事業こそ富士通の将来を支える新規事業と思い込んでおり，どうしても進出したいと思っていた（山本, 1999: p.70）。52年の夏，かねてからの知り合いであった東京大学の山下英雄教授から「東京証券取引所の株式精算システムをやってみないか」との打診を受け，このとき，高純一社長も技術担当の尾見半左右取締役もドイツ出張中で不在であったが，入札参加を申し込んでしまう。小林は，独断でコンピュータ事業への参入を決めてしまった（小林, 1983: p.42; 山本 1999, pp.71-72）のである。小林は，池田敏雄（当時29歳），山本卓眞（27歳），山口詔規（26歳）にリレーを素子にしたコンピュータの開発を命じた。納期は翌53年の3月であった。

1952年9月，3人は熱海の富士通の保養施設「喜望荘」にこもって本格的な設計作業に取りかかる。当初1週間の予定が20日かかっても終了せず，中野にあった山本の両親の家にこもって設計を続けた[1]。年明けから製品づくりが始まったが，設計ミスが次々と判明し，徹夜作業が続いた。東証の見

学の前日になっても機械はうまく動かなかったが，見学の1時間前になって，ようやく動いた。できあがった製品は，競合会社のPCS（パンチカードシステム）と比較して処理速度が一桁遅く，商談はあえなく敗退した。しかし，これを機会に池田はコンピュータのとりこになった（小林, 1983: p.42; 山本, 1999: pp.82-84）。

　富士通のコンピュータ事業に関するエピソードの多くは池田敏雄に関連するものである。前述の通り池田は富士通のコンピュータ事業躍進の中心人物であり，富士通のコンピュータ事業の開始時点から関わっている。その池田は，夜遅くなるほど頭が冴えるタイプで，自宅で徹夜した上，翌日の夕方まで設計に打ち込むため，会社に出勤する時間がどんどん遅くなり，ついには出社しない日のほうが多い状態になってしまった。当然，社内，特に管理部門からは池田に対して厳しい対処を求める声も上がったが，逆に小林は池田をかばい，自由奔放な池田の才能を存分に発揮させる場を整えるべく，社内の根回し役となった。当時の富士通は日給月給をとっており，4回遅刻すると欠勤扱いになった。池田の勤務ぶりでは，月給ゼロ，賞与もゼロということになる。そのとき，小林の働きかけにより，処分はおろか，遅刻の有無を問わない固定月給という特例で処遇することになったのである。

　富士通のコンピュータ事業の始まりについて，池田自身が1971年10月8日の情報処理学会歴史研究会で次のように語っている。

　「たまたま私が帝劇にロシアのバレー団が来たときに見に行ったんです。そしたら，そこにちょうど社長の高さんがいらっしゃった。この方は，ときどきぼくと碁を打つという，たまたま話しやすい社長さんだったものですから，早速帝劇のバレーの休憩時間を利用して説いたわけです。IBMがその時代，年間幾ら日本における売上げがあるかということを調べておきましてね。富士通の規模からいったら，その時代でも膨大なんですよ。それで，あれの10%を取りたいからやらせないかと。

　それから，ああいうクロスバーのマーカーなどは，コンピュータ的要素が非常に強いから，将来そういう交換機というものも計算機に近づくだろうと，私がそういう予想を申し上げたわけです。それで，どうしてもやらせてくれないかということで。たまたまきれいなバレリーナかなんか見て酔っぱらってると

第6章　事例―富士通とアムダール社の提携

きだから、「OK, OK」てのもらったんですよ（笑）。
　もう一つは、塩川さんという昭和の曾呂利新左衛門みたいな方がおられて。計算機というものが将来非常に大事なものであるということの説得を、一般論として、そういうムードを高められておったものですから、それと合体して、富士通が、デシジョンという形じゃなくて、まあそういうコンピュータの好きな連中が、なんかごそごそやるならやらしてやろうじゃないかというような形で、富士通の場合は出発してます」（富士通, 1988: p.201）。

　その池田が、電算機技術部長という立場になったとき、今度は自分の部下達からの突き上げにあう。富士通は1966年当時、大型機のFACOM 230-60の開発に着手していた。当時の富士通の最上位機種は65年に発表したFACOM 230-50であったが、230-50は通産省の補助金制度を利用して開発されたFONTACを商用化したもので、仕様が公開されていた。そのため、これを上回る性能を持った日立のHITAC 5020-Fに大型機商談では相次いで敗退していた。また、すでに発表されていたIBMのシステム/360に対抗する必要があった。富士通としては新しい上位機種の開発が急務であったのである。
　IBMの360を上回る性能とするため、F 230-60は、全IC化と2台のCPU（中央演算処理装置）を使ったマルチプロセッサ・システムとすることが構想された。しかしながら、全IC化とマルチプロセッサ・システムという画期的な構想を実現するための技術的な困難さや膨大な開発費用、その上、開発に成功してもどれほど売れるのかわからないリスクがあるため、池田は230-60の仕様を変更しようとした。池田は当時の心境を次のように語っている。

　「60の開発計画は絶対に5020-Fを凌駕するものでなければならず、しかもソフトウェアの互換性から当然50をベースに置いたものでなければならなかった。
　しかもICを使用することも基本条件のひとつであり、ICのテストを目的として先行開発した270-30の経験があるにしても、それだけのわずかな経験をもとにICによる超大型機の開発は、私にもあまりにも危険な気がしてならなかった。まして当時の富士通の営業力、資金力で果たして何台販売できるかにもあ

まり自信が持てなかった。したがって，私の考えは 60 の仕様を安全サイドへ持っていこうとする気持が強かったのである」（富士通，1976: p.95）。

池田のそうした意向を耳にした若い技術者達が池田に画期的なシステムの開発継続を迫ったのである。そのときの模様を池田は次のように述べている。

「計画を凍結する寸前に計画立案グループの十数人が突然わが家に来襲したのである。彼等は 60 を当時としては画期的なマルチプロセッサシステムとすること，同時に，速度，性能，システム規模も最高のものにすべきことを私に迫ったのである。彼等の論理的な主張，それに対する情熱と勇気に，私は翻然として彼らの主張に従うことを決意した。それからまもなく，岡田社長に，これまでの検討の経過を報告するとともに，60 を当時としては最大規模の仕様にすることを進言した。

　静かにそれを聞いておられた岡田社長は，しばらく無言の後 GO の指示を出されたのである」（富士通，1976: p.95）。

小林（1983）は「富士通という会社は，下の者が上の者に対して，『これをオレにやらせろ，こういう風にやらせろ』と迫る風景がよくみられたものである。富士通はそうやって発展してきたのである」（p.94）と述べている。経営者が若手を信頼して任せ，任された若手は意気に感じて全力を尽くす，これが富士通の開発の伝統となっていたのである。

このように，富士通の意思決定のパターンは創発型であり，組織のコントロール方法は信頼をベースとした社会的なコントロールであった。また，上記の通り当時の富士通は内部開発志向（自前主義的傾向）が強い企業であり，日本的経営が典型的な形で行われていたと言うことができよう。

(4) IBM 互換路線への変更

独自の国産技術を基礎にした FACOM 230 シリーズは好評を博していたが，富士通は IBM のコンピュータとの互換性を持つコンピュータ，すなわち IBM のコンピュータで動いているソフトウェアが稼働するコンピュータを開発することを決意する。その決断に大きな影響をもたらしたものは，ひ

第6章　事例―富士通とアムダール社の提携

とつは前述の世界博覧会であり，もうひとつは1964年の東京大学の大型計算機センター向け商談の敗退であった。

互換機の必要性を感じた経緯を小林（1983）は次のように述べている。

「昭和三九（一九六四）年のニューヨーク世界博覧会に，FACOM 231を出品したときは，まだコンパチブル（互換性）という考えはもっていなかった。しかし，そのとき互換性がないことはいかに大きなハンディキャップであるかを，いやというほど思い知らされた。成熟した市場に輸出していくためには，とくにそうであると考えた。

富士通が国際ビジネスを始めた最初はフィリピンとブルガリアであった。フィリピンは第二次大戦の賠償がらみの話であり，国内で売るのと大差はなく，コンパチブルでなくてもよかった。またブルガリアは共産圏であり，IBMといえどもまだ市場に深く参入していなかった。したがって，そういう地域なら，われわれでも商売がやれるだろうと考えた。

それで一応うまくことが運んだので，アメリカでも……と期待し，右のように世界博覧会に出品したのだが，全然相手にされなかった。FACOMはユニバックやハネウェル，RCA，GEなどと提携していない，日本独自のコンピュータとして注目はされていたものの，アメリカではIBMの牙城は崩せず，まったく売れなかったのである。……

FACOMが注目されながら，売れなかったのは，機械そのものの信頼性はあるのに，ソフトウェアがユーザーのニーズになじめないためであることに気付いたのである。『おれの技術はどこにも負けない。いいものなんだ』と，日本でいくら力んでみても，アメリカで一番普及している，つまりその使い方を多くの人が知っているIBMの機械と同じアーキテクチャの機械で，IBMの機械のために作られたソフトウェアがそのまま使えないと，いくら私どもが誠心誠意のぞんでも，国際的な商売ができないということであった」（小林, 1983: pp.96-98）。

1964年の東大商談敗退に関連して山本（1992）は，次のように述べている。

「Mシリーズ（IBM互換機）への路線転換は，東京大学の大型計算センターへのコンピュータ商談で日立製作所に敗れたことが直接的なキッカケだった。

第Ⅱ部　日本の大企業とベンチャー企業との提携

　この時は，池田敏雄さんがヘッドになって，売り込みチームをつくった。私も参加し，熱心に説明して230-50を売り込んだが東京大学は最終的に日立のHITACを選んだ。そのとき，大学側からは，これからはどうしても国際互換性を考慮しなければいけない，研究者の書くプログラム，つまり研究用のソフトウェアというのは国境を越える。だから，その元になる基本ソフトウェア (OS) は他機，とくに世界的に普及しているIBMとの互換性（コンパティビリティ）がないと困る，富士通のコンピュータはIBMとかけ離れ過ぎている，と指摘された。東大は富士通より日立のほうがIBMにずっと近いとはあからさまには言わなかったが，なぜ日立のHITACを選んだのか，というコメントを読むと，そういうことであった」(山本，1992: pp.66-67)。

　前述のように日立はRCAと1961年に提携していたが，64年12月にRCAが発表したSpectra 70は，同年4月に発表されたIBMシステム／360との互換性を謳っていた。また，日立は64年6月に日立の新シリーズをシステム／360と完全コンパティブルにする方針を決めている（高橋，2003（1）: p.272）。

　「この敗退を池田さんは非常に深刻に，大きく受け止めた。そして，「やっぱりそうだ。これからはどうしても国際互換性を求めざるをえない。これが東大の敗戦商談の最大の教訓である」と社内で繰り返し語った。
　そして，「自社だけでこのシステムが一番いいといってもしようがない」と悟り，あの誇り高き池田さんが「互換性追求」ということを腹に決める」(山本，1992: p.67)。

　1971年6月，富士通の若いコンピュータ技術者17名は，コンピュータの次シリーズの開発に関する答申書である「FACOM開発計画答申書」を作成した。この17名の筆頭は，のちにアムダール・プロジェクトの米国における責任者となった鵜飼であり，管理職は参加していない。その中には，75年以降の次シリーズはIBM互換とすることが主張されている。このことは，この時点には，池田の決意が若い技術者達が自分自身の意見として答申する形にまでに浸透していたことを示している。

第6章　事例―富士通とアムダール社の提携

(5) 自負と危機感

　上記の通り，当時の富士通は，厳しい競争環境の中で，それまでの独自路線からIBM互換路線への変更を決定したが，上記の「FACOM開発計画答申書」には，冒頭に次のような危機感が表明されている。

> 「富士通は現在，重大な岐路に立っていると考えねばならない。F230-60および25の成功により，過去3年間のうちに国内メーカーの中，第一位になるまで急成長を行なったものの，現在の年間1000億円以上の売上を今後とも維持し，さらに拡大してゆくためには，次のような問題点に対処せねばならない。
> ・IBM370をはじめとする各社の新機種発表による競争の激化
> ・現有F230シリーズの問題点とその寿命
> ・標準化のための体制のたてなおしの必要性
> ・IBMとの互換性に関するユーザーの要求
> ・貿易自由化，回線解放，ソフトウェア価格分離政策，DIPS計画などの外的，政治要因」(富士通(株)開発計画作成グループ，1971: p.1)

　また，1971年に富士通の情報処理技術部がアムダール社との提携を検討した資料『次期FACOMシリーズ開発過程におけるAmdahl Corporationとの協力可能性について』には「最上位の機種では，論理回路，メモリを含めて最高のレベルの技術を駆使せねばならないが，最近2～3年の間にはDIPS計画に影響されて，これら基礎技術の開発が遅れた。一方，日立は大型プロジェクトの成果を徐々に表しはじめ，水を明けられた感がある」(富士通株式会社情報処理技術部, 1971: p.3) と述べられている。

　富士通は国産のトップ企業となったことによる自信と自負を持つと同時に，IBMとの競争等の数々の課題を抱え危機感も抱えた状態にあったのである。

6.2.3 アムダール・プロジェクト

(1) アムダール社

　アムダール社（Amdahl Corporation）は，IBMの大型コンピュータ，システム/360シリーズの開発責任者であったアムダール博士が，1970年10月

第Ⅱ部　日本の大企業とベンチャー企業との提携

にシリコンバレーに設立した，IBM機と互換性を持つコンピュータの開発・販売を目的とするベンチャー企業である。360シリーズ開発後のアムダール博士は，最上位機種の開発方針に関してIBMのトップと衝突していた。そのような状態の中，博士の弟のコンサルタント会社Compataの役員に博士が就いていたことがIBMから問題視され，それが契機となってIBMを退社，アムダール社を設立する。アムダール博士は，このCmpata問題がなければIBMを退社しなかったかっただろうと述べている（Amdahl, 1979: p.113）。

同社の設立に背景についてアムダール博士は以下のように述べている。

「IBMの財務収益は，同社の最上位機種の提供性能を低く抑えることによって最適化されているのは明らかだった。このことは，私にとってジレンマだった。なぜなら，この領域は私にとって最も興味があり，私が関わってきた技術的な仕事の質について大きなプライドを持っている領域であるからである。私は，どちらにしてもフラストレーションとともに生きなくてはならない選択を迫られることになった。すなわち，自分の興味の領域を小型機に変えるか，あるいは，IBMの財務収益の最適化の要望を認めるかの選択である。そしてIBMのその要望は，もし自分がIBMを離れてIBMと競争する大型コンピュータ事業を始めたら利用することができる彼らのアキレス腱であった」（Amdahl, 1979: p.113）。

IBMの「製品ラインにおいては，多くの機種が統一された価格／性能比の中に位置付けられており，売上と利益のコントロールの強力な源泉となっている。使用されるテクノロジーも製品ライン全体に関係付けられ，全体の大半の機種にとって健全な経済的な基礎を作っている。しかし，最上位機種と最下位機種では限界以前のところで制限されていた」（Amdahl, 1979: p.113）。したがって，アムダール博士が得意とする最上位機種で最も進んだテクノロジーを採用すれば，IBMよりも価格／性能比の優れたコンピュータを作ることが可能であったのである。

アムダール社はいわゆるPCM（plug compatible manufacturer），すなわちIBMのコンピュータと互換性のある機器を製造・販売する会社である。

第6章 事例—富士通とアムダール社の提携

　IBMのシステム/360の発売以来，IBMのコンピュータに接続される周辺機器（入出力装置や磁気ディスク装置等）の置き換えを狙ったPCMが数多く出現した。しかし，アムダール社以前のPCMが置き換えの対象としたのは周辺機器であったのに対し，アムダール社が置き換えの対象としたのは，IBMのコンピュータ本体であった。したがってアムダール社は，世界で最初のPCM（plug compatible mainframe）[2]のメーカーであった。

　1971年8月に，富士通にもたらされたアムダール社の"Amdahl Corporation Offering Memorandum"によれば，「アムダール社が開発しているシステムは，IBMやCDCの製品ラインのトップにあるIBMモデル195あるいはCDC7600を凌ぐ性能を提供する。中央演算処理装置，メインメモリ，チャネルにおいてLSIを用いて第三世代から第四世代へと大きなステップを進めることによって，また，先進のデザインスキームを用いることによって，アムダール・システムの価格はIBMモデル165と同等となることが期待される。それにより，顧客に4倍かそれ以上の価格性能比を提供する。開発するシステムは，IBMのシステム/360，370に対して，周辺機器やI/Oのインターフェースの観点で完全にプラグ・コンパチブルであり，また，ソフトウェア/プログラミングでもコンパチブルである。それゆえ，アムダール・システムは，周辺機器の選択やソフトウェアの使用において完全な自由を持つ」(p.2)とある。

　アムダール社の技術者達は，次のような事情で集まっていた。1970年末から71年のはじめにかけて，シリコンバレーのコンピュータ関連ベンチャー企業3社（San Francisco peninsulaのMASCOR，BerkeleyのBerkeley Computers，Orange CountyのGeminicomputers）は，資金が集まらずに破産した。この3社の技術者達がアムダール社に移り，アムダール社の技術陣を構成した。アムダール社に出資したハイザー社は，アムダール社と話を進める一方でこれらの3社への出資も検討していたが，最終的にアムダール社を選んだ結果であった（Amdahl, 1979: p.115）。

　アムダール社は，こうしてハイザー社からの出資を得て，上記の3社と同じ運命を辿らずに済んだが，アムダール社の資金調達は，決して楽なものではなかった。アムダール博士自身が，困難を極めた資金調達について，1979

第Ⅱ部　日本の大企業とベンチャー企業との提携

年に DATAMATION 誌で次のように述べている。やや長文であるが引用する。

「アムダール社の事業計画によれば，キャッシュフローがポジティブになる前に，どれだけ早く市場に参入できるかによって，3300万ドルから4400万ドルが必要であった。明らかに，これだけの資金を一度に集めることは，特に1970年の経済環境においては，あり得ないことであった。活況だった株式市場は68年には，キャピタルゲイン税の増税と景気後退によって，弱まり始めていた。私は，ベンチャー・キャピタルの分野の経験がなかったので，ベンチャー・キャピタルの状況がどれほど厳しいものになっているか，全く気付かなかった。事業計画を検討し，2つのしかるべきマイルストーンを設定して，三段階の資金調達を行い，最初に500万ドル，第二段階で1200万ドル，残りを第三段階で集める計画を立てた。金額は，それぞれのケースで，マイルストーンを超えるまでの6ヶ月間，我々を支え，そして次の増資ラウンドで目に見える実績をつくるのに適切な資金として決定した。

　ベンチャー・キャピタル・コミュニティへの接触を始めると，最も控えめな金額を提示したにもかかわらず，関心が極めて低いことが分かった。それは，投資家達がコンピュータ会社，特にIBMと真正面から競合するような会社が生まれる余地はないと考えるということを示唆していた。IBMにとっての競争とは，いつでも我々の足元をすくうことができる手段を持っているようなものであると彼らは考えていた。それに加えて，投資家達は，IBMの製品ラインと互換性のあるコンピュータを作ることができるとは思っていなかった。結局，RCAも成功しなかったではないか？　誰からも積極的な関心を得られなかったが，ハイザー社と話をして初めて彼らから初期投資として100万ドルの投資の提示を受けた。我々はその提示を，その金額の資金で意味のあるマイルストーンに到達できるかどうかという観点で検討し，後続の投資家を惹きつけられるような実質的なものはできないという結論に達した。しかし200万ドルあれば最初の意味あるマイルストーンを達成できるという確証を持った。そのマイルストーンは，回路技術を立証し，4段階となる資金調達の次の段階までにさらに3ヶ月間ほどの操業期間を与えるものだった。200万ドルで達成できるマイルストーンは，新しく開発される回路技術のサンプルを組み込んで，考えていたコンピュータ・システムの中の代表的な長い伝送路を接続した先駆的モデルを成功裏に実証することであった。

第6章 事例—富士通とアムダール社の提携

　我々は，ハイザー社に戻り，100万ドルではベンチャー事業を開始したくないこと，しかし，論理的な資金調達のシーケンスは200万ドルからならば開始できると考えるということを伝えた。ハイザー社の人達は合意し，IBMを離れてから3ヶ月ほどして，ハイザー社はアムダール社に200万ドル投資した。この投資が行われたのは，創業者達の投資をすべて使い切り，Bank of Americaからオーバードラフトの通知を受けた翌日だった。我々は，すでにぎりぎりのところに追い詰められており，ハイザー社が来なければアムダール社は終わりであることはわかっていたが，我々の最後の交渉をした。我々は，そのことを見せないようにしていた。……

　財務状況は極めて厳しかったので，最初の技術上のマイルストーンを達成した後の3ヶ月間は最終的な交渉だけに充てなければならず，次のマイルストーンが達成される以前に，第2ラウンドの投資家は，もっぱらアムダール社のコンセプトだけで売り込みを受けることになることは明らかだった。そのため，最初の投資から最初の主要なマイルストーンまでの8ヶ月間は，再度，全米のあらゆるベンチャー・キャピタル・コミュニティを熱心に探し回ったが，ポジティブな関心は得られなかった。

　幸いなことに，そのとき，長い個人的な繋がりを持っていた，富士通株式会社から接触があった。富士通は，我々の仕事に興味を持っていることを表明し，共同開発と我々のパテントのライセンスを打診して来た。我々は，このベンチャー事業には投資が伴うことを条件として意欲を示した。富士通は500万ドルの投資をすることに合意した。この500万ドルは，4段階の資金調達の第2ラウンドのすべてであり，コンピュータの論理設計を完了するのに十分であった。投資のタイムテーブルは正確であり，最初の主要なマイルストーンが達成された1ヶ月後に投資が実行された。

　この新しいマイルストーンと第2ラウンドの投資を足掛かりに，我々は，第3ラウンドのために，再度ベンチャー・キャピタル・コミュニティへの働きかけを開始した。今回は，会社が達成したことと，その背後にある投資の内容に少しは実態があった。ほぼ1年間，第3ラウンドをまとめようと努力したが，何も固まらなかった。

　最終的には，1972年の9月に，ニクスドルフ・コンピュータの調査員が突然，予告もなく我々のところを訪れ，興奮に近い極めて強い関心を示した。それから2週間もしないうちに，ニクスドルフのトップの技術者達が続き，彼らの滞在の終わりには，ハインツ・ニクスドルフ氏（Heinz Nixdorf）自身が到着した。ニクスドルフ氏は非常に積極的で，合意された範囲内でヨーロッパにおけ

第Ⅱ部　日本の大企業とベンチャー企業との提携

るビジネス協定について交渉に臨むならば，600万ドル投資すると合意した。ニクスドルフ氏の主な関心は，彼が50％の株式を所有するテレフンケン・コンピュータ社とアムダール社との関係をつくることであった。

　我々は，ニクスドルフ氏に，この交渉の第1ステップとして投資をすることを要求し，彼はそれに合意した。このコミットメントにより，その翌週から，米国のベンチャー・キャピタルからの投資も具体化した。ニクスドルフ氏が示した興奮によって，富士通は我々との親密さについて幾分か懸念し，ニクスドルフ氏と同等の追加投資を申し入れた。もちろん，我々はよろこんで応じた。第3ラウンドの調達額は合計2000万ドルとなり，プロトタイプを関係させ，製造設備の準備をするのに十分だった。

　ニクスドルフとのビジネス活動に関する交渉は，どちら側にとっても望んだようなものにはならなかった。ニクスドルフ氏の最初の意思決定に参加していなかったテレフンケンの人達は，アムダール社の登場に不安を持ち，市場規模や市場への浸透の予測に疑問を持ったばかりではなく，技術やコンピュータのデザインの実現可能性にまで疑いを持った。このことが，大型機分野になじみのないニクスドルフの人達を神経質にさせ，最初に同意していた範囲内での交渉を望まなくなった。逆に我々は範囲外での交渉を望まず，断固とした姿勢を貫いたので，事態は完全に妥結できない状態になった」（Amdahl, 1979: pp.114-115)。

　このように，アムダール博士という極めて著名な技術者に率いられたベンチャー企業と言えども，アムダール社の資金調達は，その技術的リスクやIBMとの競合のリスクの高さから，決して平坦なものではなかった。VCからの資金調達は困難を極めたのである。また，ニクスドルフとの提携もそのリスクの高さ，困難さの見込みから実現しなかった。

　しかしながら，アムダール社がベンチャー企業として設立されて間もない時期を支えたのは，富士通とニクスドルフの資金であったことは間違いない。アムダール博士はそのことについて「我々のコンピュータ会社がここまで来れたことに関する多くの皮肉な出来事の1つは，我々に対する主要な資金提供者もまたコンピュータ会社であったこと，それも，当時，米国籍でないコンピュータ会社で黒字経営であった，ただ2つのコンピュータ会社であったことである」（Amdahl, 1979: p.116）と述べている。

（2）ハイザー社

上記の通り，アムダール社に富士通が投資をする以前のシード・マネー（起業に必要な最初の資金）は，VCのハイザー社（Heizer Corp.）が出資していた。

ハイザー社は，当時42歳のハイザー氏（Edgar F. Heizer）が率いるVCで，1968年に設立されている。ハイザー氏は，元All State Insurance Co.（Sears Roebucks & Co.の子会社）のVC部門の責任者で，大きな成果をあげて独立した米国でも有数のベンチャー・キャピタリストであった。ファンドの規模はおよそ8000万ドル（約290億円）で，現在のVCと同様，有力な保険会社等の金融機関から資金を調達している。投資対象としていたのは，宅地開発，科学技術用コンピュータ・システム，通信，エレクトロニクス等であった。従業員は31名。当時のDun & Bradstreet Reportでは，VCとしては規模も大きく経営内容も堅実であると評価されていた。

当時，「『ベンチャー・キャピタル』，『ベンチャー・ビジネス』という言葉も概念も日本には，馴染みがなかった」（鵜飼, 2000: p.13）。VCやベンチャー企業に関する日本の草分け的研究者である清成忠男法政大学助教授（当時）による『ベンチャーキャピタル』が新時代社から出版されたのが1972年のことであった。また，清成助教授と中村秀一郎専修大学教授（当時），平尾光司長銀調査部調査役（当時）の共著『ベンチャー・ビジネス―頭脳を売る小さな大企業―』が日本経済新聞社から出版されたのはその前年の71年であった。

（3）アムダール博士の略歴

Amdahl（2007）によると，アムダール博士（Dr. Gene M. Amdahl）は1922年サウスダコタ州で生まれ，41年サウスダコタ州立大学に入学した。第二次世界大戦によって大学を中断して，海軍に電子技術者として入隊し，電子工学を教えた。47年にサウスダコタ州立大学に戻り，48年に物理学で学士号をとった。大学院はウィスコンシン大学に進み，52年理論物理学の博士号を取得した（Amdahl, 2007: p.4）。

1971年8月に，富士通にもたらされたアムダール社の"Amdahl Corporation Offering Memorandum"には，アムダール博士の略歴は以下

のように紹介されていた。

●アムダール博士の略歴
1952年	ウィスコンシン大学で博士号取得
1952-56年	IBMにてIBM 704の主任設計者, その後IBM 709およびStretchの方式設計
1956-60年	Ramo-Woodridge社でデータ処理装置開発マネージャー
1960-69年	IBMに戻り,Advanced System Designのマネージャー System/360の方式設計 フェローとなり,メンロパークにあるAdvanced Computing Laboratory (ACS) の所長
1970年	IBMを退社,Amdahl Corporation創立(48歳)

　アムダール博士はアムダールの法則(Amdahl's law)の提唱者としても有名であった。アムダールの法則とは,システムの一部を改良したときに全体として期待できる性能向上の程度を知るための法則である。並列コンピューティングの分野でよく使われ,複数のプロセッサを使ったときの理論上の性能向上の度合いを予測するものである。

(4) 富士通とアムダール博士の関係の始まり
　富士通とアムダール博士との関係の始まりは,次のようなものであった。
　富士通の専務であった「尾見半左右は,一九六七(昭和四十二)年の秋の学会に出席を予定していた。そのさい,できれば,IBMのアムダールにも会いたいと思い,富士通の取引先であったリットン社の役員で,日頃から親しかったジャック・コノリーに紹介を依頼した。尾見が日本の防衛システム(いわゆる,バッジ)の受注担当者として,リットン社のシステムの導入をはかって運動した時に,リットン社側の担当者だったのがコノリーである。……コノリーにアムダールの紹介を可能にしたのは,彼らが米国の"技術屋コミュニティ"の一員だったことである」(立石,1993下:p.154)。
　アムダール博士自身が「尾見さんの思い出」のなかで富士通との提携の始まりについて次のように語っている。

第6章　事例─富士通とアムダール社の提携

「尾見さんの思い出は，一九六七年，ロスアンゼルスで初めてお会いした時から始まります。尾見さんとはかねてから知り合いであったジャック・コノリー氏に招かれた食事の席で，私は尾見さんに紹介されました。この時，私は尾見さんの技術的な面だけでなく，洗練された社交のマナーや，芸術をはじめとしていろいろの分野に通暁されていることに強く惹かれました。尾見さんは実に人格円満な暖かい人柄の方で，誰でも忽ちにして魅了されてしまいます。その夜，尾見さんから部下の池田敏雄氏に会ってくれないかとたのまれました。もし私が承知すれば，池田さんが渡米した時にパロ・アルトに立ち寄るようにさせるというお話でした。次に私が尾見さんと会ったのは，池田さんとの初めての出会が順調に進んで，二人の間に素晴らしい関係が芽生え始めた直後のことで全て順調に運んでいるのを喜んでいることをお話しました。……

　尾見さんは私の仕事を富士通に紹介され，三年程して，私が新しい会社「アムダール社」を設立した時，アムダール社と手を結ぶことが将来富士通にとって利益になることを，尾見さんと池田さんは富士通の幹部に説きました。また一九七〇年九月下旬にIBMをやめてこの会社を始めた時，私は尾見さんと池田さんにより日本に招かれ，コンピュータ事業への見解を富士通の重役方や技術者達に講演をしたことがあります。日本に滞在している間，尾見さんと池田さんは，日本の古い伝統的な文化を楽しめるように，私と妻のために京都と奈良への旅行をお膳立てし，また旅の途中でいろいろの日本料理が味わえるよう取り計らってくれました。それは本当に目のさめるような貴重な体験で，私も妻も生涯で最も素晴らしいできごとの一つであったと思っています。

　一九七一年尾見さんと池田さんは，富士通がアムダール社に関心を持ち詳細な調査をするように勧めていました。アムダール社は非常に素晴らしい仕事をしており，世界最初の高性能LSIが殆ど完成し，計算機の設計プランは完全にできあがっていました。それは富士通に興奮を呼びおこし，その結果富士通のアムダール社への出資と，AMDAHL470V/6と富士通M190の共同開発を行うための契約を取り交わすことになりました。この提携が両社にとって必要であったことは明らかです。それは富士通がコンピュータの分野で世界の主要な会社になることを可能にしましたし，まだ生まれたばかりの会社であったアムダール社が生き残ることを可能にしました。かくして，この契約は両社に利益をもたらし，IBMコンパティブルの最も優れたコンピュータが開発されました」(Amdahl, 1986: pp.343-344)。

「富士通は，英語に堪能だった鵜飼直哉氏……らを通してアムダール氏の動向

にはずっと注目していた。退社の噂は聞いていたが，まさか，IBMの社員であるアムダール氏と業務上の話をするわけにはいかず，じっと待っていた。アムダール氏が退社したらすぐに接触しようと準備していたのだ。……アムダール社は，有力ベンチャー・キャピタルのハイザー社から出資を受けて設立されたが，富士通からの出資も得ようと考えていたようだ。国際提携の機会を逸していた富士通にとってアムダール氏と協力できることはもちろん大きなチャンスだった。何とかして提携を急ごうということになった」（山本, 1999: p.124）。

鵜飼（1978）はアムダール・プロジェクトのはじまりに関連して，アムダール博士と富士通の池田敏雄について次のように述べている。

「IBMを退職したアムダール博士が1970年10月にアムダール社を創立してからは，両雄のつきあいは，立場上の拘束がなくなって一層親密になった。LSIを基本演算素子として大型コンピュータを設計することは不可能ではないかと一般に考えられていた当時に，独創的なLSIと，そのパッケージ技術とを開発してIBMシステム360と完全に互換性ある超高性能機を開発するアムダール社の構想は池田さんの心をゆさぶった。自己の技術開発に絶対的な自信とプライドを持っておられた池田さんは，同時に，他人の技術を評価することにも素直であった。

「単に模倣的で，これはいいらしいとまねをするのは，私は屈辱的だと思いますよ。むしろ，本当に震えるほどのすばらしいアイディアだとか，ほんとうにいいことに感動したときには無条件に取っ組んでみたいという気があるんです。……感動することを知ったら，その次にはなにかしら生みだそうという力が自然に湧いてくると思うんです。……」

池田語録「創造と感動」より」（鵜飼, 1978: p.248）

(5) 提携の合意

富士通では，「1970年末には，……Amdahlとの関係を模索する一方で，230シリーズに続く次期シリーズをIBM互換にする意向がかたまっていて，具体的な開発計画に入っていた」（鵜飼, 2000: p.7）。

アムダール社が設立されてから，富士通との提携が合意されるまでの経緯は，以下の通りである（鵜飼, 2000: pp.4-10; 富士通-アムダール社間の書

第6章 事例—富士通とアムダール社の提携

簡；富士通株式会社情報処理技術部, 1971)。

1970年
 10月19日 アムダール社 登記
 10月28日 アムダール博士を富士通へ招聘，三日間の講演会を開催
 11月末 アムダール社 事務所開設
 12月2日 鵜飼がアムダール社を訪問，事業計画調査
1971年
 5月17-19日 池田取締役，山本部長，鵜飼らアムダール社を訪問。
    ・相互の協力可能性について討論
 7月7日 アムダール社より書簡（以下の要請と提案）
    ①500万〜100万ドルの増資を計画中。増資参加して欲しい
    ②アムダール・システムを購入して欲しい
    ③高速LSIとそのCAD，キャシュメモリ，MOSメモリの技術提供
    ④IBM互換技術の提供
    ⑤富士通の新機種設計への協力
 7月27日 池田取締役書簡（「個人的見解」と断った上で）
    ①アムダール・システムを富士通の新シリーズの一機種とすることを考えたい
    ②会社の大方針にかかわる問題なので，決定次第連絡する
    ③アムダール博士の来日を望む
 7月29日 池田取締役書簡
    ・アムダール・システムを富士通の新シリーズに組み入れる方向で検討したいので，8月中旬に来日されたい
 8月13-20日 アムダール，ロドリゲス（Ralph Rodriguez）[3] 両氏が来日
 8月15日 富士通は以下の方針を決定
    ①協力方法
    ・FACOM仕様を盛り込んだ超大型機をアムダール社と協同開発する
    ・FACOM仕様は，アムダール・システム（AS）仕様にマルチプロセッサ，リロケーション，命令追加を行うものであるが，追加は最小限に止める
    ②FACOM仕様計算機（APS）の開発

137

- アムダール社の現在開発中のラインとは別に，APS用の開発計画を持つ
- APSの開発は，富士通からの技術者をアムダール社に派遣して行う
- 工程　仕様凍結71年11月1日，完成73年10月ソフトデバッグ開始73年9月，完成74年末

③APSの生産および販売
- 生産　アムダール社は，初期の生産を行う
  富士通は，初期に新シリーズの下位機種を生産し，後にAPSの自社生産を行う
- 販売　日本国内でのAPSの販売は，富士通製が完成する以前（74年末）はアムダール社APSとIBM-OS（I／OもIBM互換が必要）で行うことになろう

④技術導入に対する見返り
- 技術導入に対する見返り～投資とアムダール社製APSの発注によるものとする
- 富士通が10台のAPSを購入するなら，技術交換の一切の条件を相殺する
- 1号機はAPSが望ましいが，ASでもやむを得ない。1号機のI／Oはアムダール社が調達する。2号機のI／Oは富士通製であることが絶対条件

8月19日　上記の決定に基づいて，富士通とアムダール社は以下を要旨とするMemorandumに調印
　　　　①両社でAPS（アムダール社で当時開発中のものに富士通仕様を追加した超大型機）を共同で開発する。富士通はAPSを次期シリーズとして採用する
　　　　②富士通はAPSを10台アムダール社から購入する。最初の5台は完成品，残りの5台はノックダウンとする
　　　　③富士通はAPSのためのOSを開発し，アムダール社に提供する
　　　　④富士通はアムダール社に500万ドル（約18億円：1ドル＝360円）[4]投資する
　　　　⑤アムダール社は所有するすべてのノウハウを富士通に開示する

10月6日　上記のMemorandumに基づき，両社は「基本契約」
　　　　（Fundamental Agreement），および「設計，製造，購入契約」
　　　　（design, Manufacture and Purchase Agreement）を締結した

　1971年10月6日に締結れさた「基本契約」と「設計，製造，購入契約」で富士通がコミットしたアムダール・コンピュータ10台の代金は，2580万ドル（約93億円）であった。
　当時アムダール社が開発していたコンピュータ（ASと呼ばれていたもの）は，IBMでアムダール博士が開発したシステム/360の互換機であった。すでにIBMは360の後継機としてシステム/370を1970年6月に発表していたが，370の基本的なアーキテクチャは360を踏襲していたためである。しかし，富士通がアムダールと共同開発しようとしたAPSには，いくつかの360シリーズにはない独自の機能が組み込まれていた。そのひとつがバーチャル・メモリ（仮想記憶）であり，またマルチプロセッサ・システムであった。

(6) アムダール・プロジェクトの開始

　上記の基本契約に基づき，富士通は，全社を挙げたプロジェクト・チームを組成し，プロジェクトを開始した。1971年11月9日付けのプロジェクト体制図によれば，トップには高羅社長，清宮副社長が付き，担当常務，取締役がプロジェクト・スタッフとして参画して，営業，プログラム，製造，アムダール社派遣，ハードウェア，ソフトウェア，テクノロジー（半導体）等の業務毎に推進チームが創られた。

　　「1971年12月1日に第一陣の7人，続いて72年の2月に第二陣の技術部要員が渡米し……，Amdahl社との共同開発プロジェクトが正式にスタートした」（鵜飼, 2000: p.11）。

　当初，富士通は，清宮副社長の「とにかくうちはアメリカはじめ海外ビジネスの経験がないのだから，絶対に経営に介入してはいけない。カネと技術面だけで付き合うにとどめるべきだ」（小林, 1983: p.107）という考えもあ

り，もっぱら技術サポートに専念し，経営は同社の経営陣に任せて直接的な関与をしなかった。1971年に締結したのは基本契約のみであり，その基本契約は共同開発の到達目標を設定しただけで，具体的な開発方法や詳細なスケジュール，両社の役割分担等を詳細に規定したものではなかった。その時点では知財の取り扱い等の詳細な契約は結ばず，大きな戦略的な目標を共有するだけでプロジェクトをスタートさせている。

富士通はアムダール社との共同開発を行うために35名程度の駐在員と10名程度の長期出張者を米国に常駐させたが，「Amdahlのマネージャー達は優秀な技術者であっただけに，富士通陣の力量を見抜くのも早かったし積極的に理解しようとした。2人一部屋の設計事務所には日本人とアメリカ人とを割り当てた。そんな環境の中で富士通メンバー達は各々の相棒達と溶け込むのも早かった。家族ぐるみでの付き合いがそれぞれに出来たし，Amdahl側の人たちも日常生活のアドバイスからウィークエンドのテニスや釣りなどで交流に努めてくれた。公私両面で日本人チームの受け入れに親身になってくれた。半年もしないうちに互いの家族の人たちと全員が顔見知りになった。実はこのような家族ぐるみの雰囲気は，Amdahl夫妻，Rodriguez夫妻，が当初から示していてくれたものだった。チームの家族達もみんな行動的だった。互いに助け合ったが決して日本人だけで固まるようなことはしなかった。新発見，冒険談，失敗談を情報交換し合った」(鵜飼, 2000: p.12)。

「創立以来最初の2年半はアムダール社は開発に専念した。開発意欲に燃え，技術の壁に挑むことに情熱をかけた。いきいきした陽気な集団であった。回路，実装，テスト方法，製造方法，などの重要な技術は，すべて前例の全くない斬新なものであり，冒険好きなアメリカの開発技術者達の挑戦意欲をかき立てる材料には事欠かなかった。時には極めて具体的な技術論争にも加わりながら，池田さんは，アムダール社のカウンセラーとして，そんな技術屋集団を温かく見守っておられた」(鵜飼, 1978: p.249)。

(7) 経営への関与と激動の12ヶ月間

当初，富士通が合意したアムダール社への出資額は500万ドルであったが，1972年12月までに合計の出資額は1120万ドル（約35億円）となっていた。それにもかかわらず，プロジェクトは計画通りには進まず，73年の

第6章　事例―富士通とアムダール社の提携

後半になるとアムダール社の資金が枯渇寸前となり，提携は試練を迎える。

富士通の渡米チームの責任者であった鵜飼は1976年にアムダール社が上場した際に当時を振り返って，73年末からの12ヶ月を「激動の12ヶ月間」と呼び，「多くの関係者にとっては思い出したくない苦痛の連続の日々」(鵜飼, 1976) と述べている。また，鵜飼 (1976) は次のように述べている[5]。

「あれ程の大混乱が一時に発生することが予測されたか否かはともかく，その要因は1973年半ばには次第にではあるが，誰の目にも明らかになって来ていた。開発工程は遅れに遅れを重ねており，資金切れは時間の問題であった。

一方，managementは相変わらずの楽観と強気とで74年4月のAS1号機出荷を目標に拡大を重ね，1973年末には従業員710人，月当たりexpense $1.5Mにふくれていた。35台を出荷した1976年末でやっと700人であるのと比べても，いかに散漫であったか明らかである。

1973年末までは，富士通は技術開発面での強力なサポートにもっぱら専念しmanagement面での介入は行わない方針をとっていた（故地田専務は1974年4月からdirector）。またfinance面でも72年末の$6.2Mの第二次投資後，常に見守っては居たものの，富士通がアメリカの経済界と直接この件で接触することはなかった。Amdahlが富士通とHeizerとの接触を嫌ったこともあって，この2つのInvestorが顔を合わせたのは，実に，破局寸前の74年2月がはじめてであった。

なぜあれ程まで問題が大きくなっていたか

工程の見通しは明らかに甘かった。技術的には新しいchallengeの連続で，次々と難関が現れていた。しかし，破算1ヶ月前まで拡大を続けてしまった理由はBoardがManagementに対するコントロールを失っていた事にあった。

1972年のAmdahlは有頂天だった。富士通とNixdorf投資を含む$20Mを数ヶ月の内に集め，さらに日立からの$5M投資*，Nixdorfのlease finance $50M，First National City Bankのbank finance $20Mの話も次々と起こり資金は無限にあるかに思えた。

技術面でも日立との共同開発，Siemensからの依託設計，Philips，CIIへのOEM商談，Cray Associates，UNIVACからの技術導入等の打診が相次いだ。

富士通が部品，実装面で積極的な援助を惜しまず，長野工場，新光電機，川崎工場で次々とAmdahl Technologyが展開したことは，10台のAPS製造契約に加えてAmdahlのviabilityと成功を裏書きした。

Georgia大学等4台分のletter of intentも取れた。

第Ⅱ部　日本の大企業とベンチャー企業との提携

　世界の computer technology は Amdahl を中心にしてまわる様な錯覚だった。Board に対する management の説得は迫力があった。そして Board はコントロールを失った。
　……
　1973 年に入り，Amdahl にとって不幸なことに，ドル低下など景気悪化のきざし濃厚となり追加資金導入の見通しが悪くなった。秋に $15M の Public offering を予定したものの underwriter の Stone and Webster は降りてしまった。
　電子産業界も保守的になり vender 達は，手のかかって数の出ない Amdahl 部品を好まなくなりつつあった。
　73 年半ば，雲ゆきがあやしくなって来た。富士通は「何が何でも成功させねば」と必死だった。Amdahl は依然「耐乏の後の小成功は成功にあらず。大成功を目標に進むのみ」であった。そして問題は大きくなって行った」（鵜飼，1976: pp.1-2）。

＊著者注――この日立からの増資は「ちょうど西独ニクスドルフ（Nixdorf GmbH）からの出資もあり，意気揚々としていた Amdahl とは条件が折り合わず，実現には至らなかった」（高橋, 2003（1）: p.6）。共同開発も実現しなかった。

　アムダール社は 1973 年の 5 月にその年の秋の公募増資を行い，1500 万ドルを調達する計画を立てていた。しかし，折悪しくオイルショック後の景気低迷もあり，7 月にアンダーライター（証券引受業者）が降りてしまったために実現しなかった。そのため同年 8 月に，公募増資を 74 年のはじめと想定して，アムダール社から富士通に対してつなぎ資金の要請があった。富士通は，機器やスペアパーツ代金の前払いの名目で 73 年 11 月と 12 月に合計450 万ドルの資金を送った。
　図表 6-3 は，アムダール社の初期の開発工程を示したものである。当初の計画からは遅れたものの 1973 年の半ばには試作機が完成し，試作機によるテストが開始された。また，すでに 73 年 4 月には，富士通との共同開発モデル（APS）に関する document transfer が開始されていた。しかしながら，開発でも次々と問題が生じ，73 年の秋に見直した開発工程が年末には実現できないことが明らかとなった。また，そうした状況下，73 年 11 月 30 日に，アムダール社創業メンバーの 1 人であったロドリゲス氏が工程管理の

第6章　事例—富士通とアムダール社の提携

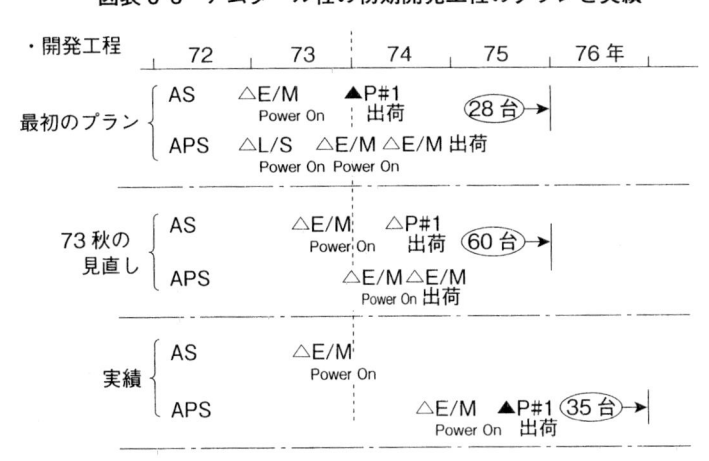

図表6-3　アムダール社の初期開発工程のプランと実績

・開発工程		72	73	74	75	76 年
最初のプラン	AS		△E/M Power On	▲P#1 出荷	(28台)→	
	APS	△L/S	△E/M △E/M Power On Power On	△E/M 出荷		
73秋の 見直し	AS		△E/M Power On	△P#1 出荷	(60台)→	
	APS		△E/M △E/M Power On 出荷			
実績	AS		△E/M Power On			
	APS			△E/M ▲P#1 Power On 出荷	(35台)→	

AS：アムダールが当初計画していた製品のコード名，IBMの対抗機種よりも機能が劣ることが判明し出荷停止．
APS：富士通とアムダール社が共同開発した製品のコード名，アムダール社の最初の製品となった．
E/M：Engineering Model（試作機）
L/S：Logic Simulator（論理回路シミュレーター）
P#1：製品1号機

出所：鵜飼, 1977: p. VIII-3

失敗により営業・ソフト，製造，技術の会社全体を見るCOOの立場から降格され，後任に73年6月に入社した元IBMのアームストロング（Robert W. Armstrong）[6]氏がCOOに就任した。

一方，米国時間の1973年8月2日，IBMの370シリーズに新機種である158と168が発表され，それらには，新しい機能として仮想記憶の機能が採用されていた。アムダール社がもともと開発していたASには仮想記憶の機能は含まれておらず，仮に74年4月に予定通りASの1号機が出荷されたとしても，製品寿命が短いという問題を抱えることになった。富士通が提案して共同開発していたAPSには仮想記憶の機能が入っており，富士通の技術者達としては面目躍如といったところであったが（小林, 1983: p.110），アムダール社の経営が苦しくなったことは間違いない。アムダール社としてはASの開発を継続するか，ASの開発を中止してAPSの開発にしぼるかとい

第Ⅱ部　日本の大企業とベンチャー企業との提携

図表6-4　1973年10月12日の鵜飼から本社宛のメモ

U-260 (10/12, 1973)

池田常務殿, 船橋取締役殿, 山本部長殿
Memorandum
1973.10.12 FCL 鵜飼

(1) 最近のSunnyvaleの雰囲気について
　どのような形容詞が適当なのかわかりませんが, この二ヶ月間ほどのうちにSunnyvaleでの雰囲気が少々変わってきています。いろいろな出来事を通して, Amadahlのengineer, manager, Director達が自分達にとって富士通がなんであるかを考え, 議論することが増えてきた結果, 今まで同じ仕事をしている仲間として気安く考えていた相手を「会社」として非常に意識しだした様です。どうも「技術的にも資金的にもAmdahlが非常にクリティカルな段階にある」という富士通の技術部・製造部の心配をAmdahlに押しつけ過ぎたためにAmdahlの一人一人からは, ひどく富士通がエゴイズムを表しているように受け取られていると感じます。
　Amdahlに対する保険の意味を含めてM4の工程を2ヶ月前進させる, という事もAmdahlのengineerにとっては感覚的に理解できず, 多量のDocument Transferや検討段階の図面についての細かい質問に当惑しています。結果的には「M4の事情」をふりかざし過ぎた様です。なにぶんにも「M4前進のための要求」が資金上の危機感が最大の時に来たため, Amdahlの中間manager連が「いよいよ富士通はAmdahlに見切りをつけてM4に努力を集めるのか」という不安感を持ったのもやむを得ないと思います。

う経営判断が迫られることになった。ASの開発を中止すれば, 開発費は節減することができるが, APSの出荷が開始されるまで収入が無くなることを意味していた。

　当時のアムダール社の重苦しい雰囲気を, 鵜飼は図表6-4のように, 富士通本社に伝えている。メモの文中にあるM4というのは, 富士通とアムダール社が共同開発していたAPSの富士通側の開発コード名である。

　富士通は1973年末までは技術開発面でのサポートにもっぱら専念し, 経営面での介入は行わない方針をとっていたが, 上記の通り資金問題, 開発遅延問題が深刻化したため, 方針を転換した。「「アメリカ企業はアメリカ人の手で」を基本方針としてアムダール社の経営には介入せず, 部品供給など技術面での協力をもっぱら推進しておられた池田さんが, 本格的にアムダール社の計画にとり組んで立て直しを開始されたのは1973年10月からである。……池田さんは工程や組織に具体的なアドバイスをされた。ボンディングの

第6章　事例―富士通とアムダール社の提携

品質を自ら顕微鏡で見て対策チーム発足を指示された。手を広げすぎた企業計画のねり直しに直接指揮をとられた。アムダール社も自ら組織変更し，製品計画を変更した」（鵜飼, 1978: pp.250-251）。

「経営介入に反対だった清宮副社長も，こうなっては逆に「徹底介入」と命じた」（小林, 1983: p.111）。1973年12月16日〜20日，清宮副社長，池田常務，船橋取締役がアムダール社を訪問し，経営管理への介入を宣言した。

そのときのミーティングにおいて，開発スケジュールの根本的見直し，資金負担軽減のための富士通の製造面での協力，製造を中心とした人員削減，74年1月の公募増資が不成功の場合にはAS（アムダール社がもともと開発しようとしていたシステム/360互換機）を断念してAPSに開発を一本化すること等の提案，もしくは要求を行った。

1973年12月20日から，COOのアームストロング氏の指揮下で総合的な計画の見直し開始。アームストロングCOOは，ASの開発を中止し，APSを最優先とすることを決定した。

1974年1月5日，1月7日に実行する計画で目論見書をSECに登録していた公募増資も直前で断念した。目論見書と現実の状況との乖離が大きくなったことと，経済情勢が原因だった。アムダール博士，ロドリゲス氏，アームストロング氏が来日し，富士通と資金についての対策を協議したが，結論に至らなかった。ただ，700人弱だった従業員を450人まで下げる方針を決定した。

2月5日から，ハイザー社は，アムダール社の取締役会の合意を受けて，ニューヨーク，ミネアポリス，シカゴで私募増資のための説明会を開催したが，増資は失敗に終わった。鵜飼は，ハイザー氏に直接富士通と話し合うように説得した。

2月8日，給料支払い期限3時間前に，富士通はアムダール社に対して無担保で200万ドルのローンを実施した。

2月9日，ハイザー氏が富士通を初めて訪問した。アムダール博士，アームストロング氏が同行し，富士通と協議する。会談に先立ち，富士通はハイザー氏に川崎工場，長野工場を見せた。鵜飼（2012）は「MCC（Multi Chip Carrier: 多層プリント基板）の製造作業現場やコネクターの開発状況

を見て，Heizer は富士通のアムダール・テクノロジーへの取り組み姿勢を知って驚いたことは間違いない」と述べている。

2月14日，結論が出ないままアムダール博士とアームストロング氏は帰国し，直ちに，開発は「AS Only」にすることを宣言した。ハイザー氏は東京に残り，協議を継続した。

2月19日付で，高羅社長より，富士通の意志として，アムダール博士宛の以下の内容の書簡が出された。

①富士通はアムダール社の独立性を尊重しており，take over する意志はない。しかしながら，富士通の競合会社に take over されることは望まない

②以下の③から⑦が実行されることをベースとして，600万ドルのローンを行う。この600万ドルは，アムダール社のファイナンスが成功した時点で普通株に転換する

③富士通とアムダールは相互の利益のために利用可能な資源をAPSに集める

④富士通は，アムダール社の投資を削減するため，APSの製造を引き受ける

⑤富士通から供給されるAPSの価格について両社はできるだけ早く合意する

⑥富士通が10台のAPSを購入する権利と義務は，1台のエンジニアリング・モデルの購入に変更する

⑦アムダール社を支援し，アムダール社と富士通のコミュニケーションを完全にするため，富士通は2人の取締役を出す

⑧このプログラムは，この困難な時期にアムダール社を支援するためのものであり，富士通は，アムダール社，富士通，そしてハイザー社が3社間の良好なビジネス関係を構築するために協調することを望む

この提案に対して，ハイザー氏は「富士通が Take over の目的ではなく，懸命に支えようとしていることがわかった。誤解していた」と評価したが，アムダール社とは，すぐには合意ができなかった。

富士通は，開発費の前払いの名目で1974年の3月から5月にかけて，さ

第6章 事例—富士通とアムダール社の提携

図表6-5 Position Statement 訳文

以下に署名する我々はAmdahl社の長期的成長にコミットしている。更に社長兼会長としてのDr. Gene AmdahlとCOOのRobert Armstrongとを支持する。我々はDr. Amdahlが株主にとって満足できる経営を行い我々に適度な職場を与えるものと確信している。我々は，Dr. AmdahlとArmstrongとが，Amdahl社の将来に関する如何なる交渉にも共同で参加することが必須であると思う。現在の交渉過程においてDr. AmdahlとArmstrongとのいずれかでも辞任するようなことがあれば共通の目標は達成不可能となるので，Amdahl社の将来に運命共同体である我々もただちに辞任する。

出所：鵜飼, 2000: p. 24

らに170万ドルの資金を送ることになった。

その間の1974年3月18日には，アムダール社の従業員の総決起集会があり，「CEOであったAmdahl博士とCOOであったArmstrong氏のいずれかが従来の職を離れる場合には我々は辞職する」という内容のposition statement（態度声明書）（図表6-5）が作成され，それに250名の従業員が署名した。3月21日，そのposition statementを携えてアムダール博士他が来日し，それに富士通側が態度を硬化させるという事件も起こった（鵜飼，1976）。

4月1日，富士通の清宮副社長からアムダール社の取締役会に対して，同社の組織に関して次のような提案がなされた。

①アムダール博士はchirmanとする

②社長は空席とし至急埋める

③アームストロングはCOOとする

4月2日，アムダール社の取締役会は，富士通の提案を受け入れた。

4月9日，2月19日付の高羅社長の書簡で提案された，ローン，製造，開発する関する提案を具体化した，"Credit Facilities Agreement"，"Manufacture and Purchase Agreement"，"Coordination Agreement Concerning Development and Manufacture of APS"を富士通とアムダール社間で締結した。

また，それまで富士通はアムダール社のボードに取締役を出していなかったが，1974年4月から池田がアムダール社の取締役となり，それ以降は出

図表6-6 アムダール社のボードメンバーの推移

	1972年	73年	74年	75年	76年
マネジメント	2	2	3	2	2
富士通			3	3	3
Heizer	1	1	3	3	3
その他	2	2	2	3	3
計（人）	5	5	11	11	11

資比率に応じた人数の取締役を出すようにもなった（図表6-6参照）。74年末時点の富士通からの取締役は，船橋（取締役），山本，鵜飼の3名であった。

1974年3月14日，ハイザー社からホワイト氏（Eugene R. White）がコンサルタントとして紹介された。ホワイト氏は，アムダール社の実態調査を行い，10日程で74年4月9日付のレポート'STUDY OF AMDAHL OPERATIONS'を作成，取締役会，富士通，ハイザー社を精力的に回って報告した。

5月28日，新社長決定までの間，ホワイト氏をコンサルタントのまま社長代行とすることを決定した。対外発表はGeneral Manager, COOとした。

ホワイト氏の略歴は以下の通りである。学位は物理学で取得しているが，その後の経歴は，アムダール博士のような技術者あるいは科学者ではなく，管理者であった。鵜飼（2008b）によれば，「富士通が接した最初の"Businessman"」であった。

●ホワイト氏の略歴

1950-1955年	米軍にて軍務，大尉
1955-1958年	メイン大学，物理学士
1958年	Vitro研究所プロジェクトマネージャー
1958-1963年	GEにて様々なマネジメント職を歴任
1963-1966年	GEコンピュータ機器事業部 Manager of Engineer
1966-1968年	GEコンピュータ機器事業部 Manager, Engineering
1968-1969年	GEコンピュータ・グループ General Manager, Advanced

第6章 事例―富士通とアムダール社の提携

	Development and Planning Operation,
1970年	Honeywell社ハネウェル情報システムズ事業部 Vice President, Engineering and Manufacturing
1970-1974年	Fairchild Camera & Instrument社 商用システム部門 副部門長兼 General Manager
現在（1974年）	WS & Y OPERATIONS社 社長

「Whiteのconsultantとしての協力を得て，operation面は次第に落ちつき，富士通とのCommunicationも復元した。池田―Heizer―Whiteレベルで建設的な立て直し策がねられたがfinanceは依然見通し悪く，数多くの代案が検討された」（鵜飼, 1976: p.11）。

1974年5月31日，レイオフが開始された。アムダール社はモラル低下との戦いとなった。

7月17日，池田，ハイザー両氏の説得により，ホワイト氏が社長に決定した。アムダール博士が怒り，自分は辞職すると言ったが，取締役会がなだめ，1号機が出荷されるまではアムダール社に留まることに合意した。その後のアムダール社の状況について，鵜飼（1976）は，次のように述べている。

「富士通，Heizerの支持を受けたWhite氏の立て直しは徐々に成果をあげはじめた。employeeは少しずつ希望を取りもどして来たが，強烈なレイオフと予算制限の余波が残った。ともかくV6*を成功させることに全力を挙げ将来への布石が完全に後手にまわった。

実務面では続々と問題は起こったが，Amdahlにはalternativeがなく，富士通が妥協を強いられることがほとんどであった。

米国の業界筋はAmdahlの動きを興味を持って見ていたが，「富士通のAmdahlに対するテコ入れはincredibleだ。米国の会社だったらtake-overするか見捨てるかしかない」との声が多かった。長期的なfinance問題解決のための三菱，興銀，DKB，輸銀への働きかけも行われた。

management内部ではDr. AmdahlとWhite氏との関係は，「創立者 対 立て直しビジネスマン」の典型的なパターンとしてこじれて行った。

第Ⅱ部　日本の大企業とベンチャー企業との提携

図表6-7　Amdahl 470 V/6

出所：アムダール社の年次報告書

　一方，8月22日にChicagoで開かれたAmdahl Board meetingでHeizerは正式に$6Mの投資を決意し，資金問題は一時的に通りこした。10月10日には富士通―アムダール社間で新しい製造契約が結ばれた。富士通での製造は回転しはじめた。
　銀行筋や商談中のカストマー達はAmdahlが回復しつつあることを知って再びもどって来た。
　明らかに危機は通りこしていた。
　関係者全員の目には，長い長いトンネルの先に，やっと光が見えて来た。しかし――しかし――74年11月14日，全く突然に池田さんは他界された。――」(鵜飼, 1976: pp.12-13)。
＊著者注――富士通とアムダール社が開発していたAPSのアムダール社の製品名470V/6のこと。IBMのシステム/370を意識した製品名になっている。

　1971年12月にスタートした富士通とアムダール社の共同開発プロジェクトは，74年には設計が終了し，74年11月，FACOM M-190として発表された。米国に駐在していた技術者達は74年末に帰国を始めた。
　1974年12月，富士通で製造されたAPS（Amdahl 470 V/6）（図表6-7）

第6章　事例―富士通とアムダール社の提携

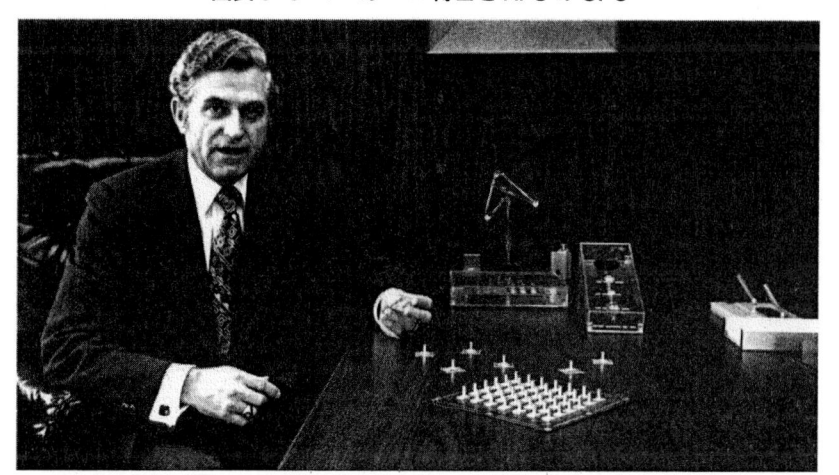

図表6-8　アムダール博士とAPSのCPU

注：アムダール博士の許可を得て掲載

の1号機がアムダール社に搬入された。この1号機はアムダール社でのテストを経て75年6月にNASA（米国航空宇宙局）出荷された。

1974年12月までに，ハイザー社が600万ドル，富士通が1100万ドルの追加投資を行った。富士通の累計投資額は2230万ドル（約65億円）となった。

(8) 技術的課題とその克服

このように，富士通とアムダール社の提携が成功するには，アムダール社の成長に伴う経営的課題を克服する必要があった。しかし，大きな課題はそれだけではなく，新しいコンピュータを開発・製造するための技術的課題も克服しなければならない大きな課題であった。

アムダール社が開発していたコンピュータに採用しようとしていた「回路，実装，テスト方法，製造方法等の重要な技術は，すべて前例の全くない斬新なものであり」（鵜飼, 1978: p.249），それを実際に製造するのは極めて困難であった。当初，アムダール社は米国の半導体・部品メーカーにそれらの製造を委託しようとしていたが，製造の困難さや採算性から受託するメーカーが現れず，結局，富士通が製造を請け負うことになった。

第Ⅱ部　日本の大企業とベンチャー企業との提携

図表6-9　470 V/6 および M-190 の CPU に採用された LSI のパッケージ

　特にコンピュータの心臓部である CPU に採用しようとした LSI は当時の常識をはるかに超えるものであり，言わば「アムダール社の技術者の描いた夢」のようなものであった。例えば，放熱処理は当初から問題視されていたが，図表6-8のような，アムダール博士が考案したチップの上に冷却用の円筒状の筒をつける形状のパッケージでは想定通りに温度が下がらず，富士通の半導体部門が創意工夫を施して図表6-9のように円筒にフィンをつけることで，ようやく製品化することができたのである（渥美, 2002: p.166）。

　このように，富士通がアムダール社との提携を成功させることができたのは，富士通の半導体部門の努力によるところが大きい。

　しかしながら，アムダール・プロジェクトの開始当初は，富士通の半導体部門の主なビジネスは通信機器用半導体と外販用半導体であった。FACOM 230-60では優先的に全IC化に協力したが，それは例外的な措置であり，必ずしもコンピュータ事業に全面的に協力する体制ではなかった。富士通の半導体部門を牽引してきた安福眞民にしてみれば，半導体部門は独自のビジネスをしているのであり，コンピュータ部門の一部ではないということであった。

　池田は安福の全面協力を取り付けようとするが，安福はなかなか応じない。しかし，それが，アムダール・プロジェクトとの提携を契機として，コンピュータ向けの半導体の開発に全力を傾ける体制になった（小林, 1983:

p.143)。立石 (1993) は池田と安福の"コーディネーター役"であった吉川の言葉を次のように紹介している。

> 「吉川は，池田と安福の最終的な折り合いをこう語る。「つまり，安福さんは，最終的に池田さんの門下に入ったわけですよ。心ならずも，ね。ハッハッハッ……。だけども，池田さんと一緒にやることに対しては，やはりひとつは技術屋としての夢があったでしょうね。こんなスゴイもの (LSI) ができる，というね。だから，アムダールとの出会いというのは，そういった意味では，コンピュータだけでなく半導体にも，大変な意味があったんだな。アムダールの存在は，池田さん，安福さん，そして富士通にとって，大きなものだった」」（立石，1993下：p.246)。

(9) 株式上場

アムダール社は，1975年6月NASAへ1号機を納入，その後の1年間で11台納入した。11台の納入先は，ミシガン大学等の大学，ATTへの大量受注に繋がったベル研究所等であった。「一号機出荷以降の出荷は順調であり，組織の徹底的なリストラ……の効果があって業績は見違えるように回復した」（鵜飼，2000: p.30)。

そして1976年8月にはアムダール社は上場を果たした。上場後のアムダール社の持ち株比率は，富士通29.4%，ハイザー社23.9%，アムダール博士1.7%，ホワイト氏0.5%等であった。

その後も提携は大きく発展した。上場から5年後の1981年にはアムダール社の売上は4億ドルを超え，1992年には25億ドルを超える売上を計上している。

一方，1981年度の富士通の売上は6711億円となった。また，富士通はアムダール社に対し，75年の輸出開始から84年度末までの10年間に2500億円の輸出売上を計上した。また，前述の通り90年代前半のピーク時には，ストレージ・システムを含む輸出売上は単年度でも1000億円を超え，97年の9月に同社を100%子会社化するまでの間に，総額1兆円を超える輸出売上を計上している。

富士通にとってアムダール社との提携から得たものは単に同社への輸出売

上だけではない。提携によって獲得した技術が，国内市場におけるシェアの拡大に大きく寄与した。

また，アムダールと提携することによって，ICL やジーメンスとの提携も可能となり，それらを合わせて，富士通は規模の経済を働かせることができたとの指摘もある。Doz and Hamel（1998）は「メインフレームにおいて同社は，イギリスのICL，アメリカのアムダール，ドイツのジーメンスなどと特定の目的を持つアライアンスのウェブを形成し，R&D 及び製造においてIBM の半分の業績を達成するまでに至ったのである。富士通はさまざまなパートナーとアライアンスを結び，自社をその中心と位置づけることによって有力な存在となったため，多角的なアライアンスの成功例といえる」（邦訳 p.33）と述べている。「富士通は，ICL，アムダール，ジーメンスとアライアンスを構築して，「仮想的なマーケット・シェア」の確立を目指した。IBM に対抗できるクリティカル・マスを獲得するためである。1980 年代，富士通のマーケット・シェアは IBM の 10 分の 1 にすぎなかったが，パートナーを含めると実に 2 分の 1 に達した。富士通は，……「自分の敵の敵は味方である」という原則を具体化したのである」（邦訳 p.39）。

このように，富士通にとってアムダール社との提携は成功であったが，上場後のアムダール社との関係は，それ以前のベンチャー企業との提携とは様相が異なるものになった。もはや株主はアムダール博士やハイザー社のように直接会話ができる相手だけではなくなり，不特定多数の一般株主が存在することになった。大企業とベンチャー企業との提携ではなく，上場会社同士の対等なパートナー関係になったのである。

1979 年，アムダール博士は取締役会に辞表を提出する。その時点ではコンサルタント並びに名誉会長という肩書で形式的に留まったが，その後，アムダール博士はトリロジー社（Trilogy Systems Corporation）を設立して退職する[7]。鵜飼（2000）はその原因は，「創業経営者とプロのビジネスマン型経営者 White 氏との軋轢，充分な責任と権限が与えられず，飾り物（Figurehead）である事，富士通および Heizer に対する根強い不満，「富士通の Sales company になってしまう」ということ，創業時に立てた夢が実現しなかったことへの不満，など」（鵜飼，2000: p.45）としている。

ただし，アムダール博士は，富士通はフェアだったとも述懐している。アムダール博士は2007年のIEEEのニュースレターでのインタビューに答えて，「私は，富士通はその会社（アムダール社）に対して最後まで非常に公正に対処していたと言わずにはいられない」（Anderson, 2007: p.15）と述べている。

(10) 富士通による100％子会社化

前掲の図表6-1の通り，アムダール社は，1990年までは順調に業績を伸ばしてきたが，90年代の前半に入ると，成長が止まり，逆に売上が減少する。これは，それまでのIBMが主導する大型汎用コンピュータ（メインフレーム）の時代が終焉を迎えたことによるものである。それまでのIBMの独自なOSの支配が崩れ，よりオープンなOSであるUNIXを搭載した小型のワークステーションやパソコンの時代が到来した。いわゆるコンピュータ業界におけるオープン化とダウンサイジングである。その結果，メインフレームの価格，利益率は急速に低下し，IBM自身も91年には28億2000万ドル（約3800億円）の純損失を計上している。そのため，PCMビジネスの存立基盤も崩壊した。

1997年7月，富士通はアムダール社を100％子会社化することに合意し，8月から9月にかけて公開買付を行い，100％化した。買収総額は8億5000万ドル（約980億円）であった。この時点では，アムダール社は，95年のカナダのDMR社（DMR Group Inc.）の買収，96年の米国のTrecom社（TRECOM Business Systems, Inc.）の買収等によりサービスビジネスに参入し，すでにアムダール社の売上に占める機器の割合は1/3程度にまで減少し，サービス分野にかなり移行していた。しかしながら，96年には3億2700万ドルの純損失を計上していた。

富士通は，買収を発表するプレスリリースで，「当社は今回，現在変革しつつあるアムダール社へ全額出資をすることで，米国におけるソリューションビジネスをアムダール社とともに本格的に展開し，グローバル化を加速させていく計画です。当社は，今回の買収により，アムダール社，英ICL社を含めたグループとしての世界共通戦略のもとに，グローバルなソリューションビジネスをさらに進めてまいります」（1997年7月31日　富士通プレス

リリース）としている。アムダール社は，もはや提携の当初の目的であった，先端技術の窓口としての機能は果たしていなかった。

注
1) このときのことについての山本の述懐。「勤務時間に従ってやっていたらとんでもないというので，ちょうど私の家の2階があいていたので，そこで合宿をやろうということになって，延長したわけです。うちの両親がまだ健在でして，「池田さんというのはどういう人なんだ。食事の時間になってもまだ寝ている。時ならぬときに起きてくる」「あれは天才的な人だからしようがないんだ」と（笑）。おやじはあまり口出ししませんでしたけど，おふくろはややあきれぎみで，これで仕事できるのかというような顔をしておりました。でも，おふくろは，息子がやっているんだから，その仲間なんだからというので，結構面倒を見てくれました。私，今でも感激して覚えているのは，できないからといって勝手に飛び出して，川崎から中野の我が家に来てやっている。その状態で，会社からいつおしかりを受けるかと思ったんですが，逆で，何日かたったときに小林課長が我が家を訪れて，金一封を持ってきて，若手がお世話になりますというので両親に渡したようですね。幾らもらったか全然知りませんけど，小林さんは怒るどころか，若手3人が夢中になってやっているのを陰で見ているんですね。今にして思えば，リーダーのあるべき姿ってやっぱりああなのかなと思うわけです」（鵜飼編，2008: p.13）。
2) PCMには，Plug Compatible Manufacturerの略とする用法と，Plug Compatible MainframeあるいはPlug Compatible Machineの略とする3通りの用法がある。
3) アムダール社の3人の共同創業者のうちの1人で，Vice President of Engineering。43歳。1968年から70年までElectronic Memories and Magnetics Corporationの米国およびベルギーのprinted circuit board companiesのPresident。1957年から68年までLitton Industries。Litton Industriesでの最後の2年間はVice President and General Manager of the Litton Memory Product Division. UCLAでBSEE（Bachelor of Science in Electrical Engineering）およびMSEE（Master of Science in Electrical Engineering）を取得。
4) 1ドル＝360円の固定レートは，ニクソン・ショックによって1971年12月から1ドル＝308円となり，実際の投資金額は約15億円であった。
5) ここでの記述の多くは，この鵜飼（1976）を参照している。
6) 1973年6月にアムダール社に入社。42歳，1954年からIBMの営業部門の経験を持ち，69年からIBMのDirector of marketing, customer contact services in Data Processing Division with responsibility for the Midwest and West Regions（中西部地区の責任者）を務めていた人物。
7) その後アムダール博士は，IBM互換機を開発するベンチャー企業として，1979年にTrilogy，86年にANDOR（Andor Systems），94年にCDS（Commercial Data Servers）を創立，いずれも失敗に終わったが，その後も新たなIBM互換機の事業を企画し続けた。「不老不死のentrepreneur Dr. Gene Amdahl」（鵜飼，2000, p.22）である。

第7章 考察

7.1 提携の成功要因

　大企業がベンチャー企業との提携を成功させるには，提携を開始する意思決定をし，実際に提携に着手して，提携を成功させるようなマネジメントを行わなくてはならない。

　前述の通り，実際に日本の大企業がその意思決定をしたとしても，それを実行に移すのは，個別の事業部門の現場に任せていては，実現困難な選択肢である。

　また，ベンチャー企業との提携のマネジメントを成功させるためには，多くの課題がある。第一に，多くの研究者が指摘する提携そのものの難しさである。第二に，Doz（1988）が指摘する大企業とベンチャー企業との提携における難しさ，すなわち(1)両社の戦略の統合，(2)大企業の各部門の一貫性の確保，(3)両社間の有効なインターフェースの設定という3つの課題がある。第三に，本書が指摘する，信頼をベースとした社会的コントロールを行う形で提携を開始し，提携が進展した後に，フォーマルなコントロールに変更するという課題もある。さらに，ベンチャー企業の創業者，VCとの複雑な関係をマネジメントしなければならない。

　富士通は，アムダール社との提携においては，どのようにしてこれらの課題を克服したのであろうか。あるいは，なぜそれが可能だったのであろうか。

7.1.1 提携の開始と戦略的重要性

　富士通がアムダール社と提携を開始した1971年当時，コンピュータ事業は，競争環境が極めて厳しいものの，将来性が有望視されていた事業であり，富士通は「コンピュータに社運を賭ける」というビジョンのもと，全社一丸となって邁進していた。そうした状況下，経営資源の制約の中で，それまでの独自路線からIBM互換路線へと大きな方針転換を図っていた。したがってIBMの開発者であったアムダール博士が設立したアムダール社と提携することは，新しい技術の導入という面でも開発リソース不足の解消という面でも必須のプロジェクトであった。前述の通り，本書においては，提携の戦略的重要性を「その提携によって実現しようとしている到達目標の重要度と，その経営目標を達成するための提携の必要性の高さ（代替可能性の低さ）」としている。富士通にとってアムダール社の提携は，提携によって成し遂げようとした到達目標の重要度でも，その目標を達成するための提携の必要性の高さでも戦略的に極めて重要だったのである。逆にこれほどの重要性がなければ，それまで国産メーカーの中で唯一外国メーカーと提携せずに独自路線を歩んでいた富士通は提携には踏み切らなかったであろう。当然，提携のリスクに対する懸念はあったが，明確な戦略的位置付けのもと，資金や人材等の経営資源を大量に投入することも覚悟した上で提携を開始したのである。

　したがって，この事例は，戦略的重要性，すなわち到達目標の重要性とそれを実現するための提携の必要性の高さが明確になっていれば，自前主義的な傾向が強く，組織内の相互依存性が高い日本企業でも，リスクが高いために敬遠しがちなベンチャー企業との提携に踏み切ることができるということを示唆している。

　また，戦略的重要性が明確であったことは，富士通がアムダール社と提携する際に，アムダール社と共同でIBMをしのぐ互換機を開発するという明確な共通の戦略目標を持つことを可能にした。そして，そうした戦略的重要性，共通の到達目標は，経営トップから開発現場に至るまで認識され浸透していた。それは，事例の提携の経緯で述べたプロジェクト体制図の通り，全社を挙げたプロジェクト体制が組まれたことからも明らかであろう。そして

それは，経営トップの強いコミットメントと従業員の高いモチベーションに繋がり，それが提携における様々な課題を克服することを可能にしたのである。

7.1.2 提携のマネジメントとトップのコミットメント

　ベンチャー企業との提携は通常の提携以上に困難であり，それらの課題を，個々の現場が単独で解決するのが難しいのは前述の通りである。したがってトップの強いコミットメントがなければ実行が困難であり，中途半端な資源投入や戦略的な不整合があると成功せず，トップの一貫した強いコミットメントが必要である。

　富士通とアムダール社の提携においては，上記のように戦略的重要性が明確であり，それが経営トップから開発現場に至るまで認識され浸透しており，経営トップの強いコミットメントに繋がっていた。

　富士通とアムダール社の提携においては，正式な提携開始以前からのアムダール博士に対する対応や，全社プロジェクトとして位置付けた動員体制，多くの技術者の長期にわたる米国派遣，提携が破綻寸前となった際の粘り強い解決，幾度も計画変更を余儀なくされながらの総額2230万ドルもの投資等，トップの高いコミットメントの継続により，数々の技術的課題や経営的課題を克服することができた。

　前述の通り，通常の提携の場合でも，提携の成功要件として，トップのコミットメントの重要性が指摘されている (Badaracco, 1991; Hoffmann and Schlosser, 2001)。しかし，創発型の戦略形成とボトムアップ型の意思決定をその特徴とする日本的経営において，ベンチャー企業との提携という，一見，経営の最重要課題には見えない事項について，トップのイニシアティブを期待することはできない。富士通とアムダール社の提携において，トップがイニシアティブを発揮し，コミットしたのは，その戦略的重要性が明確になっていたからであった。また，それによって，Doz (1988) が言う，両社の戦略の統合，大企業の各部門の一貫性の確保が実現できたのである。

7.1.3 従業員のモチベーション

富士通とアムダール社の提携における明確な戦略的重要性は，従業員の高いモチベーションにも繋がっていた。

ベンチャー企業との提携は展開の予見が難しく，また様々な困難を解決するため，従業員レベルの現場での創意工夫による問題解決が重要である。富士通とアムダール社の提携においても様々な技術的課題に直面したが，従業員の努力と創意工夫により次々に克服されていった。こうした努力と創意工夫の背景にあったのが従業員のモチベーションの高さである。鵜飼は「わくわくするような高揚感でいっぱいでしてね。これで勝負できると，張り切りました」（渥美, 2002: p.160）と述べている。また，米国に派遣されたチームの状況について，「富士通にとって未経験の仕事に携わっているという自負心が全員を根底で支えていたと思う」（鵜飼, 2000: p.12）と述べている。一方，国内の半導体部門でパッケージを担当していた清水（1998）も「これができないと富士通が大変なことになるという使命感が……外注メーカーより断然強く，この気持ちが成功に導いたと思う」（p.239）と述べている。極めて重要な仕事をしているという充実感や，世界の最先端を走っているという効力感で，プロジェクト全体が極めて高いモチベーションを維持しており，このモチベーションの高さが提携の成功に繋がったのである。

従業員のモチベーションの高さは，Doz（1988）指摘する有効なインターフェースの設定の面でも機能した。

1971年12月にスタートした富士通とアムダール社の共同開発プロジェクトは，激動の12ヶ月を狭み74年には設計が終了し，米国に駐在していた技術者達は74年末に帰国を始めた。彼らは，日本の富士通本社に対して，71年12月10日から74年11月7日までの間に267通もの膨大な量の公式レポートを送っている。特に，米国駐在の責任者であった鵜飼は，Boundary Spanner（橋渡し役）としての役割を強い責任感と高いモチベーションで果たしている。鵜飼はAPS開発のために駐在していた技術者が帰国したあとも米国に残り，78年まで駐在していたが，前述の通り，その間に発信したレポート類は500通を越えていた。その中には，「激動の12ヶ月」のような詳細な報告や，「今後のアムダールを考える」と題した提言，「American

第 7 章 考察

図表 7-1 提携の成功要因

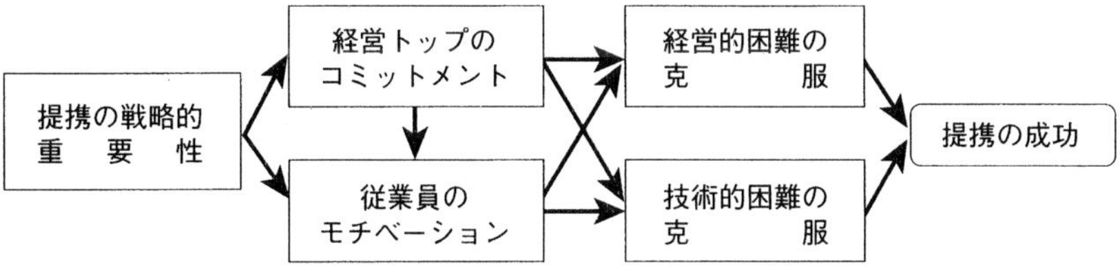

```
提携の戦略的      経営トップの       経営的困難の
  重 要 性   →  コミットメント  →    克  服
              ↘ ↗           ↘ ↗          → 提携の成功
              ↗ ↘           ↗ ↘
              従業員の         技術的困難の
              モチベーション      克  服
```

Management」と題した富士通が初めて接触することになったベンチャー企業や米国企業のマネジメントに関する報告書などが含まれていた。

　鵜飼（2000）は次のように述べている。「記録には残していないが，激動の12ヶ月の中で，私は二回だけ池田さんに正面から楯突いた。74年2月……「……帰って来い」の国際電話を無視して私は夜行便でニューヨークに飛び，富士通と直接会って話すよう Heizer を説得した。それまで Dr. Amdahl が両株主の直接対話を嫌っていたために富士通幹部と Heizer とは面識がなかったのを，強引に訪日させた。Amdahl 社再建は両株主の協力なしでは不可能だった」（鵜飼, 2000: p.24）。鵜飼にこうした行動をとらせたものは，提携の戦略的な重要性の理解であり，また，その戦略的課題の実現への高いモチベーションであったであろう（図表 7-1）。

　先に述べた通り提携の関する先行研究においては，様々な成功要因が指摘されている。しかしながら，それらを現場レベルで実際に実行するには，全社的なコミットメントと，高いモチベーションが必要である。それを実現するための前提となるのが，提携の戦略的重要性とその全社的な共有であった。

7.1.4　**創発型の戦略形成と現場を信頼して任せる経営**

　しかし，このような戦略の明確化は，経営トップ層によるトップダウンで行われたものではない。富士通とアムダール社の提携の契機となったのは，富士通の IBM 互換への路線変更である。この路線変更は，富士通のコンピュータ事業にとって極めて重大な戦略的的意思決定であったが，前述のようにこの意思決定は池田敏雄のイニシアティブによって行われたのである（山

その池田敏雄は1970年11月,取締役に就任している。池田は23年8月生まれであるから,当時は47歳の若さである。この若さで取締役であった池田の立場をどのように考えるかは議論の分かれるところである。しかし,富士通のコンピュータ事業は経営トップとしての池田がトップダウンで事業を牽引したというものではなく,むしろ岡田会長,高羅社長,尾見専務,清宮専務,小林常務,渕澤常務ら,当時の経営トップ層が,技術陣の代表格である池田を信じ,存分に力を発揮させるために取締役に就任させたということであろう。鵜飼(2007)はこの提携プロジェクトの成功要因について,「当時の経営者は,新しい事業を始めるにあたり池田敏雄を信じて全てを任せた。そしてそれに応えて30代,40代が燃えに燃えたこと」と述べている。アムダール博士は池田を評して次のように述べている。「彼は,日本のマネジメントの基準から言えば,まだ非常に若く,彼と富士通のトップとの間にはいくつものマネジメントレベルがあった。池田博士は富士通のコンピュータの原動力であり,彼の説得力のあるリーダーシップによって富士通はコンピュータ事業を進めていた」(Amdahl, 1978: pp.228-229)。

　すなわち,富士通のコンピュータ事業における極めて重要な戦略は,トップダウンで形成されたものではなく,池田という希有な技術者による創発型の戦略形成であったということができる。

　また,「ともかくやってみろ」というのは1975年から81年まで富士通の社長を務めた小林大祐のモットーであるが,前述の通り,そもそも富士通のコンピュータ事業は51年から開発課長の職にあった,この小林の発案によって開始されたものである。上記の池田も,それに続く技術者達も,同じように富士通のコンピュータ事業を推進してきた。まさに,富士通では創発型の戦略形成は富士通のコンピュータ事業の事業開始以来の伝統,お家芸であったのである。

　富士通の創発型戦略形成に関連して,竹内・榊原・加護野・奥村・野中(1986)は,富士通のバイタリティと柔軟性を「奔放のダイナミズム」と評し,その中で1986年当時の社長であった山本卓眞の言葉を紹介している。

「創造的な仕事っていうのは，ストラテジックに動いた場合に出てくることもありますけれど，やっぱり技術者が「やりたい」ということをやらせた時に出てくるのが圧倒的に多いんですよね。人間の意欲というのは恐ろしいものだと思いますね。

……そういう何とはなしのバイタリティというのは，考えようによっちゃ，下手なストラテジックな発想よりはもっと大事なのかもしれませんね。バイタリティがなければ，ストラテジックな発想も出てこないという意味でね」（竹内他, 1986: pp.143-144)。

また竹内他（1986）は次のようにも述べている。

「富士通の「モーレツ」振りは同社に特有のものである。それは『奔放のダイナミズム』とでも呼び得るものである。技術開発や事業開発の芽が社内のいたる所にあって，それが組織のどの部分からも自然に湧き上がってくるような印象を与える。良い意味でデタラメなのである。整然として組織的に展開されるのではなく，もう少し個人的で，自由闊達で，混乱の多いプロセスを経て結果が出てきている。それは現場を重視し，実験を重視し，技術の流れを重視する風土のもとで生まれてくる奔放さであり，リアリズムだけが発揮できる奔放さである。戦略計画や明示的なグランド・ストラテジーを持たない「理念なきダイナミズム」であるといってもよい。

このような理念なきダイナミズムは，強力な個人の登場を誘発する。一般に，理念欠如で現場重視の場合にはヒーローが生まれやすい。現場が混乱していると，潜在的な英雄期待が強まるからである。富士通にも，このようなヒーローの例が多い。国産コンピュータの開発に文字どおり命をかけた池田敏雄，池田の才能を信じコンピュータに富士通の社運をかけた岡田完二郎，後に社長になり，コンピュータ事業の成長を担った小林大祐と山本卓眞，日本語情報処理の体系（JEF）を作り，またOASYSを作るために社内を伝道して回った神田泰典などは，その典型例である。岡田を除く他の四人に共通していえるのは，彼らが壮大なコンセプト・クリエイターというよりも，技術開発のリーダーであり，事業開発の担い手であった点である。実際に現場を動き回り，油に汚れてものを作った人たちである。社内企業家的なミニ・ヒーローと呼ぶのが，彼らにはふさわしいのかもしれない」（竹内他, 1986: pp.155-156)。

第Ⅱ部　日本の大企業とベンチャー企業との提携

7.2　提携の進化

7.2.1　提携のコントロール

　前述のように，大企業がベンチャー企業との提携を開始し，成功させるためには，信頼とコントロールに関わる2つの課題がある。ひとつは，提携の形成時点でパートナー間の信頼関係が確立されており，社会的なコントロールが行われること，もうひとつは，ベンチャー企業の成長に伴って，提携のコントロール方法が社会的コントロールからのフォーマルなコントロールに変更できることである。

　これらの2つの課題は，富士通とアムダール社との提携においては，どのような状況であったのであろうか。

　第一に提携の当初からの社会的コントロールであるが，富士通とアムダール社との提携においては以下のような状況であった。

　富士通は，提携当初，アムダール社の経営はアムダール博士に任せて直接関与せず，もっぱら技術サポートに専念していた。富士通とアムダール社は，1971年に締結された基本契約に基づいて共同開発を開始したが，基本契約は，IBM機の性能をしのぐIBM互換機を作るという両社の共同開発の目標は設定していたものの，その実現方法やスケジュールを詳細に定めたものではなく，大きな戦略的な目標を共有するだけでプロジェクトをスタートさせている。しかしながら，基本契約によって合意された戦略的な到達目標は，アムダール博士と池田敏雄というレベルで共有されていただけではなく，意欲やチャレンジ精神を掻き立てるのに十分な共通の目標として日米の現場の技術者達のレベルでも共有されていた。また，探索的な共同研究という提携の性格から必須な情報共有を行い，さらには日米の技術者の部屋割りの工夫や家族を含めたプライベートな交流等を通じてお互いを理解しあって，それぞれが高いモチベーションを持って創意工夫を行い，目標の達成に努力する関係を構築していた。

　このような，両社の関係，あるいは両社の技術者の関係は，富士通にとって望ましいものであり，富士通が求める状況であった。したがって，富士通はアムダール社との提携を社会的コントロールによってコントロールするこ

とに成功していたということができる。

　第二に，ベンチャー企業の成長に伴う，提携のコントロール方法の変更については，富士通とアムダール社との提携では，以下のように変更が行われた。

　富士通は，1973年の12月にアムダール社の経営への介入を宣言したが，この時期は，研究開発段階から製品化段階への移行期であった。約1年後の74年12月には，富士通が製造を担当した1号機が富士通からアムダール社に出荷され，アムダール社でのテストを経て75年6月にはNASAに納入された。73年末というのは大型コンピュータの開発サイクルから見れば，既に製品化の段階に来ていたのである。自由な発想や知識の円滑な交換が求められる探索の段階から，それまでの成果を製品の形にとりまとめる活用の段階に来ており，アムダール社は，それまでの発散的なマネジメントから収束的なマネジメントに移行すべき時期に来ていた。それにもかかわらず，依然として発散的なマネジメントを続けていた。それが，アムダール社の存続そのものを危ういものにしたのである。

　そこで，富士通は，1973年12月に経営への介入を宣言し，取締役を派遣し，また事業計画，開発の方針，組織にも直接関与した。また，VCのハイザー社と協調し，アムダール博士の抵抗を押し切ってプロの経営者であるホワイト氏を社長として迎え入れた。

　ホワイト氏は，GEの若手エリート教育コースを修了後，GEのコンピュータ部門の長となった。ただし，技術者ではなく，専門はプロジェクト管理である。その後，コンサルタントに転進する。鵜飼によれば，「富士通が接した最初の"Businessman"。冷静な判断力と指導力に加え，体力と精神力を見事に発揮したのが1976年のIPOの成功。First Bostonの担当も絶賛する活躍であった」（鵜飼, 2008b）。

　一方，技術者としてはまさに天才であったアムダール博士は，ベンチャー企業の創業者として見事なリーダーシップを発揮したが，経営者としての力量はどうであったか。アムダール博士を良く知る，IBMの副社長を務めたバーゲンシュトックは，経営者としてのアムダール博士について次のように語っている。「アムダール社にとって幸運だったのは，提携先が日本メーカ

一,富士通だったことです。あれが,米国のメーカーや企業だったら,とっくの昔に乗っ取られるか,アムダールは追放されていますよ。日本企業だから,富士通だから,あそこまで粘り強く待ったし,またサポートもしたのです。それが,アムダール社の成功につながったのです。あるいは,富士通以外のメーカーだったら,日本のメーカーでも駄目だったかも知れませんね。私は,アムダールに経営の才能がないことは,IBM時代からよく知っていました」(立石,1993下:p.265)

　前述の通り,フォーマルなコントロールは,パワーや権限によるコントロールという意味と,コード化された規則や手順によるコントロールという2つの意味を持っているが,富士通は,パワーを背景に直接的に経営に関与したという意味においても,また,経営のプロによる経営管理を取り入れたという意味においても,社会的なコントロールからフォーマルなコントロールに変更したのである。

　したがって,富士通の提携のコントロールは,当初はカリスマ的技術者の自主性を尊重した,社会的なコントロールであったが,提携が探索型から活用型に変化する時点において,経営陣の一員として経営に参画し,また実務家型の経営者を招聘することで,大きな困難を伴いながらも,フォーマルなコントロールへとコントロール方法の方針を変更したということができる。富士通には,当初はフォーマルなコントロールを導入する意思はなく,アムダール社の製品化が順調に進み,危機的な状況に陥らなければ,アムダール博士を退任させ,新社長を就任させるようなことはなかったであろう。しかしながら,この事例は,創業社長(創業社長には限らない)が発散的なマネジメントを続けていたならば,経営危機が訪れることを示しており,製品化の段階に来たならば,可及的速やかに収束的な経営に変化させるために,フォーマルなコントロールに転換しなければならないことを示している。

　このように,富士通は,アムダール社との提携の開始当初から社会的なコントロールを行っており,また,提携の進展に伴って,提携のコントロール方法を社会的なコントロールからフォーマルなコントロールに変更している。しかし,それは,日本企業である富士通にとって簡単なことではなかったはずである。それでは,富士通はどのようにして,この2つの課題を克服

第7章　考察

したのであろうか。

7.2.2　信頼の構築と社会的コントロール

ひとつめの課題である提携開始時点で信頼関係が構築され，社会的なコントロールが行われたことについては，以下の通りである。

前述の通り，日本企業は価値・情報の共有とそれを支援するルースな統合システムによるコントロールを行うところに特徴があり（加護野他，1983: p.137），富士通もそうした傾向が強い。また，そうしたコントロールによる強い成功体験を持っていた。したがって，アムダール社との提携をコントロールしようとする際にも，パートナーを信頼することさえできたならば，資本関係のようなパワーをベースとするフォーマルなコントロールではなく，信頼をベースとした社会的なコントロールを採用することに大きな抵抗はなかったであろう。むしろ，「絶対に経営に介入してはいけない」という方針を示した当時の富士通の清宮副社長は，日本企業は米国流のマネジメント・コントロールの方法をとれないと直感的に感じたのであろう。したがって，日本流の社会的なコントロールは，自社の成功体験から見ても，採用したいコントロール方法であった。

したがって，問題になるのは，社会的コントロールを採用することそのものではなく，その前提となる信頼関係の確保であった。

信頼の構築については言えば，信頼を「能力への信頼」と「誠意への信頼」の2つに分けて考えた場合（Noteboom, 1996），「能力への信頼」については，アムダール博士はIBMの超大型コンピュータの開発責任者であり，確認するまでもなく，その技術的能力に関しては信頼できる人物であったということができる。重要なことは，そうした人物とのコンタクトを持つべく努力をしたことであろう。富士通がアムダール博士と初めてコンタクトを持ったのは1967年であり，アムダール社との提携が開始される4年前である。取引先を介してのコンタクトであったが，今で言うネットワーキングの努力をしなければ，富士通はアムダール博士を知り得なかった。あるいは，早い段階からそうした努力をしていなければ，富士通の互換機路線に転換するという戦略そのものが違ったものになっていた可能性がある。

167

一方,「誠意への信頼」については,富士通は,アムダール博士との交流やアムダール社の技術者達との交流等の努力をすること信頼関係を構築した。富士通は提携の開始以前からアムダール博士と積極的に接触して交流を深め,同博士がパートナーとして信頼できる人物であることを確信していた。1967年の秋のアムダール博士と尾見専務との会食から始まって,71年10月の提携の基本契約締結を経て,同年12月に富士通の技術陣が訪米して提携が開始されるまで,実に4年以上の歳月が経過している。特筆すべきなのは,70年にアムダール博士がIBMを辞めると,同年9月,富士通はアムダール博士を夫妻で日本に招待し,社内で役員や技術者に対して3日間にわたり講演してもらったこと,また,富士通のコンピュータ事業の責任者であった池田敏雄が同行しアムダール夫妻を京都,奈良方面への旅行に招待したことであろう。富士通にとってアムダール博士と提携することは経営戦略上極めて重要であり,このような行動は,富士通としてアムダール博士との関係を深めたいという意図があって行われたことは間違いないであろう。しかし,同時に富士通は,こうした一連の努力を通じてアムダール博士に対する「能力への信頼」と「誠意への信頼」を構築することができたのである。一方,個人主義的な傾向が強い米国のアムダール博士にとっても,富士通の責任者である池田敏雄を良く知る機会となり,池田個人や組織としての富士通に対する「能力への信頼」と「誠意への信頼」を持つことができたはずである。実際,アムダール博士は『池田記念論文集』に寄せた文章の中で,「この滞在によって,私は池田氏だけでなく,多くの富士通のエグゼクティブを良く知ることができた」(Amdahl, 1978: p.228) と述べている。

また,現場レベルの信頼関係については次のように言うことができる。前述のようにChild and Faulkner (1998) やChild, Faulkner and Tallman (2005) は,最も高次の信頼である情感的信頼を構築する基盤は絆であると述べている。そして,その絆を結ぶ重要なメカニズムは,ひとつは外部への挑戦を一緒に体験すること[1],2つめに,定期的に,数多くのレベルで要員を交換すること,3つめとして,パートナー達の文化の組み合わせである文化を発達させることである (p.411) としている。富士通とアムダール社との提携においては,世界最先端の技術で巨人IBMに挑むという目標を2社

が共有していたことは情感的信頼の形成の基礎となる絆を形成するのに貢献したであろう。

　また，富士通はアムダール社との共同開発を行うために35名程度の駐在員と10名程度の長期出張者を米国に常駐させていたが，彼らは，アムダール社の技術者達とオフィスでの部屋割りの工夫や，家族ぐるみでのプライベートな交流によって，現場レベルでの信頼関係の構築に務めた。

　さらには，富士通が富士電機からのスピンオフであったこと，あるいはコンピュータという事業が先端的技術を必要とする新しい事業であったこと，また富士通の新規事業への取り組みが現場を信頼して任せる形であったことにより，富士通は多分にベンチャー企業的な文化を持っていた。そのため，日米の文化的な相違があったにしても，パートナー間の文化の組み合わせである文化の形成は比較的容易であったと考えられる。

　こうして，富士通は代表者レベルでも，現場レベルでも相互的な信頼関係を構築し，その結果，直接経営に関与することなく，巨額の投資を伴う提携を推進することができたのである。

　このように，当初富士通はアムダール社に対して，直接的な，すなわちフォーマルなコントロールを行わなかったが，それは，富士通として，アムダール社に対してコントロールを行わなかったということではない。それは，むしろ社会的なコントロールを行っていたことを示すものである。富士通は，アムダール博士との長年の交流を通じて，あるいは，日本からアムダール社に派遣した技術者達とアムダール社の技術者達との交流を通じて構築した信頼関係をベースとして，世界最先端の技術を使って巨人IBMに挑戦するという共通の価値観を共有すること，また相互に持っている技術を開示し情報を共有することによって，さらには共通の企業文化によって，社会的なコントロールを行っていた。そして，それにより，提携の探索段階を成功させたのである。

7.2.3 コントロールの変更

　次に，2つめの課題である提携のコントロールの変更はいかに達成されたのであろうか。

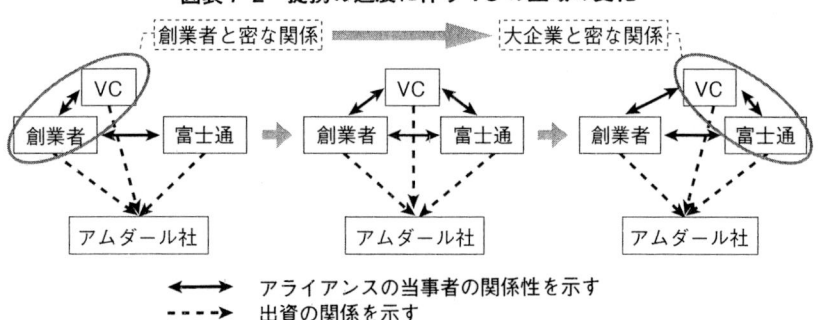

第Ⅱ部　日本の大企業とベンチャー企業との提携

図表 7-2　提携の進展に伴う VC の立場の変化

創業者と密な関係 ⟶ 大企業と密な関係

←→　アライアンスの当事者の関係性を示す
‐‐‐→　出資の関係を示す

　前述のように，大企業とベンチャー企業の提携は，単なる2つの企業間の提携ではなく，大企業，創業者，VC の3者がベンチャー企業を構成していると考えることができる。富士通とアムダール社の提携においても，アムダール社に投資をしていた VC のハイザー社が重要な鍵を握っていた。またすでに述べたように，VC は自社の投資先であるベンチャー企業が提携している大企業とは距離を置き，創業者と協調することが多い。なぜならば，ベンチャー企業が提携先の大企業に過度にコントロールされて，上場もしくは売却のための自由度を失うことを恐れるからである。ハイザー社と富士通も，アムダール博士の意向もあって，提携の当初は互いに接触していなかった。しかしながら，boundary spanner（橋渡し役）としての鵜飼の動きもあり，1973年末からの重大な局面を迎えて富士通はハイザー社に積極的に働きかけ，ハイザー社は富士通と協調することを選択する。図表 7-2のように，当初，創業者寄りであったハイザー社が富士通と協調することを選択したのである。言うまでもなく VC の行動基準は投資先企業の価値の最大化であり，通常，投資先の創業者の側に立つことが多い VC が富士通との協調を選択したのは，それがアムダール社の価値を最大化する方策であると判断したからである。

　それでは，何がハイザー社にそのような決断をさせたのであろうか。ひとつの要因は，提携の進展に伴う相互依存関係の構造変化であろう。

　資源依存理論によれば，「組織が他組織にパワーをもっていることは，他組織が，資源を保有しコントロールしている当該組織に依存していることで

あり，組織が自らの自由裁量を確保していることを意味する。資源依存パースペクティブでは，パワーは資源依存の裏返しであり，「他の欲するところのものを自らがもっていること」から発生するのである。

組織が他組織に依存しているのは，他組織が供給する資源が組織にとって重要性が高く，他組織以外からの資源獲得が容易でない場合である。換言すれば，組織の他組織への依存の程度は，①他組織の資源の重要性，②代替的源泉の利用可能性によって規定されている。組織の存続にとって，それなしではすますことのできない資源であればあるほど，当該資源交換の相対的規模が高ければ高いほど，他組織の資源の重要性は高まる」（山倉，1993: pp.67-68）。

前述の通り，1973年4月には，富士通との共同開発モデル（APS）に関するDocument Transferが開始されており，73年の半ばには試作機が完成し，試作機によるテストが開始されている。また，アムダール社がNASA（アメリカ航空宇宙局）に1号機を出荷したのは75年6月である。

すなわち，ハイザー社が富士通との協調を決断した1974年の前半は，当時のメインフレーム（大型汎用コンピュータ）の製品開発サイクルから見れば，すでに研究開発段階は終了し，製品化段階にあったということができる。したがって，その時点では創業者であるアムダール博士が提供する資源である先端技術やアイデアの相対的重要性は低下し，むしろ富士通が提供する資源である製造技術や量産技術の相対的重要性が高まっていたのである。

Yan and Gray（1994）は，ジョイントベンチャーにおけるパートナー間の相対的なバーゲニング・パワーとジョイントベンチャーにおけるコントロールの間に正の関係があることを示しているが，ここでも，そのような効果が働いたものと考えられる。

もうひとつの要因は，富士通が提携において示したコミットメントであろう。富士通から米国に派遣され，アムダール社との提携の現地責任者であった鵜飼は，アムダール社の上場後に当時を振り返って，「実務面では続々と問題は起こったがAmdahlにはalternativeがなく，富士通が妥協を強いられることがほとんどであった。米国の業界筋はAmdahlの動きを興味をもって見ていたが，「富士通のAmdahlに対するテコ入れはincredibleだ。米

国の会社だったら take over するか見捨てるしかない」との声が多かった」（鵜飼1976: p.12）と述べている。このような状況では，ハイザー社が富士通と協調することを選択したのには，2つの可能性が考えられる。ひとつの可能性は，富士通以外にアムダール社にコミットする企業やファンドが現れず，富士通と協調せざるを得なかったということ。もうひとつの可能性は，富士通が提携の開始後に示したコミットメント，技術力等により，富士通はハイザー社から信頼を得ており，その信頼によってハイザー社の協力を得ることができたということである。実際にハイザー社は1974年2月に他のVCから資金調達するためニューヨーク，ミネアポリス，シカゴで説明会を開いたが，結局，資金調達はできなかった。このことからは，富士通と協調せざるを得なかったという側面が浮かび上がる。しかし，同社は74年8月に600万ドルの追加投資を決定している。これは，ハイザー社が富士通との協調によってアムダール社を成功させることが可能であると判断したことを示しており，このことから考えると，富士通はハイザー社からの信頼を勝ち得ていたということができる。

　前述の通り，1974年2月，ハイザー氏は富士通の川崎工場，長野工場の多層プリント基板の製造作業現場やコネクターの開発状況を見て，富士通のアムダール・テクノロジーへの真摯な取り組み姿勢を確認している（鵜飼，2012）。また，鵜飼（1978）は次のように述べている「池田さんの誠意から富士通が本気であることを納得したハイザー社は8月末に正式に600万ドルの追加投資を決定し，資金問題は一時的に解決した」（鵜飼，1978: p.251）。

　また，大企業とベンチャー企業との提携は，大企業，ベンチャー企業の創業者，VCの3者の提携という側面もある。富士通とアムダール社との提携の場合，富士通と創業者であるアムダール博士との信頼関係は提携の当初から構築されていたが，富士通とVCのハイザー社とは直接のコンタクトもなく，信頼関係は構築されていなかった。しかしながら，提携が進展する中で，富士通が示したコミットメントや開発の成功を目の当たりにして，富士通とハイザー社との間にも信頼関係が構築されたのである。すなわち，富士通とハイザー社との関係は，当初は，アムダール社に対する投資家の立場で，投資契約というフォーマルなコントロール関係であったものが，共にア

ムダール社の危機に対応するという共同経営者という立場に進化したのである。1974年2月以降のハイザー社の行動にはそれが現れている。

したがって，ハイザー社が富士通との協調を選択したのは，提携における相互依存関係の構造が変化しつつある状況において，富士通の能力と誠意に対する信頼による選択であったということができる。

また，前述の通りアムダール博士にとっては，いつでも会社をやめるという選択をすることは可能であった。また，ホワイト氏との確執の中で，不満もあった。それでもやめなかったのは，アムダール社に残って富士通やハイザー社と協調することが，アムダール社の設立の契機となった，自身の超高性能な大型コンピュータを提供したいという強い思いを実現するための最良の選択であると考えたためである。また，アムダール博士は，その夢が実現して次の夢に挑戦したくなったときに，アムダール社ではそれができないと判断して退職することを選択したのである[2]。

7.3 パワーの行使と戦略的重要性

上記のように，富士通はアムダール社との提携において当事者間の信頼関係を構築し，またコントロールの方法を変化させたが，Huxham and Beech (2008) の3つのパワーのパースペクティブを用いると，このような信頼とコントロールの進展・変化をもたらしたものは，富士通による提携の発展段階に応じた適切なパワーの行使であったということができる。

前述のように，通常パワーは「他の抵抗を排しても自らの意志を貫き通す能力であり，自らの欲しないことを他からは課されない能力」（山倉, 1993: p.66）のように定義されるが，ここでは，それは利己的に行使されるだけでなく，協調的に協業を促進するためにも使用されるもの（Huxham and Beech, 2008: p.560）と定義した。

Huxham and Beech (2008) は，パワーのパースペクティブを以下の3つに分類している。(1)組織間関係のコントロールを目指す power over, (2)組織間関係の共通の成果を目指す power to, (3)パートナーへのパワーの委譲を行う power for である。(1)の power over は多くの組織間関係の研究にお

いて一般的なパワーのパースペクティブである。(2)の power to は組織間関係の全体の利益のために使われるパワー，あるいは個々の組織が持つパワーを一体化し拡張して使われるパワーである。(3)の power for は高度な相互依存が必須の状態のときに使われるパワーであり，Huxham and Beech (2008) は「大企業は，中小企業 (SME) の専門的な技術を取り入れるために，SME に対して権限委譲を行うことがある」と述べている。

この枠組みを使って，富士通側の視点から富士通とアムダール社の提携を考察すると，次のような解釈ができる。

アムダール社に対して，結局総額2230万ドル（約65億円）もの巨額の投資を行い，同社に対して多数のエンジニアに派遣しながら，提携の当初，富士通がアムダール社の経営に関与しなかったのは，(3)のパートナーにパワーを委譲する power for 形式のパワーの行使であった。

次に，重大な局面にあったアムダール社の経営に直接的に関与し，新社長を迎え入れてそれまでの社会的コントロールからフォーマルなコントロールに変換したことは，それまでの強力な power for の行使によって獲得した VC や創業者のアムダール博士からの信頼を梃子にして，(1)の関係のコントロールのための power over を使ったと言うことができる。

そして，その後の安定した関係下ではアムダール社の成功に貢献するために(2)の共通の成果のための power to を行使したマネジメントを行ったと言えるだろう。

すなわち，富士通は開発の進展に伴う相互的依存関係の変化によって生じたパワー・バランスの変化と，自らのパワーを，提携の発展段階に応じて(3)の権限を委譲する power for，(1)の組織間関係をコントロールする power over，(2)の組織間全体の成果を目指す power to として，積極的に活用・行使する努力を続けることにより，信頼関係を構築し，コントロールの方法を変更するという課題を克服したのである。

ただし，富士通とアムダール社の提携においてはコントロールの変更の際に(1)の power over の行使が必要であったが，提携の進化に伴ってフォーマルなコントロールに変更する際には必ず(1)の power over が必要となるということではないであろう。

製品化の段階を迎えた提携においては，フォーマルなコントロールが必要となるが，ここで必要なのはフォーマルなコントロールの2つの側面のうちのコード化された規則や手順によるコントロールの側面であり，パワーや権限によるコントロールの側面ではない。したがって，創業者がマネジメント・コントロールについても十分な能力を持っていれば，外部から実務型の経営者を招聘する必要はなく，あるいは，創業者が自ら進んで実務型の経営者にマネジメントを任せるという決断をするならば，(1)の power over を行使する必要はないのである。

したがって，提携の進化に伴って社会的なコントロールからフォーマルなコントロールへの変更は必要であるが，その変更の際に，(1)の power over が必要かどうかは，ケースバイケースである。創業者の資質や経験，あるいは共同投資者となっているVCを含むステークホルダーとの関係に依存する。

しかしながら，製品化段階の提携における大企業の貢献は，研究開発段階の提携おける貢献よりも相対的に大きくなっており，提携の成功のためには，大企業のより積極的な関与が求められている。すなわち，共通の成果のための(2)の power to の行使がより求められるようになるのである。この場合に求められるのは，(1)の power over ではないが，(2)の power to の行使は必要である。また，(2)の power to を発揮するためにも，(3)の power for によるステークホルダー間の信頼関係の構築は必要であろう。

したがって，(1)の power over の行使が必要でない場合でも，提携を成功させるためには，提携の成長段階に応じた，適切なパワーの行使が必要なのである。

そして，提携の各成長段階を通じて，長期にわたってパワーを行使するということは，リスクの高い目標に対して相当量の経営資源を継続的に投下し，コミットすることを意味している。したがって，当該提携に対する戦略的重要性をはっきりと認識し，組織内部で共有することが重要なのである。

7.4 事例研究で明らかになったこと

　ここまで，富士通とアムダール社との提携の事例を分析した結果，以下のことが明らかになった。

　日本の大企業にとってのベンチャー企業との提携を成功させるには，数多くのマネジメント上の課題があるが，それらの課題を克服するために重要なことは，第一に，提携の駆動力としての戦略的重要性であり，第二に，意識的な提携・パートナー間の信頼関係の構築であり，第三に，提携の発展段階に応じた適切なパワーの行使である。

7.4.1　提携の駆動力としての戦略的重要性の明確化

　富士通とアムダール社との提携を開始させたものは，その提携の戦略的重要性であり，また，提携を成功させたものはその明確な戦略的位置付けからもたらされたトップのコミットメントと従業員のモチベーションの高さであった。提携の戦略的重要性の認識が，提携を始めるための課題や，提携を成功させるための課題を克服させたのである。したがって，大企業がベンチャー企業と提携する際の重要な要件は，**提携の戦略的重要性が明確になっている**ことであると言うことができる。

7.4.2　意識的なパートナー間の信頼関係構築

　大企業がベンチャー企業との共同開発型の提携を成功させるためには，提携の初期段階から信頼に基づく社会的コントロールを行うことが必要であった。富士通にとって，提携のコントロールに社会的コントロールを用いることは，自社のマネジメントスタイルや企業文化からも望ましいことであり，課題はアムダール社との間で信頼関係を構築することであった。富士通は，それを実現するために，信頼できる人材とのコンタクトを持つことを含め，提携の開始以前から意識的にパートナーとの間に信頼関係を構築する努力をしていた。すなわち，**提携を実現するには，提携の開始以前から意識的にパートナーとの間に信頼関係を構築する努力が必要**なのである。

　アムダール社との提携の場合も，信頼は，自動的に形成されたものではな

い。信頼を構築するには，そのための努力が必要なのである。

7.4.3　パワーの行使

提携の進展に伴って，提携のコントロール方法を社会的コントロールからフォーマルなコントロールに変更することが必要となる。そして，それには，組織間関係のコントロールを目指す power over が必要となる場合がある。また，その場合には，他の投資家をはじめとするステークホルダー間のパワー・バランスのコントロールが重要であり，したがって，各ステークホルダーから信頼されることが必須である。また，そのためには，パートナーにパワーを委譲する power for を含めたパワーの行使が必要である。

コントロール方法の変更は必要であるが，そのために組織間関係のコントロールを目指す power over が必ず必要ということではない。しかし，その場合でも，提携の成功のためには共通の成果のための power to は必要である。

いずれの場合も，**提携の発展段階に応じて適切なパワーを行使することが**

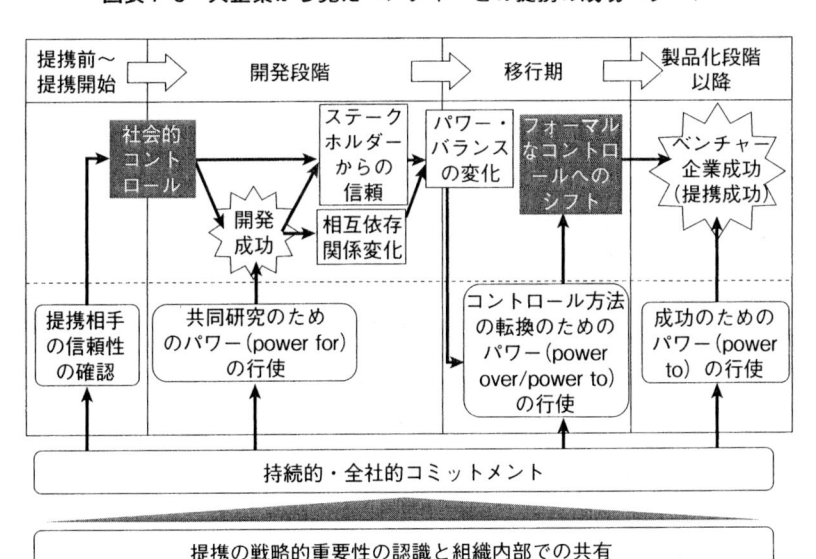

図表7-3　大企業から見たベンチャーとの提携の成功パターン

必須であり，それには，リスクの高い目標に対して相当量の経営資源を継続的に投下し，コミットすることが求められる。したがって，**当該提携に対する戦略的重要性をはっきりと認識し，組織内部で共有すること**が重要である。

上記の，戦略的重要性，信頼，パワーの3つの成功要件をまとめると前掲の図表7-3のようにパターン化することができる。

注

1) Inkpen and Currall (2004) も，同様に明確に定義されたジョイントベンチャーの協業の目標は，パートナー間の初期の信頼の発達を助長すると述べている。
2) Inkpen and Curral (2004) は，片方のパートナーの学習によって，パートナーの交渉にシフトが生じたと見なされると，フォーマルなコントロールがより重要視される可能性がある (p.594) と述べている。これは，片方のパートナー (A) が他方のパートナー (B) からより多くもの学んだ結果，両社間の交渉力においてシフトが生じると，パートナー (A) が機会主義的行動をとる可能性が生じる。その結果，学習されたパートナー (B) は，よりフォーマルなコントロールを求める可能性が高くなるからであるというものである。

しかしながら，このパターンは，富士通とアムダール社の提携におけるフォーマルなコントロール導入の経緯とは全く異なっている。学習されたアムダール社が富士通の機会主義的行動を抑制するためにフォーマルなコントロールを導入しようとしたものではない。フォーマルなコントロールを導入しようとしたのは学習したパートナーである富士通なのであり，富士通はアムダール社との提携の成功を求めてフォーマルなコントロールを導入したのである。

第Ⅲ部　ベンチャー企業との提携推進のために

　第Ⅲ部においては，ここまで議論を整理し，日本の大企業がベンチャー企業との提携を実践する上での実務的な提案を行う。

第8章 ベンチャー企業との提携を成功させるための実務的提案

8.1 議論のまとめ

　ベンチャー企業との提携の必要性は，情報通信技術の発展とそれに伴う社会構造や産業構造，市場構造の変化がもたらしたものであり，一時の流行というものではない。また，欧米企業がそれを活用して成果をあげている以上，日本企業としても避けては通れない。これにはリスクもあり，簡単なことでもないため，多くの試練や失敗が予想される。しかし，たとえそうした失敗があったとしても新しい時代に適合したイノベーション・モデルに対応していかなければ，成長が望めないどころか，競争力の維持さえ困難ある。したがって，ベンチャー企業との提携は日本企業にとって必須である。

　ところが，それはこれまでの日本的経営と呼ばれている創発型の経営スタイルによって第一線の現場にその取り組みをまかせていては，様々な組織的要因によって阻害され，実現することができない。日本企業の競争力の源泉であり，かつて日本企業に成功をもたらした日本企業の組織特性，組織の本質的な性質が阻害要因になっているからである。したがってベンチャー企業との提携は，これまでの経営管理手法を意識的に変えないかぎり進まないのであり，全社をあげて新しい仕組みを作りそれに取り組まなければならないのである。

　大企業がベンチャー企業との提携を成功させるためには，以下のような課題があった。第一に，ベンチャー企業との提携のリスクや日本的経営の特徴に起因して，提携を始めることへの抵抗があること，第二に，ベンチャー企業との提携のマネジメントは容易ではないことである。

第Ⅲ部　ベンチャー企業との提携推進のために

　大企業がベンチャー企業との提携を開始することへの抵抗については，個別の現場では対応が困難であるため，全社的な見地からのトップダウン型のマネジメント，あるいはトップがコミットすることで解決しなければならない。しかしながら，それは，創発型の戦略形成やボトムアップ型の意思決定に経営の特徴がある日本の大企業にとっては，欧米の企業と比較して難しい。

　ベンチャー企業との提携のマネジメントの難しさは，ひとつは，提携のコントロールの問題である。すなわち，提携の初期段階からベンチャー企業に対する信頼をベースとした社会的コントロールが求められること，また，ベンチャー企業の成長によって提携の型が探索型から活用型に変化すると，その社会的なコントロールをフォーマルなコントロールに変更することが求められることである。

　また，提携のマネジメントのもうひとつの難しさは，大企業とベンチャー企業と提携する場合には，単なる二者間の関係ではなく，ベンチャー企業の創業者，VCとの三者の関係となり，そのために通常の提携以上にそのマネジメントが複雑になることである。

　これらの課題は，ベンチャー企業との提携のマネジメントをより難しくするが，これらの課題を解決するには，やはり全社的な取り組みや経営トップのコミットメントが必要とされる。しかしながら，日本の大企業の経営の特徴が，これらの課題をより難しいものにしているのである。

　また，提携の初期段階から信頼をベースとしたコントロールが求められることに関して言えば，長期的な取引関係を背景とした信頼関係の構築には長けているものの，個人が帰属している組織に依存しない信頼形成に課題がある日本の大企業には難しいものとなる。

　さらに，提携が製品化段階に入ると，フォーマルなコントロールの導入を迫られることになるが，創発型の戦略形成や意思決定や，暗黙知の共有によるマネジメントという特徴を持つ日本の大企業が，組織の境界を越えてフォーマルなコントロールを効果的に導入することには課題がある。

　こうした諸課題が日本の大企業がベンチャー企業との提携を実行し，成功させることを難しいものにしている。日本の大企業がこれらの課題を克服

し，ベンチャー企業との提携を成功させるためには，どのような具体的な方法があるだろうか。

8.2 組織全体としての取り組み

日本の大企業がベンチャー企業との提携を成功させるための第一の提案は，組織全体としての整合性のとれた取り組みに関するものである。

前述の通り，大企業がベンチャー企業との提携を行おうとしない原因は，以下の通りであった。

1. 個々の現業部門では，新規事業等の新しいものに取り組むリスク，あるいはベンチャー企業と提携するリスクを負担できない
2. 社外の技術を活用することに強い抵抗（NIH）がある
3. 提携には，個々の現業部門が通常の業務を行う上では蓄積できない，通常の業務ノウハウとは異なるノウハウが必要である
4. 日本企業の組織構造や組織過程がベンチャー企業との提携活動に適合していない
5. ベンチャー企業と提携するには大きな変革を伴うが，組織はそもそも変革には抵抗するものである

このような要因があるため，個々の現業部門にまかせておいては実現できないのである。したがって，ベンチャー企業との提携活動を推進するには組織全体の全社的な活動として取り組む必要がある。すなわち，上記の問題を解決するため，以下の取り組みを全社的な活動として実行することである。

1. 新規事業等に対する全社的なリスク負担の仕組みの構築
2. NIHを克服するための仕組みの構築
3. 提携等のノウハウを蓄積し共有する仕組みの構築
4. 日本型組織の弱点の補強
5. 変革への抵抗を緩和する方策の実行

8.2.1 ポートフォリオ・マネジメントによるリスクの管理

ベンチャー企業との提携の個別案件には当然リスクがある。しかし，それ

がリスク管理のコストを負担したとしても価値があるにもかかわらず，日本企業では行われていないというのは，組織全体，すなわち全社レベルの問題である。

確かにベンチャー企業の技術・製品は，品質が十分ではないかもしれない。しかし，そうであったとしても，必要とされる技術・製品をすべて自社で開発しようとして，それぞれの開発案件に十分な開発リソースを投入できず開発が遅れる状態に陥るよりも，早く製品を市場に投入できる。ネットワークの外部性が強く働くことが多くなった昨今の経営環境においては，製品の上市のスピードは極めて重要である。

したがって，リスクに対する考え方を変える必要がある。すなわち，リスクを冒さないことを良しとするのではなく，いかにリスクを管理するかを考慮するべきである。

ベンチャー企業との提携活動を推進するためのリスクの管理には2つの観点がある。ひとつはベンチャー企業との提携活動そのもののリスクをいかに低く抑えるかという観点と，どうしても負担しなければならないリスクをどのように組織全体として受けとめるかという観点である。ベンチャー企業との提携活動におけるリスクの低減策のひとつは次項で述べるイノベーション・マップの作成による提携する分野の明確化である。イノベーション・マップを作成して様々な事業領域に対する自社の対応を明確にすることにより，アーリーステージからベンチャー企業と連携することが可能となり，そのベンチャー企業製品を扱う際のリスクを低減できる。また自社の開発リソースを効率的に活用することが可能となり，自社のリソースを浪費するリスクを低減することができるからである。

2つめの観点の，どうしても負担しなければならないリスクをどのように組織として受けとめるかという観点でのリスク管理のひとつの方法は，第一線の現場にリスクを負わせるのでなく，組織全体，具体的には本社機構等がリスクを負う仕組みをつくることである。例えば，ベンチャー企業との提携に関わる投資を本社部門のリスクで行うとか，ベンチャー企業との提携に関わる損益を別枠で管理することで事業部門のベンチャー企業活用の意欲を高めることができる。

第8章　ベンチャー企業との提携を成功させるための実務的提案

　ベンチャー企業関連の投資はリスクが高い。それゆえに成功した場合のリターンも大きいが，個別の案件単位でみると成功する確率は高くない。そのため，個人や個々の現業部門に，こうしたベンチャー企業関連の投資の責任をとらせる仕組みでは，現場はベンチャーとの提携に動けない。個別案件の成功不成功ではなく，ある程度の件数をまとめて管理して，その中のいくつかが成功すれば全体としての損益がプラスになるというような管理，**すなわちポートフォリオ・マネジメントを行うベンチャー・キャピタル的な管理**をしなければ，ベンチャー企業関連の投資はできないのである。

8.2.2　イノベーション・マップによる NIH の克服
(1) 提携する分野の明確化

　ベンチャー企業と提携を行い，共同開発や資金提供等を行うことは，自社開発をやめてベンチャー企業との提携のために自社の貴重なリソースを割くことであり，ベンチャー企業に対してリソースを提供することでもある。そのため大企業にとっても大きな意思決定である。また，技術以外にコンピタンスを持たないベンチャー企業にとっても，自社の技術を大企業に開示することは極めて大きな意思決定である。提携して自社技術を開示した先の大企業が将来同様の技術を自社開発し製品化するような事態となれば，ベンチャー企業にとって死活問題であり，知的財産権の侵害に関する訴訟問題となるのは必至である。したがって大企業側で，その分野ではベンチャー企業等外部の技術を導入し，同様の自社開発は行わないという明確な方針を持っていない限り，提携を実行することはできない。そうでなければ提携のためにリソースを割くこともベンチャー企業からの技術開示を受けることもできないためである。

　したがって大企業としては，**自社の事業において必要となる技術のうち自社で開発するものと社外から調達するものに関する方針を明確にすること**が重要である。そうすることによって，社外から調達するものに関しては，調査・探索のネットワークを形成して調査・探索することが可能となり，有望な技術については開発の早い段階から提携を行うことが可能となる。また，そうすることにより，自社が強い分野に自社で開発する技術を絞って集中的

図表8-1 イノベーション・マップによるイノベーション管理

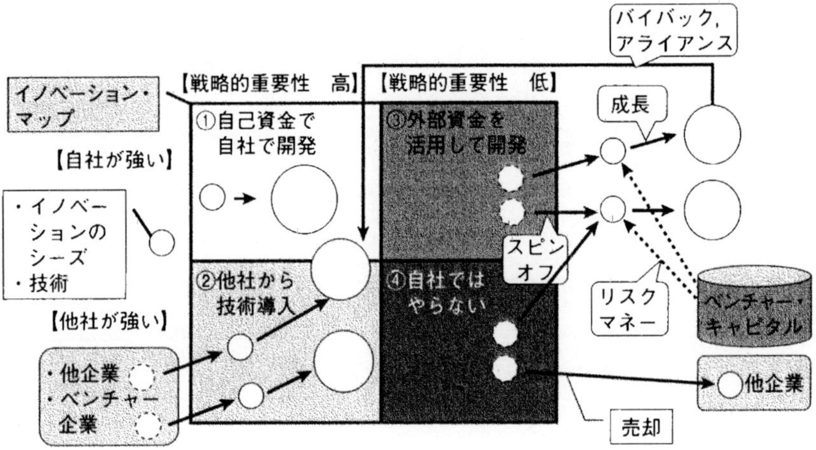

注：中村（2008）p.71 を一部修正

にリソースを投下することが可能となり，その分野での開発の成功確率を上げることができる。また，早い時点から社外の技術を使う分野を決めておけば，方針の変更によって投下したリソースが無駄になるというようなことを防ぐことができ，また貴重なリソースが遊休化することを防止することができる。すなわち，限られた資源をどの分野に投資するのか，あるいはしないのかを明確にすることである。

ベンチャー企業と提携する分野を明確化する具体策としては，中村（2008: pp.70-71）が提案する**イノベーション・マップ**（図表8-1）が有効である。これによって自社開発する技術分野と，提携によって外部から導入する技術分野を明確にすることができる。

すなわち，戦略的重要性の軸と自社内の研究開発力の強さの軸の2軸による4象限に技術分野をマッピングすることによって，ベンチャー企業との提携が戦略的に重要な技術分野を明確化するのである。

イノベーション・マップは4つの領域に分かれている。第一領域は，自社が強みを持っており，戦略的重要性が高く，高い投資リスクを許容できる領域であり，自社のリソースを投入して自社で行う技術分野である。第二領域は，自社は強みを持っていないが，戦略的重要性が高く，自社の事業として

リスク負担できるため,提携や買収によって社外のリソースを活用する技術分野。第三領域は,自社が強みを持っているが,戦略的重要性と比較して投資のリスクが大きく,リスクを許容できないため,外部のリソース,特にリスクマネーを活用する領域である。第四領域は,自社が強みを持っておらず,リスク負担も許容できないため,売却等を通じてその事業から撤退する技術分野である。

　日本企業はスピンオフに積極的ではないが,第三領域のシーズは,スピンオフすべきである。当該領域のシーズはスピンオフしてスピンオフ・ベンチャーの創出し,そのスピンオフ・ベンチャーに対してVC等からリスクマネーを導入することにより,自社の投資リスクを下げてイノベーションを継続することが可能となる。その事業が成功した場合にはバイバックや提携によって自社の事業として事業展開することも可能であり,キャピタルゲインによって過去の投資を回収することも可能である。仮に,その事業が失敗しても,過去に投資した埋没コストの回収まではできないものの,スピンオフ以降の投資は少ないためリスクは少ない。したがって,この領域でのスピンオフについては,成功確率が低いことを前提とした管理,評価をすることが重要である。実行した案件のうち2～3割でも成功すれば,全体として大成功と言える。別会社としてスピンオフすることでプロジェクトの成否が顕在化するが,社内での新技術開発や新規事業開発においてはそれが顕在化していないというだけの違いである。そうした新技術開発,新規事業開発の成功確率も同様に高くはないが,社内での活動であるために注目されることが少ないだけのことである。スピンオフの場合,スピンオフ後の追加投資は多くないのであり,失敗にひるむことなく,いくつかの大きな成功を求めて積極的にこうした方法が試みられるべきであろう。

(2) 予算の確保と実行する仕組み

　上記のような**イノベーション・マップの作成にあたっては,同時にそれぞれの領域について予算を確保すること**が必要である。投入可能な開発予算総額の規模に応じて各領域への配分割合が変化し,また,どの技術分野をどの領域に分類するかについて見直されることもあるため,イノベーション・マップの作成とそれぞれの領域の予算確保は同時並行的に行われるものであ

り，それぞれの領域に予算が割り振られなければならない。

　また，なによりも，それを行うことが組織の行動として当然のことと了解されている自社開発と異なり，社外との提携やスピンオフを行うためには，それを実行するためのマネジメントの強い意思が必要であり，それが奨励されなければならない。その意思表示や奨励という意味でも，予算の確保と実行のための仕組みが重要である。もちろん通常の事業経営においてもすべて予算通りに経営が行われているわけではなく，重要なことは予算がなくても，予算外という形でそれを行うことも可能ではある。しかし，これまでやってきたことと異なるリスクのあることを実行するのであるから予算の確保や仕組みの組成は，それが可能であるというだけでなく，組織としてそうした活動をすることの意思表明が重要である。それによって，第一線の現場にとっても積極的に提携をすることが可能となるのである。

　第二領域の他社のリソースを活用する技術分野において提携や買収を行うための予算には，株式の購入という意味での投資，開発支援，共同開発等の提携を構築するための予算と，導入する技術の検証，技術の製品化のための費用等の予算が必要であり，これらの予算を確保しておかなければ，外部のリソースを活用することはできない。したがってそれを行うための予算が必要である。そうした提携や品質確保のための費用は，自社が強くない分野の技術等を自社で新たに開発するよりは少なくて済み，また時間的にも大幅な節約となる。また，なによりも事業に必要とされる技術をすべて自社で開発することは不可能であり，多様化し高度化する顧客ニーズに迅速に対応するためにはこのような予算の確保が必須である。

　第三領域，第四領域にも予算は必要である。スピンオフや売却を決定する以前に研究開発のために投下していたよりははるかに少ない金額となるが，VCのリスクマネーを活用するスピンオフであれ，売却であれ，そうした行為を実行するための予算は必要である。しかし，この技術分野において，世界レベルでの競争に打ち勝つことができるだけのリソースを投入せず，細々とした研究開発にリソースを投下し続けるよりはリソースの節減となる。その節減部分を自社の得意分野に投入することも可能であり，また将来キャピタルゲインが生まれた場合にはそうした資金を得意分野に投入することも可

能となる。

　第二，第三，第四領域については，資金的な予算を確保するのと同時にそれぞれの領域の実行を奨励し，支援する仕組みをつくることが必要である。実行することにリスクがあり，これまでと異なる予算の使い方が求められ，また通常の業務と異なる特別なノウハウが必要なのであるから，これまでとは異なるマネジメントが求められるのである。

(3) アーリーステージからの付き合いによるリスクの低減

　第二領域に関する予算が確保され，実行を奨励・支援する仕組みができることによって，外部のベンチャー企業の活用が可能となる。投資や共同開発，あるいは社外製品の品質検証等の予算があってはじめて，**アーリーステージのベンチャー企業との積極的な提携**が可能になるのである。またそうすることにより，自社が強い分野に自社で開発する技術を絞って集中的にリソースを投下することが可能となり，自社の研究開発の成功確率を上げることが可能となる。また，早い時点から社外の技術を使う分野を決めておけば，投下したリソースが無駄になる，あるいは貴重なリソースが遊休化することを防止することができる。

　ベンチャー企業の製品は，少なくとも初期の段階では既存の製品と比較して品質面に問題があることは否定できない。したがってベンチャー企業の製品は少なくとも初期の段階では大企業の既存顧客にそのまま販売することは難しい。しかし，そうした製品が破壊的技術によるものであって，いずれ自社の製品分野を浸食するようになるものであるならば，他社に先駆けてそれを活用することが重要である。したがってベンチャー企業製品の品質リスクをいかに最小限に抑えながら活用するかが課題となる。

　したがって，自ら製品開発の早い段階から共同開発や資金提供等なんらかの形で提携することが重要である。それにより，大企業が既に持っている技術や品質管理のノウハウを使うことができるからである。そうすることにより，ベンチャー企業製品の品質リスクを最小限にすることができる。開発が終了して出来上がった製品を検証するという形では，大企業側の技術やノウハウを活用する範囲が限定され，その製品を自社が活用できるまでに時間を要することになる。

大企業がベンチャー企業の製品を使ってはみたものの,ベンチャー企業の製品は品質に問題があって使えなかったというケースがある。しかしながら,それは大企業が自社製品だけでは顧客の要請に応えられないという事態に直面し,やむを得ず緊急避難的にベンチャー企業の製品を使わざるを得ない状況で生じる場合が多い。品質に問題がある,あるいはリスクがあるから使えないというのは,自社にない製品を自社製品との整合性や品質確保の時間を十分とることができない状況でベンチャー企業の製品を活用しようとするためである。そうした状況ではベンチャー企業の製品を大企業の顧客に提供するリスクは大きい。

ベンチャー企業とアーリーステージから付き合うことによってベンチャー企業との提携に関わるリスクを抑えることができる。すなわち,ベンチャー企業製品の開発の初期段階から内容を熟知することができ,初期段階から大企業の練度の高い品質管理のノウハウを活用することができるからであり,また自社製品との整合性を確認する時間を確保できるからである。また,アーリーステージから段階的に提携を深めていくことにより,相互の信頼関係を強めていくことで提携の難しさやリスクも大幅に低減できるからである。

8.2.3 ノウハウの蓄積・共有の仕組みの構築

社外との提携は日常行われる通常業務ではないため,全社でみた場合には相当数の提携が行われていても,実際の提携の当事者となる個々の現業部門ではノウハウが蓄積されてはいない。そのため同じような苦労をし,同じような失敗をしている可能性がある。またスピンオフ・ベンチャーの創出の場合もリスクマネーを獲得するという通常行う研究開発とは全く異なるノウハウが要求される。スピンオフに適した案件を持っている部門がそのようなノウハウを持っていることを期待することは到底できないため,個々の現業部門には高いハードルとなっている。したがって社外との提携の場合も,スピンオフの場合もそれに**関連するノウハウを蓄積し,全社で共有できるような仕組み,体制を構築**することが必要である。そうした仕組みや体制については,8.6節で後述する。

8.2.4 非連続的イノベーションを推進する仕組み

　既に述べたように，ベンチャー企業との提携を実践する上で，日本企業の企業組織には過去の成功体験から非連続的イノベーションに向かない組織になっているという問題がある。

　Tushman and O'Reilly（1997）は「組織が競争上の優位を維持するためには，同時に複数の運営方法を採用することが必要である――すなわち，安定と管理を重視して短期の効率をめざした運営をするのと同時に，リスクを冒し，行動から学びながら長期的なイノベーションをめざした運営をすることである」（邦訳 p.203）と述べる。そのためには「両刀使いのできる組織（Ambidextrous Organization）」を築いて，「イノベーション・ストリームと改革的な変革を管理することが，今日の成功の基礎である」（邦訳 pp.43-45）と述べる。「両刀遣いのできる組織」とは「安定を保ち漸進的な変化をしていくのと同時に実験と不連続な変革も実行できる組織」（邦訳 p.19）であり，「内部的に相矛盾するような能力，構造，文化を備えながら，なお単一のビジョンをもった組織」（邦訳 p.43）である。イノベーション・ストリームとは「長期にわたり系統的に異なる種類のイノベーション」（邦訳 p.18）であるが，「長期にわたる組織の成功には幾筋ものイノベーション・ストリームが必要である」（邦訳 pp.18-19）と述べている。

　彼らは「漸進型（incremental）イノベーションは既存の組織で管理できるが，構築型（architectural）と不連続型（discontinuous）のイノベーションの管理は不可能である。構築型と不連続型のイノベーションは根本的な組織変革を伴うからである」（邦訳 pp.191-192）と述べている。また，これまでの歴史で収益性が高く，規模が大きく，効率的で，古い体質を持ち，収益源となってきた漸進型イノベーションを担う部門と，誕生したばかりで，企業性にあふれ，リスク指向が高く，多額の資金を要する単位部門との間には軋轢が生じるが，「組織の権力，資源，伝統は従来からある単位部門に根をおろしている場合が多く，これらの単位部門はしばしば企業性にあふれた単位を無視したり，踏みつぶしたり，さもなければ抹殺しようとする。したがって，管理者チームは企業性に富んだ単位部門を保護し，正当な存在として認めるだけでなく，組織のほかの単位から物理的にも，文化的にも，組織的

にも分離した構造にすることが必要である」(邦訳p.208)と述べている。

他にも多くの研究者が,非連続的イノベーションについては別組織によって推進することを勧めている。

Christensen (1997) は,関心がどうしても上位の既存顧客に向きがちとなる「主流組織の「価値基準」が,イノベーション・プロジェクトに資源を振り向ける妨げになる場合,独立組織が必要になる。大規模な組織には,小さな新興市場で強力な地位を築くために必要な資金や人材を自由に割り当てることは期待できない。また,上位市場で競争するのに適したコスト構造を持つ企業にとって,下位市場でも利益をあげることはきわめて難しい」また,「別組織が物理的に分離しているかどうかはさほど重要ではなく,むしろ,通常の資源配分プロセスから独立することが重要である」(邦訳p.238)と述べる[1)]。

一方,Block and MacMillan (1993) は,新規事業を既存事業から分離して別組織にすると既存事業部門が持つノウハウやインフラストラクチャを利用することは困難になることを指摘しているが,新規事業に注目を集め,既存事業部門との資源獲得競争を避けて十分な資源を確保するためには既存事業からできるだけ分離する必要がある(邦訳pp.148-149)と述べている。新規事業がその組織にとって非連続的イノベーションである場合には,既存事業部門から得られるものよりも既存事業部門との競合を避ける方がより優先されるべきであり,非連続的イノベーションを推進するためには,別組織を立ち上げるべきであろう。

このように非連続的イノベーションを既存の漸進型イノベーションを推進する組織に実施させることは,漸進型イノベーションに適した組織が持つ特性,すなわち組織目標,組織構造,組織過程,組織文化等は非連続的イノベーションに適合しておらず,むしろ否定してしまうため困難である。したがって新規事業によって企業の成長を持続させるためには,漸進型イノベーションを推進する既存の組織とは独立した,**非連続的イノベーションを推進する仕組み,別組織を設置する必要がある**のである。

8.3 意図的な提携戦略の明確化

　本書の第二の提案は，戦略の明確化に関するものである。変革への抵抗に打ち勝って，上記のような，組織全体として整合性のとれた全社的な取り組みを行うためには，提携の重要性が明確になっていなければならないからである。

　富士通がアムダール社と提携したとき，その戦略的重要性は明確になっていたが，それはトップダウンによってもたらされたものではなく，創発戦略によって形成されたものである。当時，富士通の組織構造や事業構造は複雑ではなく，また極めて厳しい経営環境の中でIBMという明確な目標があったため，創発的な戦略形成によっても全社戦略が形成され，提携の戦略的位置付けが明確になったのである。

　ところが，創発的な戦略形成とボトムアップによる意思決定に特徴を持ち，また組織が〈重い〉という現象が現れている現在の日本の大企業においては，**提携の戦略的位置付けの明確化は，強い意志を持って，意識的に実行される必要がある。**

　現在の日本の大企業の経営状況においてベンチャー企業との提携はどのように位置付けられているだろうか。多くの産業で垂直統合モデルから水平分業モデルへとその構造が変化した結果，どれほど大きな企業であれ，高い技術を持った企業であれ，ベンチャー企業の活用は必須になっている。それは経営層や現場においても理解されていることであろう。しかしながら，昨今の経営環境は1970年代とは比較にならないほどに複雑化しており，キャッチアップすべき明確な目標はない。また，大企業の組織構造も事業構造も複雑化したため，大企業では調整コストの著しい増加によってインフォーマルなネットワークでは全社の課題を解決しきれなくなっている。創発戦略だけでは提携に必要となる整合的な全社方針を構築することは不可能に近い。日本企業の信じて任せる経営は，そのままではベンチャー企業との提携には適用できなくなっているのである。

　昨今の厳しい経営環境にあって，日本の大企業も大きな戦略レベルにおいては，戦略的な動きを見せている。しかし，大企業にとって，個別のベンチ

ャー企業との提携が全社的な戦略的重要性を持つことは稀であろう。また，研究開発は研究者の自主性に任せきりではないか。また，提携のターゲットを設定している会社は少ないだろう。そうであるならば，意図的な戦略的位置付けの明確化が必須である。

しかしながら，個別のベンチャー企業との提携案件のひとつひとつについて，経営のトップが関与することは効率的ではなく，現実的でもない。

一方，富士通とアムダール社の事例でもそうであるように提携を成功させるには現場の創意工夫は必須であり，その場面では創発型の戦略形成は有効である。したがって，トップダウン型のマネジメントを全面的に採用することは解ではない。実際，マネジメントの型を変革することは容易なことではなく，しかも創発型の戦略形成は日本企業の強さの源泉でもあり，創発型の戦略形成を放棄することは現実的ではない。

したがって日本の大企業にとってベンチャー企業との提携に必要なことは，研究開発の現場をベンチャー企業との提携に向かわせ，提携の実現と成功に全力を尽くせるような環境をつくることである。それには，ベンチャー企業との提携が喫緊の課題であるという認識を全社的に共有すること，また，ベンチャー企業との提携が戦略的に重要な技術分野を提携の目標分野として示すことが必要である。Isabella（2002）が言うように，提携のマネジメントが，通常のビジネスとは全く異なっているのならば，創発的な戦略形成とボトムアップによる意思決定に特徴を持つ日本企業においては，それらは，特に強い明確な意志を持って，意識的に実行される必要があるだろう。

金（1993）は，「今までの既存事業とまったく関係のない新しい分野への進出といった急進的なイノベーションのためには，なによりもまず会社の戦略ビジョンを明らかにする必要がある。そのためには，新規事業推進の管理システムに明確な戦略指針と強力なトップ・リーダーシップで代表される戦略型経営の要素を取り入れるべきであるという主張がますます広まっている」（p.323）と述べている[2]。

また，金（1993）は，日本企業の新規事業開発における「特徴の一つは，推進者たちのコミットメントが非常に高いが，それはあくまで会社の戦略志

向によって誘発されたという点である。……最も理想的なのは，明確な戦略志向の下でミドル・レベルの推進者たちにコミットメントの機会を与え，トップはそのコミットメントを間接的に支援するいわば『後援者』の役割を果たすことであろう」(pp.312-313) と述べている。大企業がベンチャー企業と提携するのは，新規事業開発の場合だけではないが，会社にとって戦略的重要性の高い役割を担って新しいことに挑戦するという意味では同様の役割期待があり，それが推進者達の使命感につながって，高いモチベーションやコミットメントにつながるということができるであろう。

したがって，意図的に提携の戦略的な位置付けを明確化することは，日本の大企業がベンチャー企業との提携を成功させるために有力な手段となる。

先行研究のレビューで取り上げた，伊藤・鈴木 (1991) の研究における川鉄と LLC の提携の事例は，本書が考察対象としている大企業とベンチャー企業との提携とは言えないが，この事例においても，提携の戦略的位置付けが明確であったことが提携の成功に繋がった (p.27) と指摘されている。

8.4 ベンチャー企業との提携における日本的経営の可能性

本書の第三の提案は，ベンチャー企業との提携に対する日本的経営のポジティブな側面とネガティブな側面の認識である。

本書では，大企業とベンチャー企業との提携に対して，日本的経営の特徴がどのように作用するか検討してきた。日本的経営の特徴である，創発的な戦略形成や意思決定のメカニズム，「ウチ」と「ソト」の区別を助長する日本型の「高信頼」関係は，日本の大企業がベンチャー企業との提携を開始するのを阻害し，価値と情報の共有によるコントロールという特徴は，提携の進展によって必要となる社会的コントロールからフォーマルなコントロールへの変更を難しいものにしている。

しかしながら，富士通とアムダール社との提携の事例でもそうであったように，日本企業の組織内・系列企業間の高信頼性は，探索型の提携においては，共同開発を促進する。したがって，日本的経営は，大企業とベンチャー企業との提携に対してネガティブに作用するだけでなく，ポジティブに作用

する側面も持っている。信じて任せるマネジメントは，基本的にベンチャー企業との提携のマネジメントに適合している。

アムダール社との提携において，富士通が当初アムダール社の経営に直後関与せず，アムダール博士に任せていたのは，富士通が持っていた，「現場を信頼して任せる経営スタイル」を組織の境界を越えて拡張したものであったのであろう。少なくとも，それまでの成功体験は，対アムダール社との対応において，この経営スタイルを拡張できた要因のひとつであろう。前述の竹内他（1986）が指摘するように，富士通ほど極端ではないにしろ，現場やパートナーを信じて任せてモチベーションを高め，イノベーションを行うのは，創発的な戦略形成や意思決定を特徴とする日本企業に共通する特徴である。ボトムアップもTPSも現場を信じて創意工夫を引き出す仕組みであり，自動車産業の協力会社との関係も，信じて任せる経営の一形態ということができよう。信頼関係の中でイノベーションを推進するのは，大企業とベンチャー企業と提携という関係でも，大手自動車会社と協力会社の関係でも同様である。両者の違いは，信頼関係を構築する方法が異なることである。

提携が開始されれば，少なくとも，提携初期の探索段階の提携においては，米国企業のような階層組織を介した組織の構造を中心として意思決定とその実行を行うマネジメントスタイルよりも，日本のマネジメントスタイルの方が適合している。したがって，「ウチ」の範囲を提携パートナーまで拡張し，パートナーを信頼することができれば，日本企業には，通常のマネジメントスタイルを適用できるという優位性があるのである。

問題は，提携に至るような戦略的重要性の明確化と，パートナー候補との信頼関係の形成が難しいことである。

一方，前述のように，社会的コントロールからフォーマルなコントロールへの変更には大きな課題がある。鵜飼（1977）はmonday-morning quarterback[3]の見方としながらも，アムダール・プロジェクトで失敗したものとして工程管理をあげており，「US\$45Mの開発費は少なくともUS\$15Mは少なくすんだだろう。1号機の出荷は少なくとも8ヶ月早かっただろう。もしそうなら，出荷量は70％多かっただろう」（p. I -9）と述懐している。すなわち，プライドの高いアムダール博士が率いるアムダール社に

対して，より早い段階で，コントロール方法を変更することを富士通に期待するのは無理であったかもしれないが，アムダール社のマネジメントには，より早い段階でフォーマルなコントロールが導入されるべきであったと思われる。

優秀な創業者でなければ，大企業として提携する意味はないが，プライドも高い優秀な創業者をコントロールするのは難しい。富士通は，アムダール社との提携が成功しなければ，会社の屋台骨が揺らぐという状況であり，必死だった。そうした状況があったからこそ，コントロール方法を変更できたが，基本的に信じて任せる経営では，どうしても遅れる危険性がある。

逆に米国企業の組織構造を中心とした意思決定と実行というマネジメントスタイルは，ベンチャー企業との関係に，フォーマルなコントロールを持ち込むことについては適合している。米国企業の場合は，ベンチャー企業を活用する際に，提携だけではなく，ベンチャー企業を買収することが多い。それは，買収がベンチャー企業との関係性においてフォーマルなコントロールを確実に導入することができる方法であるからであろう。

このように，日本的経営には，米国の経営スタイルと比較して，ベンチャー企業との提携にとって，ポジティブな側面とネガティブな側面がある。問題は，提携に至るような戦略的重要性の明確化と，パートナー候補との信頼関係の形成が難しいことであり，また，日本の大企業にとって，フォーマルなコントロールの導入は容易ではないということである。したがって，**大企業は，このような日本的経営の特徴を認識した上で，ベンチャー企業との提携に取り組むことが重要である。**

8.5 CVC 活動の勧め

本書の第四の提案は，CVC 活動の勧めである。前述の通り CVC とは，「非金融機関によって行なわれる，戦略的および財務的目的のための，ベンチャー企業に対する投資」(Narayanan, Yang and Zahra, 2009: p.64) である。CVC は専業の VC が運用するキャピタルゲインを追求するための VC 活動とは異なり，事業会社が自社事業を推進・強化するための VC 活動であ

る。CVCの投資先は,それぞれの事業会社によって差はあるが,外部のベンチャー企業,社内の新規事業である社内ベンチャー,社内シーズをもとに独立したスピンオフ・ベンチャーであり,またネットワーク構築を目的としたVCへの投資を行う場合もある。

前述の通り,大企業がベンチャー企業との共同開発型の提携を成功させるためには,提携の初期段階から信頼に基づく社会的コントロールを行うことが必要であり,それを実現するためには,提携の開始以前から信頼関係が構築されていなければならない。富士通のアムダール社との提携の事例においては,富士通は,アムダール社との提携の4年以上も前からアムダール博士への接触を開始し,また,アムダール博士に講演を依頼したり,旅行に招待するなどしてアムダール博士との間に信頼関係を構築した。アムダール・プロジェクトの場合には,その戦略的重要性が極めて高かったために,そうしたことに経営資源や時間を割くことが可能であったが,このような方法はもはや一般的な解ではない。数多くのベンチャー企業との提携を,長い時間をかけずに同時並行的に進めることが求められるようになっているからである。

昨今のシリコンバレーのような地域では,日本の系列企業のような組織間の長期的な取引関係に基づくネットワークではなく,個々人の経歴や業績,評判に基づいて,起業家・創業者,ベンチャー・キャピタリスト等のネットワークが形成されている。「これまでの組織間関係論が調査対象にしてきた役所や大企業と異なり,ベンチャー・コミュニティの人びとは,会社の肩書ではなく,自分の顔や自分の名前(固有名詞)でつながりを求めている」(金井,1994, p.37)。そうしたネットワークを活用して,VCは有望な起業家・創業者個人に投資を行っているのである。投資や提携の可能性が起きてから,投資候補やパートナー候補の能力や誠意への信頼性を,時間をかけて確認するのでなく,ネットワークによって,信頼性を確認できる起業家・創業者を選んで投資するのである。

それでは,大企業が信頼に足る起業家・創業者の知己を得るにはどのようなことが必要であろうか。それには,すでに多くの欧米企業が行っているように,CVCを設立して,シリコンバレー等に発達した創業者・VCのネッ

第8章 ベンチャー企業との提携を成功させるための実務的提案

トワークに存在感のあるメンバーとして参画することであろう[4]。Narayanan, Yang and Zahra（2009）は,「CVCを活用することによって, 既存企業は, ベンチャー企業やVCのネットワークと繋がって, 来るべき技術シフトの源泉と性格についての重要な情報を獲得することが可能となる」（p.64）と述べている。個人的なつながりに基づく創業者・VCのネットワークと大企業がつながりを形成する手段がCVCなのである。そして, 信じるに足るパートナーを発見するには, VCのネットワークの中心的な地位を占めること, あるいは中心的地位を占めるVCへのアクセスを持つことが必要であろう。シリコンバレーのVCが成功する条件は, 成功する人・信頼できる人を知っていること, あるいは知っている人を知っていることだからである。

しかしながら, VC業界も競争は激しく, 有望なベンチャー企業に投資できるのは, 一部の著名なVCに限られているという現実がある。通常, VCは投資を行う際には, リスクを下げ, ポートフォリオの多様性を確保するため, シンジケートを組成して投資を行う。そして, 有望なベンチャー企業への投資のシンジケートに入ることができるのは, VCネットワークの中核的メンバーだけなのである。例えば, VC業界で最上位グループに位置付けられるKPCB（Kleiner Perkins Caufield & Byers）やSequoia Capitalは, 業界平均をはるかに上回るファンドのパフォーマンスを長期にわたって出し続けている。それは, 彼らが最も有望なベンチャー企業に投資できる地位を確立しているからである。したがって, CVCが有望なベンチャー企業にアクセスできるようになるためには, いかにVCネットワークの中核的地位にあるVCとの関係を構築することができるかどうかが重要である。

通常, VCネットワークの外縁部に位置するVCにとって, ネットワークの中心に近づくことは容易ではなく, 長い期間を要することであるが, Keil, Maula and Wilson（2010）は, CVCは, 親会社である事業会社が持っている技術資源や市場へのアクセスを投資先企業の育成に活用してVCの投資先であるベンチャー企業の成長を支援することによって, 短期間のうちにネットワークの中心的な位置を占めることができるようになると指摘している。ベンチャー・コミュニティが大企業に期待するのは, 大企業が持っている資

金，人材，技術，販路等である。このうち資金はリソースとしての資金というよりもコミットメントを示すという意味合いが強い。大企業に投資が求められるのは投資先のベンチャー企業ないしVCに投資をしているという事実によって投資先との提携へのコミットメントを示すためであり，リソースとしての資金の主な提供者はVCである。大企業の真の貢献は，ベンチャー企業の製品を自社の顧客に販売することや大企業が持つ「ものづくり」や品質管理のノウハウを提供して，ベンチャー企業の非連続的イノベーションを製品化・事業化するための支援をすることである。

CVCは，このようなベンチャー・コミュニティへの貢献によって，ネットワークの中心に短期間のうちに移動することができるのである。また，CVCには，ベンチャー・コミュニティへの貢献によってネットワークの中心に移動できるもうひとつの手段がある。それは，VCの投資先であるベンチャー企業をCVCの親会社の大企業が買収することである。前述のように，ベンチャー企業のエグジット，すなわち，VCにとっての投資資金の回収手段は，IPOよりもM&Aの方がはるかに多い。したがって，VCにとっては，自社のポートフォリオ企業を買収してくれる大企業は極めて重要な存在である。シスコシステムズ，IBM，インテル，マイクロソフトといった大企業のCVCは，親会社の経営資源を活用し，また親会社がベンチャー企業を買収するという行為を通じて，短期間のうちにVCネットワークの中心的な地位を獲得した。こうした企業は，VCネットワークへのコミットメントによって自らの存在価値を示すことによって，ネットワーク内の信頼関係の中に自らを埋め込んでいったのである。そして，これらのCVCは，自らがVCネットワークにおいて信頼に足るメンバーとなることによって，有望な，信頼に足る起業家・創業者へのアクセスを持つことが可能になっているのである。

近年，シリコンバレーにCVC拠点を設立する日本企業が増えている。しかしながら，「日本のCVCの投資規模は，米国のそれに比べるとかなり小さく，またCVCといっても，実際は運用を外部の一般VCに委託している場合もあり，直接投資でないこともある。また，……日本企業の場合はマイノリティ投資，とりわけ20％未満の案件で，なおかつラウンド的にはレイ

第8章 ベンチャー企業との提携を成功させるための実務的提案

ター〜メザニンの投資案件が中心となっている。以上の例から，日本のCVCは，米国CVCの初期段階にある……」(朱・李, 2004; pp.116-117)。こうした事情は，日米のCVCの親会社の，ベンチャー企業を活用しようとする姿勢の差を反映したものであろう。親会社が積極的に投資先企業を活用しようとしなければ，CVCは親会社の技術的資源を活用することもできなければ，親会社の市場へのアクセスも活用できない。また，親会社が買収を行って，ベンチャー・コミュニティに貢献することもない。そうなると，VCネットワークの中核的な存在とはなり得ず，したがって，また，早い段階から有望な企業にアクセスすることもできないために，ベンチャー企業を活用することができないという悪循環に陥る。シリコンバレーのネットワークにおいて，中核的な地位を占めるメンバーとなるためには，ネットワークへの貢献が必須であり，そのためには，提携や買収に対して明確な戦略的意志を持ってネットワークに参画しなければならないのである。

　このように，シリコンバレーのようなVCやベンチャー企業のエコシステムにおいては，提携のパートナーとの信頼関係を確保するのに，提携ごとに個々のパートナーとの信頼関係を構築するのではなく，信頼関係のネットワークに積極的に参画，貢献することによって，潜在的なパートナー候補との信頼関係を確保することが重要である。

　また，将来の提携・パートナーとの関係だけでなく，VC自体と良好な関係を構築することも重要である。富士通とアムダール社との提携においては，富士通とVCのハイザー社との間の信頼関係は，提携が開始されてから徐々に形成されてきたものであった。そのため，VCと連携してフォーマルなコントロールへ変更するのが遅れた。シリコンバレーのような信頼関係のネットワークの中にいて，VCとの信頼関係を構築することができれば，ベンチャー企業の成功を支えるために，大企業がよりイニシアティブを発揮しやすくなるであろう。

　また，大企業がベンチャー・コミュニティにおいて存在感のあるメンバーとなり，VCとの良好な関係を構築するには，社外のベンチャー企業との提携や買収だけでなく，自社の技術シーズや事業シーズを切り出してスピンオフ・ベンチャー企業を創出することも有効な手段となる。大企業で一定の段

階まで育成された事業シーズや技術シーズはVCにとって有望な投資対象であり，大企業がスピンオフ・ベンチャーを創出することは，ベンチャー・コミュニティへの貢献になるからである。大企業のCVCが自社発のスピンオフに対しても投資を行うことは，単にスピンオフを推進するだけでなく，社外のベンチャー企業との提携を促進することにもなるのである。

　大企業が有望なベンチャー企業と提携するには，CVC活動を通じてベンチャー・コミュニティに貢献し，ベンチャー・コミュニティにおいて信頼関係を構築することが極めて重要であるが，ベンチャー企業と提携すること自体がベンチャー・コミュニティでの存在感を高め，信頼を構築することに繋がり，またスピンオフ・ベンチャーを創出することを通じてもベンチャー・コミュニティに貢献することができる。

8.6　全社的新規事業開発組織の設置

　第五番目の提案は，CVC活動も包含む全社的新規事業開発組織である。上記の通り，本章では，大企業がベンチャー企業との提携を推進するために，日本企業の経営の特性を良く理解した上で，ベンチャー企業との提携の戦略的重要性を意識的に明確化することを提案し，そして，企業組織全体として取り組むべき施策として，①ポートフォリオ管理によるベンチャー企業との提携に関わるリスク管理，②イノベーション・マップによるNIHの克服，③提携等のノウハウの蓄積・共有の仕組みの構築，④日本型組織の弱点の補強として，非連続的イノベーション推進のための独立した組織の設置，⑤CVC活動の推進を提案した。

　これらの施策は，いずれも個々の既存事業部門が単独で解決するのは構造的に難しく，全社的な課題として取り組むべきものであった。また，それらの活動を実践するにはそれぞれの活動の推進する仕組みが必要であった。そこで，これらの施策の実行する仕組みとして全社的な新規事業開発組織を提案したい。

8.6.1 全社的な新規事業開発組織（CVO）の役割

　上記の施策を実行するのための組織を corporate venturing office（CVO）と呼ぶこととする。CVO の役割は，ベンチャー企業との提携だけではなく，それも含む，組織内，組織外での新規事業開発活動全体を行うことである。新規事業開発を推進するためには，全社的に取り組まなくてはならない課題があるが，それらの課題に取り組むことが CVO の役割である。

　前述のように，コーポレート・ベンチャリングとは，ベンチャー企業という形態（すなわちリスクマネー）を活用して，既存の組織の外にある半自律的あるいは自律的な組織体を創造して行う外部新規事業開発であり，具体的には，ベンチャー企業との提携やベンチャー企業の買収，スピンオフ・ベンチャーの設立，CVC 活動等であった。ベンチャー企業との提携は，コーポレート・ベンチャリングの一部であり，したがって，ベンチャー企業との提携の課題は，コーポレート・ベンチャリングを実行するための課題（の一部）である。

　また，第 5 章では，ベンチャー企業との提携の特殊性として新規事業開発への抵抗や非連続的イノベーションを行う場合の日本企業の課題を検討したが，これらは，非連続的イノベーションに基づく新規事業開発全体に関わる課題である。

　したがって，こうした課題を克服して新規事業開発を統合して推進するには，ベンチャー企業との提携，CVC 活動，スピンオフ・ベンチャーの設立推進を含む外部新規事業開発としてのコーポレート・ベンチャリング活動と，新規事業が組織の内部に保持される内部新規事業開発を含む新規事業開発全体を担当する部署の設置が望ましい。

　CVO が新規事業開発，特に外部新規事業開発としてのコーポレート・ベンチャリングを担うために行う具体的業務は，

1. 新しいイノベーションの方法を社内に定着させるための先導役を果たすこと
2. 非連続的イノベーションに基づく新規事業を開発・育成すること
3. 社外のベンチャー・コミュニティと社内の組織とのネットワークを形成すること

である。
これらの業務を一元的に行うことによって以下のことが可能となる。
1. 外部リソースを活用することが重要であるという経営トップの意志を示すこと
2. 外部リソースの活用に必要な予算を確保し，NIH を克服すること
3. 新規事業の開発・育成を既存の組織から分離・独立して行うことによって，
   (1) 新規事業のリスクをポートフォリオ的に管理して個々の事業部門がリスク負担できないという課題を克服すること
   (2) 持続的・連続的イノベーションが優先されて蔑ろにされがちな，非連続的イノベーションへの取り組みを実践すること
   (3) スピンオフ・ベンチャーを通じてイノベーションに社外のリスクマネーを活用すること
4. ベンチャー・コミュニティに入らなければアクセスできない情報を入手すること
5. ベンチャー企業との提携等のノウハウを蓄積すること

以下に CVO の具体的業務内容である，①新しいイノベーション・モデルの先導，②非連続的イノベーションに基づく新規事業の開発・育成，③社外のベンチャー・コミュニティと社内の組織とのネットワーク形成について述べる。

8.6.2 新しいイノベーション・モデルの先導とイノベーション・マップの作成

これまで述べてきた通り，コーポレート・ベンチャリングを実行することは日本の大企業にとって重要な課題であるが，それは今までのイノベーションや組織についての考え方やメンタルモデルの変革を迫るものであり，実際にそれを実現するには努力と時間を要する。したがって当面の間 CVO は経営トップ層とともに，新たなイノベーション・モデルの伝道者の役割を担う必要があるだろう。

前述のように，ベンチャー企業との提携やスピンオフを推進するために

は，社外リソースやリスクマネーの活用を前提としたイノベーション・マップが必須である。このイノベーション・マップは経営戦略や技術戦略に密接に結びつくものであり，CVOが単独で作成できるものではない。むしろ，経営戦略や技術戦略の担当部門が主体となって作成すべきものである。しかし，これまでの日本企業においては新規事業につながるイノベーションを社内外とのネットワーク形成を通じて行うという新たなイノベーション・モデル，あるいは社外のリスクマネーを活用して行うイノベーション・モデルを採用して来ておらず，そうした新たなイノベーション・モデルの重要性の理解が十分ではない可能性が高い。また既存の事業部門の製品をどのように売るかということだけでなく，顧客のニーズを満足させるための素材を社外のリソースも含め，どのように調達するかという発想，自社の事業システムにどのようなモジュールが必要なのかという発想が必要なのであり，そのためには新しいモジュールを社内で創出するのか，社外のモジュールを社内に結びつけるのかという発想，あるいはモジュールを入れ替えるという発想が必要なのであるが，そうした発想も必ずしも十分ではない。このような場合には，経営戦略や技術戦略の担当部門だけにイノベーション・マップの作成を任せていては本来期待される成果を得ることは困難であり，CVOは戦略部門とともにイノベーション・マップの策定に参画し，新しい考え方や発想をイノベーション・マップに反映させる必要がある。

　また，既存の独立事業部門から独立した新規事業開発部門であるCVOは，既存の事業部門にとっては研究開発リソースの配分を争う競争相手であり，場合によっては，自らの事業基盤を脅かす直接的な競争相手ともなり得る。しかし，CVOが推進する新規事業は既存事業のインフラやノウハウを活用しなければならない場合も多い。したがって，CVOは戦略部門の理解を得るだけではなく，現場の事業部門の理解を得る努力をする必要がある。

　そして，CVOの新規事業開発の目標はそれが事業部門の中核事業となることであり，既存の事業部門がコーポレート・ベンチャリング活動の価値を理解し，自ら積極的に活用するようになることが重要なのである。

　したがってCVOはコーポレート・ベンチャリング活動の重要性と価値を全社に理解させる努力をしなくてはならないのである。

8.6.3 非連続的イノベーションに基づく新規事業の開発・育成

　CVOの2つめの業務は，全社的な視点から非連続的イノベーションに基づく新規事業を開発・育成することである。

　ここで行う新規事業開発は，あくまでも非連続的イノベーションに基づくものであり，漸進型イノベーションに基づく新製品開発を行うものではない。それは漸進型イノベーションに基づく新製品開発は既存の事業部門の業務そのものであり，非連続的イノベーションは漸進型イノベーションとは意識的に分離して解釈的取り組みを分析的取り組みから保護して行う必要があるからである。言い換えればCVOが行うのは，全社的に見れば自社の事業ドメインから見て手がけるべき事業であるが，既存事業部門の開発の枠に納まらない事業となる。すなわち，既存の事業部門にはない全く新しい領域の事業，複数の事業部門に事業領域がまたがる事業，または既存の事業部門とは事業モデルが異なるような事業等である。あるいは，既存事業部門の事業領域の範囲内であると思われ，成功した場合のリターンは非常に大きいものの，リスクも高いために既存の事業部門として着手しにくい事業である。

　特に，既存の事業部門に事業モデルの変更を強いるような新しい事業モデルや組織全体の組織構造の変更を伴うような事業モデルや非連続なイノベーションによる新規事業はCVOが担当すべき新規事業の中でも最も重要なものである。失うものを持たないベンチャー企業は，非連続的イノベーションによる新しいビジネス・モデルによって新しい価値を創造し，既存の大企業に挑戦してくる。一方，挑戦を受ける大企業にとって既存の事業は収益の柱であり，やみくもにそれを破壊することはできない。また大きな組織構造の変更を必要とする新しいビジネス・モデルを簡単に採用することはできない。そのためビジネス・モデルの転換に遅れをとると一挙に市場を失う可能性がある。したがって別組織であるCVOがローエンド市場などの既存事業部門の主要顧客層ではなく，同時にベンチャー企業等が参入しやすい市場でそれを先行的に実践し，本格的なビジネス・モデルの転換に備えることが重要なのである。

　その際，戦略部門もしくは中央研究所あるいはCVOの中に，新しいビジネス・モデルを含む新規事業を研究，開発する専門部署を設ける必要があろ

う。新しいテクノロジーの開発は日常業務の延長線上では生まれないという認識のもとに、新しいテクノロジー開発のための中央研究所を設置している企業は多いが、新しいビジネス・モデルを研究する研究機関を置いている企業は多くない。アップル社のiPodを使った音楽コンテンツの販売は画期的なテクノロジーを使ったものではないが、既存の事業者に対しては非連続的・破壊的なイノベーションである。こうした大きなビジネス・モデルの変革を伴う新規事業は、今期の損益目標の達成が最も重要な使命である既存の事業部門から生まれることを期待することはできない。したがって、新テクノロジーの研究開発を担当する部門と並行して新しいビジネス・モデルの開発を行う部門が必要なのである。

　CVOはこうした事業に対して、その事業の性格やリスクの高さに応じて、自社のリソースや社外のリスクマネーを組み合わせて投資を行い、その事業の育成を行うこととなる。

　非連続的イノベーションに基づく新規事業であっても、それが自社の事業ドメインから見て将来の本流となるべきものであって自社の資源配分の範囲でリスク負担が可能であるならば、社外のリスクマネーを活用する必要はない。そうした性格の事業であるならば、自社のリソースを使ってその事業を育成するべきである。あるいは、リスクマネーを活用する可能性のある案件であっても、リスクマネーを導入できる段階に至るまでは社内のリソースで育成する案件もあろう。その意味ではリスクマネーを活用するかどうかの判断は、案件ごと、成長段階ごとにケースバイケースで行わなくてはならない。

　こうした状況を勘案すると、CVOの業務範囲はリスクマネーの活用如何で限定するべきではない。CVOの業務範囲はリスクマネーを活用した外部新事業開発であるコーポレート・ベンチャリングだけではなく、非連続的イノベーションに基づく、組織内・外での新規事業全体とすることが適切であろう。

8.6.4 社外のベンチャー・コミュニティと社内の組織とのネットワーク形成

　CVOの3つめの業務は社外のベンチャー・コミュニティとのネットワーク形成である。前述の通り，ベンチャー企業との提携を成功裏に実現させるためには，多くの有望なベンチャー企業との接点が必要であり，またベンチャー・コミュニティの信頼を獲得する必要があるからである。

　「多くの日本企業が，シリコンバレーでの情報収集のためのネットワーク作りを目指してきた。しかしながら，日本企業は，シリコンバレーのエコシステムが期待しているような，製品の購入やベンチャー企業の買収には必ずしも積極的とは言えなかったため，必ずしもシリコンバレーのネットワークの一員とは見做されているとは言えない面があった。そのため，ベンチャー企業との連携は言うに及ばず，情報収集においても，米国企業に大きく遅れをとっていると言わざるをえない状況であった。ネットワークの一員とならなければ情報が入らない。しかし，そのネットワーク／エコシステムに貢献できる存在とならなければ，ネットワークの一員にはそもそもなれないのである」(中村, 2005: pp.69-70)。

　すなわち，ベンチャー企業との提携やスピンオフ・ベンチャーの設立等，コーポレート・ベンチャリングを積極的に推進することそれ自体がベンチャー・コミュニティに参加する条件なのである。逆に言うと，コーポレート・ベンチャリングを積極的に展開していなければ，ベンチャー・コミュニティに参加できず，情報収集をすることはできないのである。

　CVCを設立することには，対外的にも対内的にも企業のコミットメントを明確に示すという側面で重要な意味がある。

　対外的には，ベンチャー・コミュニティに対してコミットメントを示すことができる事が重要である。CVCを持つことはその事業会社がベンチャー企業に投資を行うという明確な意思表示であり，ベンチャー企業との提携を通じてベンチャー・コミュニティに積極的に貢献するという明確な意思表示となるからである。これによってベンチャー・コミュニティとのネットワーキングを加速することができる。ベンチャー企業が大企業と提携する際，大企業側のコミットメントを確実なものとするため大企業からの投資を求めて

くることも多く，あらかじめ投資の意思表示を明確にしておくことは意味がある。

社内的には次のような意味がある。
1. 体制をつくり，予算をとることでコーポレート・ベンチャリングを通じて外部リソースの活用や非連続的イノベーションによる新規事業を推進するという経営トップの意図が明確になる
2. ベンチャー関連の投資業務を一元的に行うことにより，
   (1) 社内と社外のネットワークを連結するためのゲートキーパーの役割を担うことができる
   (2) 実際に提携を行う事業部門のリスク負担を軽減するとともに投資や提携のノウハウを蓄積することにより，事業部門の提携を支援することができる

世界最大規模の VC であるインテル・キャピタルを運営しているインテルをはじめ，多くの欧米企業が CVC を通じてコーポレート・ベンチャリング活動を推進している。日本でも最近ネット系企業が CVC を設立することが多くなっており，情報通信分野の大手企業としては日立，パナソニック，富士通などが CVC を通じてコーポレート・ベンチャリング活動を行っているが，欧米と比較すると CVC を持っている大手企業の数はまだまだ少ない。ベンチャー・コミュニティとのネットワーキングの推進には，CVC が有効であり，コーポレート・ベンチャリング活動を推進する CVO として CVC を持つことは必須であろう。

8.6.5 トップのコミットメントと変革の抵抗の緩和

すでに述べた通り，コーポレート・ベンチャリング活動の中でも，ベンチャー企業との提携やスピンオフ・ベンチャーの創出は，これまでのイノベーションの方法とは異なるイノベーション方法であり，イノベーションのパラダイム・シフトとも言えるような大きな変革である。また，既存事業部門から非常に大きな抵抗があることが予想される。そのためベンチャー企業の活用という課題は，個別案件の担当者レベルの個別の意思決定の問題ではなく，より大きな組織レベルでの，技術ポートフォリオ全体を考慮した，組織

全体の課題としてとらえるべきであり、そうした活動になることによって初めて解決することが可能となる課題なのである。

したがってコーポレート・ベンチャリングを実践するには、経営トップが果たす役割は極めて大きい。変革の及ぶ範囲が組織全体にわたり、また組織文化の変革を伴う大きな変革を実行するためには経営トップのコミットメントが不可欠である。すなわち、以下のような事柄が経営トップに期待されるのである。

1. 非連続的イノベーションに基づく新規事業の開発、ベンチャー企業との提携、スピンオフ・ベンチャーの創出、CVC活動等、コーポレート・ベンチャリング諸活動の必要性を明確にする
2. コーポレート・ベンチャリングにより改善されるビジョンを示す
3. 上記に関して社内外との徹底的なコミュニケーションを図る
4. CVOやCVCという具体的な実行組織をつくり、それを実行する
5. 研究開発体制の変更などを通じて組織内全員がコーポレート・ベンチャリングに参画するように仕向ける

大きな変革であるコーポレート・ベンチャリングを定着させるためには、その実行組織であるCVOの粘り強い活動が必要であるが、同時にこのような意識改革、体制作りには経営トップの後ろ楯がなければ困難であり、コーポレート・ベンチャリングを前提とした研究開発体制、提携体制整備への経営トップの強い意志が必要である。

8.6.6 CVOの組織

CVOは対外的にはベンチャー・コミュニティとのネットワーキング、社内的には新規事業の開発・育成を担う組織であるが、その組織構造は図表8-2のようなものとなろう[5]。

CVOは全社的な新規事業開発組織であり、また本流の事業部門から独立した組織でありながら事業部門の協力も得る必要があるため、またベンチャー・コミュニティに対して全社を代表する組織であるため、いわゆる本社機構内にあって、経営戦略部門や技術戦略部門と密に連携することが望ましい。

第8章　ベンチャー企業との提携を成功させるための実務的提案

図表 8-2　CVO の組織

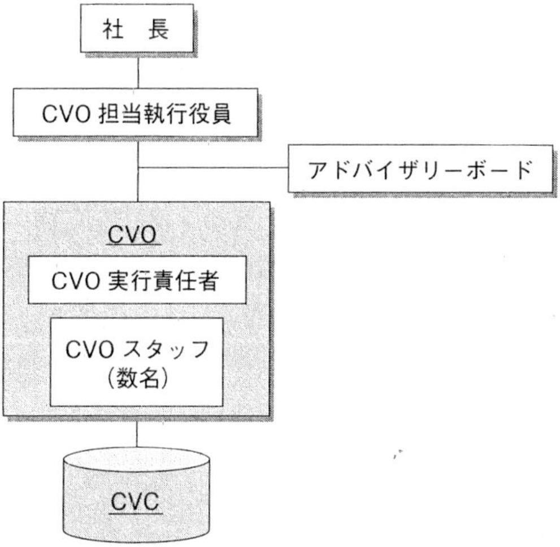

```
        ┌─────────┐
        │ 社　　長 │
        └────┬────┘
             │
    ┌────────┴────────┐
    │ CVO 担当執行役員 │
    └────────┬────────┘
             │           ┌──────────────────┐
             ├───────────│ アドバイザリーボード │
             │           └──────────────────┘
    ┌────────┴──────────────┐
    │ CVO                   │
    │  ┌─────────────────┐  │
    │  │ CVO 実行責任者   │  │
    │  │ ┌─────────────┐ │  │
    │  │ │ CVO スタッフ │ │  │
    │  │ │  (数名)      │ │  │
    │  │ └─────────────┘ │  │
    │  └─────────────────┘  │
    └───────────┬───────────┘
            ┌───┴───┐
            │  CVC  │
            └───────┘
```

　前述の通り，コーポレート・ベンチャリング活動の推進には，経営トップのコミットメントが重要である。全社のトップとしての社長は，CVOとその戦略の代表者として，競争優位や成長性を高める方策として，コーポレート・ベンチャリングの統合的ビジョンを明確にする役割を担う。CVO担当執行役員は，ベンチャープログラムの伝道師のリーダーとして，組織の抵抗に対する最前線となり，CVOが日常的な活動に必要なものを確保するため，アドバイス，忠告，影響力などを提供する。

　CVO実行責任者は，企業内の人的ネットワークの構築，コーポレート・ベンチャリングの価値の社内への認知，社外のベンチャー・コミュニティとのネットワーク構築，CVOスタッフの編成・指揮等の役割を担う。

　CVOスタッフは，社内外から集められた専門家チームで，イノベーション・マップの策定，ベンチャー案件の探索と絞込み，デューディリジェンス（投資前の企業価値精査），ベンチャー企業への投資，ベンチャー企業や新規事業の育成とマネジメントを行う。CVOの実行責任者とCVOのスタッフは，新規事業の発掘，投資，育成を行う役割を持つベンチャー・キャピタリストであるということができる。

　アドバイザリー・ボードはCVOの運営に重要な役割を果たすため，その

設置が望ましい。アドバイザリー・ボードは社長，CVO担当役員，CTO，既存事業部門の代表者と社外のベンチャー・コミュニティにおける熟練した人材により構成される。CVOに対して社内外のネットワークへのアクセス，社内外に対する権威や業務についての理解，不足する経験・スキル等を提供する役割を担うが，社外のベンチャー・コミュニティから人材を招聘することにより，CVOへの貢献とともに，企業のトップやCTOとベンチャー・コミュニティとの直接的な繋がりを形成することも可能となる。

　このCVOは，時限組織であろう。CVOは多くの日本企業にとって必要な組織であるが，一定の期間が過ぎ，コーポレート・ベンチャリング活動が企業にとって普通の活動と認められるようになった時点では，その役割が大きく変化する。新しいイノベーション・モデルを先導する役割はもはやその必要がなく，イノベーション・マップはCTOやCMO（chief marketing officer）の必須の業務になっている。ポートフォリオ管理が必要な新規事業開発やスピンオフ・ベンチャー企業の創出，VCとのネットワーク形成のためのCVC活動は，なんらかの形で存続されるであろうが，それは必ずしも本社主導ではないかもしれない。企業の規模や多角化の進展度合い，あるいはコーポレート・ベンチャリングの考え方の浸透度合いによって，最適な形態は異なる。比較的小規模で多角化の度合いが少ない企業では，依然として本社に置く方が効率的であろうし，大規模な企業で多角化が進んだ企業にとっては，各事業分野に設置した方が事業との連携という面でより有効であることもあろう。

8.7　日本の新しいイノベーション・モデル

　ここまで，本書では，第2章において，シリコンバレー・モデルという新しいイノベーション・モデルに対応するため，日本型のリスクマネー活用のエコシステムの形成が求められていると述べた。そしてまた，それを実現するには，大企業がベンチャー企業との提携を推進し，また大企業が率先してスピンオフ・ベンチャー企業を創出することが求められていることを指摘し，図表2-1を提示した。

第8章　ベンチャー企業との提携を成功させるための実務的提案

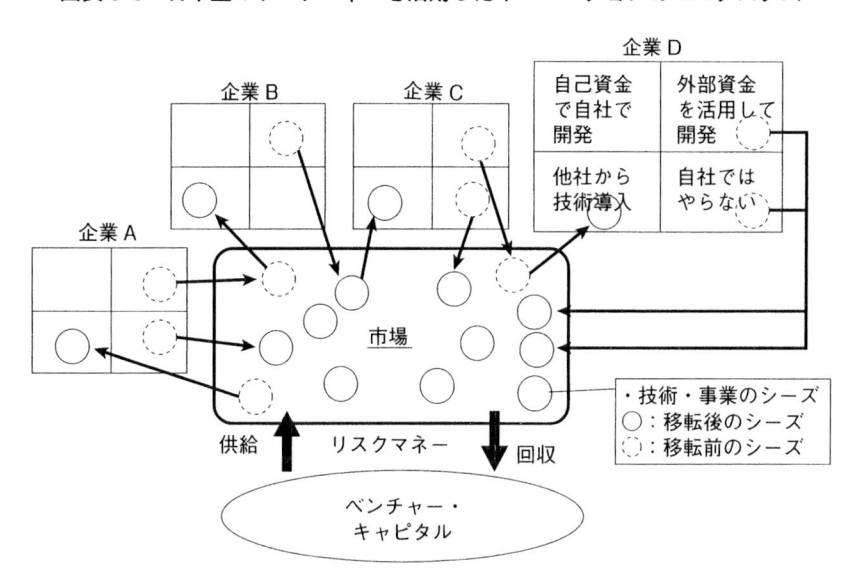

図表8-3　日本型のリスクマネーを活用したイノベーションのエコシステム

```
                                              企業D
                                        ┌─────────┬─────────┐
         企業B         企業C             │自己資金  │外部資金  │
    ┌───┬───┬───┐ ┌───┬───┬───┐         │で自社で  │を活用して│
    │   │   │   │ │   │   │   │         │開発      │開発      │
    ├───┼───┼───┤ ├───┼───┼───┤         ├─────────┼─────────┤
    │   │   │   │ │   │   │   │         │他社から  │自社では  │
    └───┴───┴───┘ └───┴───┴───┘         │技術導入  │やらない  │
                                        └─────────┴─────────┘
  企業A
┌───┬───┐
│   │   │              市場
├───┼───┤
│   │   │                             ・技術・事業のシーズ
└───┴───┘                             ○：移転後のシーズ
                                       (○)：移転前のシーズ
         供給     リスクマネー    回収

              ベンチャー・
              キャピタル
```

　また，第8章において，ベンチャー企業との提携やスピンオフ・ベンチャー企業を創出するには，図表8-1のようなイノベーション・マップによる管理が重要であること示した。その目的は，イノベーション活動をより効率的にするため，自社の事業領域に関する技術を，①自社のリソースを投入して自社で行う技術分野，②提携や買収によって社外のリソースを活用する技術分野，③外部のリソース，特にリスクマネーを活用するためにスピントフする技術分野，④売却等を通じてその事業から撤退する技術分野に分類することである。このイノベーション・マップの活用を前提とすると，第2章で提示した図表2-1は，提携を推進する分野とスピンオフする分野がより明確に示され，図表8-3のように修正されることになる。

　前述の通り，コーポレート・ベンチャリング活動によって，大企業がベンチャー企業と提携することやスピンオフ・ベンチャーを創出することは一企業として自社のイノベーションを促進するだけでなく，日本経済全体として見た場合にもその意義は大きい。各社による自社のパフォーマンスの追求が経済全体のパフォーマンス向上に資するのである。こうした活動により，日

第Ⅲ部　ベンチャー企業との提携推進のために

本においてもシリコンバレー・モデルのようなネットワークとリスクマネーを活用することのできるイノベーション・モデルが実現することになるのである。

　本書を多くの研究者，実務家の方に活用戴き，企業活動のパフォーマンス向上や日本経済活性化の一助となれば，筆者としてこれに勝る喜びはない。

注
1) 同様の主張は多い。Arthur (1999) は，ハイテク産業を支えているのは「最適化の文化」はなく「探求の文化」であり，企業組織は従来とは全く違うものになるため，「新製品開発は，収益の柱になっている既存部門から開発を邪魔されたり，妥協させられたり，阻止させられたりすることのないように，一部の部門で極秘に行われるようになる」(邦訳 p.243) と述べている。

　Lester and Piore (2004) は，製品開発には「解釈的取り組み」と「分析的取り組み」が必要であるが，これらははっきりと識別できるだけでなく，多くの点で互いに矛盾しており，互いに拮抗する。そして「これら2つの相矛盾する経営活動を同時に実施し，長期間にわたって両者のバランスを取る能力を持てるかどうかが，企業が製品開発を成功に導く中心的な課題である」が，「解釈的取り組み」は製品開発の初期段階には競争圧力に屈しやすいため，「解釈的取り組み」を競争圧力から保護するための避難所としての「空間」が必要である (邦訳 pp.219-220) と述べている。

　延岡 (2006) は，「企業が新商品を開発する場合，……能力破壊型と能力発展型では組織戦略がまったく違う。能力発展型は既存の強みをさらに強化するマネジメントが必要であるが，能力破壊型であれば，既存商品の開発組織とは完全に分離した組織が適している」(p.172) と述べている。
2) 吉原 (1986) が同様の主張を行っている (pp.203-221)。
3) 結果論からあれこれ文句を言う人，すでに終わったことをこうすべきだったと批評する人 (『新英和中辞典』研究社)。
4) Narayanan, Yang and Zahra (2009) によれば，これまで，フォーチュン500社のうち，130社以上がCVCプロジェクトを設立した (p.64)。
5) CVOの組織についてはMason and Rohner (2002) を参考にしている。

参考文献

Alvarez, Sharon A. and Jay B. Barney (2001) "How Entrepreneurial Firms Can Benefit from Alliances with Large Partners," *Academy of Management Executive*, Vol.15, No.1, pp.139-148.

Amdahl Corporation (1977-1997) *Annual Report* 1976-1996.

Amdahl, Gene M. (1978)「Dr. Ikeda, the International Man」, 富士通㈱編『池田記念論文集』富士通, pp.227-232。

Amdahl, Gene M. (1979) "The Early Chapters of the PCM Story," *DATAMATION*, Vol.25, No.2 (February), pp.113-116.

Amdahl, Gene M. (1986)「Reminiscence of My Memories of Dr. Omi」, ㈱富士通研究所編『尾見半左右さんの思い出』富士通研究所, pp.335-347。

Amdahl, Gene M. (2007) "Computer Architecture and Amdahl's Law," *Solid-State Circuits Newsletter, IEEE*, Vol.12, No.3, pp.4-9.

網倉久永 (2002)「組織の自律的ダイナミクス」『一橋ビジネスレビュー』第50巻第1号, pp.40-52。

Anand, Bharat N. and Tarun Khanna (2000) "Do Firms Learn to Create Value: The Case of Alliances," *Strategic Management Journal*, Vol.21, No.3, p.295.

Anderson, Erin and Hubert Gatignon (1986) "Models of Foreign Entry: A Transaction Cost Analysis and Propositions," *Journal of International Business Studies*, Vol.17, No.3, pp.1-26.

Anderson, William S. (2007) "An Interview with Gene M. Amdahl," *Solid-State Circuits Newsletter, IEEE*, Vol.12, No.3, pp.10-16.

Ansoff, H. Igor (1988) *The New Corporate Strategy,* Wiley (中村元一・黒田哲彦訳 (1990)『最新・戦略経営』産能大学出版部).

Anthony, Robert N. and Vijay Govindarajan (2007) *Management Control Systems*, McGraw-Hill/Irwin.

Aoki, Masahiko (2001) *Toward a Comparative Institutional Analysis*, The MIT

参考文献

  Press（瀧澤弘和・谷口和弘訳（2001）『比較制度分析に向けて』NTT出版）．
Ariño, Africa and José de la Torre (1998) "Learning from Failure: Towards an Evolutionary Model of Collaborative Ventures," *Organization Science*, Vol.9, No.3, pp.306–325.
Arthur, W. Brian (1999) "New Economics for a Knowledge Economy: The Low of Increasing Returns," in Rudy Ruggles and Dan Holtshouse (eds.), *The Knowledge Advantage*, Capstone, pp.195–212（木川田一栄訳（2001）『知識革新力』ダイヤモンド社，pp.231–265）．
浅沼萬里（1984）「日本における部品取引の構造―自動車産業の事例―」『經濟論叢』第133巻第3号，pp.241–262。
渥美裕子（2002）「国産コンピュータ ゼロからの大逆転―日本技術界 伝説のドラマ―」，NHKプロジェクトX制作班編『命輝け ゼロからの出発』日本放送出版協会，pp.119–176。
Axelrod, Robert (1984) *The Evolution of Cooperation*, Basic Books（松田裕之訳（1987）『つきあい方の科学―バクテリアから国際関係まで―』HBJ出版局）．
Axelrod, Robert and Will Mitchell (1995) "Coalition Formation in Standard-Setting Alliances," *Management Science*, Vol.41, No.9, pp.1493–1508.
Bachmann, Reinhard (2001) "Trust, Power and Control in Trans-Organizational Relations," *Organization Studies*, Vol.22, No.2, pp.337–365.
Badaracco, Joseph L. Jr. (1991) *The Knowledge Link: How Firms Compete Through Strategic Alliances*, Harvard Business School Press（中村元一・黒田哲彦訳（1991）『知識の連鎖―企業成長のための戦略同盟―』ダイヤモンド社）．
Bamford, James, David Ernst and David G. Fubini (2004) "Launching a World-Class Joint Venture," *Harvard Business Review*, Vol.82, No.2 (Feb.), pp.90–100（スコフィールド素子訳（2005）「JVの成否は100日で決まる―戦略提携に大半が失敗する―」『DIAMONDハーバード・ビジネス・レビュー』第30巻第2号（Feb.），pp.50–63）．
Barringer, Bruce R. and Jeffrey S. Harrison (2000) "Walking a Tightrope: Creating Value through Interorganizational Relationships," *Journal of Management*, Vol.26, No.3, pp.367–403.
Bassen, Alexander, Doris Blasel, Ulrich Faisst and Moritz Hagenmuller (2006) "Performance Measurement of Corporate Venture Capital: Balanced

Scorecard in Theory and Practice," *International Journal of Technology Management*, Vol.33, No.4, pp.420-437.

Baum, Joel A. C., Tony Calabrese and Brian S. Silverman (2000) "Don't Go It Alone: Alliance Network Composition and Startups' Performance in Canadian Biotechnology," *Strategic Management Journal*, Vol.21, No.3, pp.267-294.

Beamish, Paul W. and John C. Banks (1987) "Equity Joint Ventures and the Theory of the Multinational Enterprise," *Journal of International Business Studies*, Vol.18, No.2, pp.1-16.

Bleeke, Joel and David Ernst (1991) "The Way to Win in Cross-Border Alliances," *Harvard Business Review*, Vol.69, No.6 (Nov./Dec.), pp.127-135.

Block, Zenas and Ian C. MacMillan (1993) *Corporate Venturing: Creating New Businesses within the Firm*, Harvard Business School Press(松田修一監訳 (1994)『コーポレート・ベンチャリング』ダイヤモンド社).

Blodgett, Linda Longfellow (1992) "Factors in the Instability of International Joint Ventures: An Event History Analysis," *Strategic Management Journal*, Vol.13, No.6, pp.475-481.

Bouchikhi, Hamid, Mark De Rond and Valérie Leroux (1998) "Alliances as Social Facts: A Constructivist Theory of Interorganizational Collaboration," *ESSEC Working Paper*, No.CR-DR-98-037.

Boyett, Joseph H. and Jimmie T. Boyett (1998) *The Guru Guide: The Best Ideas of the Top Management Thinkers*, Wiley(金井壽宏・大川修二訳 (2002)『経営革命大全―世界をリードする79人のビジネス思想―』日本経済新聞社).

Brandenburger, Adam M. and Barry J. Nalebuff (1996) *Co-Opetition*, Doubleday Business(嶋津祐一・東田啓作訳 (1997)『コーペティション経営―ゲーム論がビジネスを変える―』日本経済新聞社).

Brockhoff, Klaus and Thorsten Teichert (1995) "Cooperative R&D and Partners' Measures of Success," *International Journal of Technology Management*, Vol.10, No.1, pp.111-123.

Bruce, Margaret, Fiona Leverick and Dale Littler (1995) "Complexities of Collaborative Product Development," *Technovation*, Vol.15, No.9, pp.535-552.

Bruner, Robert and Robert Spekman (1998) "The Dark Side of Alliances:

Lessons from Volvo-Renault," *European Management Journal*, Vol.16, No.2, p.136.

Buckley, Peter J. and Mark C. Casson (1988) "A Theory of Cooperation in International Business," in Farok F. Contractor and Peter Lorange (eds.), *Cooperative Strategies in International Business*, Lexington Books, pp.31-53.

Bygrave, William D. and Jeffry A. Timmons (1992) *Venture Capital at the Crossroads*, Harvard Business Press (日本合同ファイナンス㈱訳 (1995)『ベンチャーキャピタルの実態と戦略』東洋経済新報社).

Cardinal, Laura B., Sim B. Sitkin and Chris P. Long (2010) "A Configurational Theory of Control," in Sim B. Sitkin, Laura B. Cardinal and Katinka M. Bijlsma-Frankema (eds.), *Organizational Control*, Cambridge University Press, pp.51-79.

Casson, Mark and Michael J. Mol (2006) "Strategic Alliances: A Survey of Issues from an Entrepreneurial Perspective," in Oded Shenkar and Jeffery J. Reuer (eds.), *Handbook of Strategic Alliances*, SAGE Publications, pp.17-37.

Chesbrough, Henry W. (2002) "Making Sense of Corporate Venture Capital," *Harvard Business Review*, Vol.80, No.3 (Mar.), pp.90-99 (リット三佐子訳 (2002)「事業戦略に「外部経済」を働かせる事業会社のベンチャー投資戦略」『DIAMONDハーバード・ビジネス・レビュー』第27巻第8号 (Aug.), pp.163-172).

Chesbrough, Henry W. (2003) *Open Innovation: The New Imperative for Creating and Profiting from Technology*, Harvard Business Press (大前恵一朗訳 (2004)『OPEN INNOVATION ハーバード流イノベーション戦略のすべて』産業能率大学出版部).

Chesbrough, Henry W. (2006) *Open Business Models*, Harvard Business School Publishing (栗原潔訳 (2007)『オープンビジネスモデル―知財競争時代のイノベーション―』翔泳社).

Child, John and David Faulkner (1998) *Strategies of Cooperation: Managing Alliances, Networks, and Joint Ventures*, Oxford University Press.

Child, John, David Faulkner and Stephen B. Tallman (2005) *Cooperative Strategy: Managing Alliances, Networks, and Joint Ventures. 2 Edition*, Oxford University Press.

Child, John, Y. Yan and Y. Lu (1997) "Ownership and Control in Sino-Foreign Joint Ventures," in Paul W. Beamish and J. Peter Killing (eds.), *Cooperative Strategies: Asia Pacific Perspectives*, The New Lexington Press, pp.181–225.

Christensen, Clayton M. (1997) *The Innovator's Dilemma*, Harvard Business School Press(玉田俊平太訳(2003)『イノベーションのジレンマ』翔泳社).

Churchill, Neil C. and Virginia L. Lewis (1983) "The Five Stages of Small Business Growth," *Harvard Business Review*, Vol.61, No.3 (May./Jun.), pp.30–50(中村元一・高橋真訳)(1983)「中小企業成長の5段階」『DIAMOND ハーバード・ビジネス』第8巻第5号(Aug./Sep.), pp.81–91).

Contractor, Farok F. and Peter Lorange (1988) "Why Should Firms Cooperate? The Strategy and Economics Basis for Cooperative Ventures," in Contractor, Farok F. and Peter Lorange (eds.), *Cooperatitve Strategies in International Business*, Lexington Books, pp.3–30.

Contractor, Farok F. and Peter Lorange, (eds.) (2002) *Cooperatitve Strategies and Alliances*, Pergamon.

Cravens, Karen, Nigel Piercy and David Cravens (2000) "Assessing the Performance of Strategic Alliances: Matching Metrics to Strategies," *European Management Journal*, Vol.18, No.5, pp.529–541.

Cropper, Steve, Mark Ebers, Chris Huxham and Peter Smith Ring, (eds.) (2008) *The Oxford Handbook of Inter-Organizational Relations*, Oxford University Press.

Currall, Steven C. and Andrew C. Inkpen (2002) "A Multilevel Approach to Trust in Joint Ventures," *Journal of International Business Studies*, Vol.33, No.3, pp.479–495.

Das, T. K. and Bing-Sheng Teng (1996) "Risk Types and Inter-Firm Alliance Structures," *Journal of Management Studies*, Vol.33, No.6, pp.827–843.

Das, T. K. and Bing-Sheng Teng (1998a) "Resource and Risk Management in the Strategic Alliance Making Process," *Journal of Management*, Vol.24, No.1, pp.21–42.

Das, T. K. and Bing-Sheng Teng (1998b) "Between Trust and Control: Developing Confidence in Partner Cooperation in Alliances," *Academy of Management Review*, Vol.23, No.3, pp.491–512.

参考文献

Das, T. K. and Bing-Sheng Teng (2000) "A Resource-Based Theory of Strategic Alliances," *Journal of Management*, Vol.26, No.1, pp.31-62.

Das, T. K. and Bing-Sheng Teng (2002) "The Dynamics of Alliance Conditions in the Alliance Development Process," *Journal of Management Studies*, Vol.39, No.5, pp.725-746.

Day, George S. and Paul J. H. Schoemaker (2000) "A Different Game," in E., Gunther, Robert, George S. Day and Paul J. H. Schoemaker (eds.), *Wharton on Managing Emerging Technologies*, Wiley（小林陽太郎監訳（2001）『ウォートンスクールの次世代テクノロジー・マネジメント』東洋経済新報社）.

De Rond, Mark and Hamid Bouchikhi (2004) "On the Dialectics of Strategic Alliances," *Organization Science*, Vol.15, No.1, pp.56-69.

Doz, Yves L. (1988) "Technology Partnerships between Larger and Smaller Firms: Some Critical Issues," *International Studies of Management & Organization* Vol. 17, No.4, pp.31-57.

Doz, Yves L. (1996) "The Evolution of Cooperation in Strategic Alliances: Initial Conditions or Learning Processes?" *Strategic Management Journal*, Vol.17, No. S1, Summer 1996, pp.55-83.

Doz, Yves L. and Gary Hamel (1998) *Alliance Advantage: The Art of Creating Value through Partnering*, Harvard Business School Press（志太勤一・柳孝一・和田正春訳（2001）『競争優位のアライアンス戦略―スピードと価値創造のパートナーシップ―』ダイヤモンド社）.

Doz, Yves L. and Peter Williamson (2002) "Alliances as Entrepreneurship Accelerators," in Farok F. Contractor and Peter Lorange (eds.), *Cooperative Strategies and Alliances*, Pergamon, pp.773-797.

Dushnitsky, Gary (2004) "Limitations to Inter-Organizational Knowledge Acquisition: The Paradox of Corporate Venture Capital," Stern School of Business, Doctoral thesis.

Dushnitsky, Gary (2006) "Corporate Venture Capital: Past Evidence and Future Directions," in Mark Casson et al (eds.), *Oxford Handbook of Entrepreneurship*, Oxford University Press, pp.387-431.

Dushnitsky, Gary and Michael J. Lenox (2005a) "When Do Firms Undertake R&D by Investing in New Ventures?" *Strategic Management Journal*, Vol.26, No.10, pp.947-965.

Dushnitsky, Gary and Michael J. Lenox (2005b) "When Do Incumbents Learn from Entrepreneurial Ventures? Corporate Venture Capital and Investing Firm Innovation Rates," *Research Policy*, Vol.34, No.5, pp.615-639.

Dushnitsky, Gary and Michael J. Lenox (2006) "When Does Corporate Venture Capital Investment Create Firm Value?" *Journal of Business Venturing*, Vol.21, No.6, pp.753-772.

Dussauge, Pierre, Bernard Garrette and Will Mitchell (2000) "Learning from Competing Partners: Outcomes and Durations of Scale and Link Alliances in Europe," *Strategic Management Journal*, Vol.21, No.2, p.99.

Dyer, Jeffrey H. (1997) "Effective Interfirm Collaboration: How Firms Minimize Transaction Costs and Maximize Transaction Value," *Strategic Management Journal*, Vol.18, No.7, pp.535-556.

Dyer, Jeffrey H. (2000) *Collaborative Advantage: Winning through Extended Enterprise Supplier Networks*, Oxford University Press.

Dyer, Jeffrey H. and Harbir Singh (1998) "The Relational View: Cooperative Strategy and Sources of Interorganizational Competitive Advantage," *Academy of Management Review*, Vol.23, No.4, pp.660-679.

Dyer, Jeffery H. and Prashant Kale (2007) "Relational Capabilities: Drivers and Implications," in Constance E. Helfat, et al. (eds.), *Dynamic Capabilities*, Blackwell Publishing, pp.65-79.

Dyer, Jeffrey H., Prashant Kale and Harbir Singh (2001) "How to Make Strategic Alliances Work (Cover Story)," *MIT Sloan Management Review*, Vol.42, No.4, pp.37-43.

Dyer, Jeffrey H., Prashant Kale and Harbir Singh (2004) "When to Ally & When to Acquire. (Cover Story)," *Harvard Business Review*, Vol.82, No.7/8, pp.108-115 (鈴木泰雄訳 (2005)「提携すべき時，買収すべき時」『DIAMONDハーバード・ビジネス・レビュー』第30巻第2号 (Feb.), pp.64-75).

Dyer, Jeffrey H. and William G. Ouchi (1993) "Japanese-Style Partnerships: Giving Companies a Competitive Edge," *Sloan Management Review*, Vol.35, No.1, pp.51-63.

Faulkner, David O. and Mark De Rond (2000) "Perspectives on Cooperate Strategy," in David Faulkner and Mark De Rond (eds.), *Cooperative Strategy: Economic, Business, and Organizational Issues*, Oxford University Press, pp.3-39.

参考文献

Flamholtz, Eric G. and Yvonne Randle (2000) *Growing Pains: Transitioning from an Entrepreneurship to a Professionally Managed Firm*, Jossey-Bass Inc. (加藤隆哉監訳 (2001)『アントレプレナーマネジメント・ブック』ダイヤモンド社).

Forrest, Janet E. (1990) "Strategic Alliances and the Small Technology-Based Firm," *Journal of Small Business Management*, Vol.28, No.3, pp.37-45.

Forrest, Janet E. and M. J. C. Martin (1992) "Strategic Alliances between Large and Small Research Intensive Organizations: Experiences in the Biotechnology Industry," *R&D Management*, Vol.22, No.1, pp.41-54.

Foster, Richard and Sarah Kaplan (2001) *Creative Destruction: Why Companies That Are Built to Last Underperform the Market-and How to Successfully Transform Them*, Currency (柏木亮二訳 (2002)『創造的破壊―断絶の時代を乗り越える―』翔泳社).

Fryxell, Gerald E., Robert S. Dooley and Maria Vryza (2002) "After the Ink Dries: The Interaction of Trust and Control in US-Based International Joint Ventures," *Journal of Management Studies*, Vol.39, No.6, pp.865-886.

藤本隆宏 (1997)『生産システムの進化論―トヨタ自動車にみる組織能力と創発プロセス―』有斐閣.

藤本隆宏 (1998)「サプライヤー・システムの構造・機能・発生」藤本隆宏・西口敏宏・伊藤秀史編『リーディングス サプライヤー・システム―新しい企業間関係を創る―』有斐閣, pp.41-70。

富士通㈱ (1976)『社史Ⅱ』。

富士通㈱ (1986)『社史Ⅲ』。

富士通㈱ (1988)『池田記念論文集』。

富士通㈱開発計画作成グループ (1971)「FACOM 開発計画答申書」。

富士通㈱情報処理技術部 (1971)「次期 FACOM シリーズ開発過程における Amdahl Corporation との協力可能性について」。

Galbraith, Jay R. (1982) "The Stages of Growth," *Journal of Business Strategy*, Vol.3, No.1, pp.70-79.

Geringer, J. Michael and Louis Hebert (1989) "Control and Performance of International Joint Ventures," *Journal of International Business Studies*, Vol.20, No.2, pp.235-254.

Gomes-Casseres, Benjamin (1996) *The Alliance Revolution: The New Shape of Business Rivalry*, Harvard University Press.

Greiner, Larry E. (1972) "Evolution and Revolution as Organizations Grow," *Harvard Business Review*, Vol.50, No.4 (Jul./Aug.), pp.37-46 (藤田昭雄訳 (1979) 「企業成長の"フシ"をどう乗り切るか」『DIAMONDハーバード・ビジネス』第4巻第1号 (Jan./Feb.), pp.69-78).

Gulati, Ranjay (1993) The Dynamics of Alliance Formation, Thesis (Ph. D.), Harvard University.

Gulati, Ranjay (1995) "Social Structure and Alliance Formation Patterns: A Longitudinal Analysis," *Administrative Science Quarterly*, Vol.40, No.4, pp.619-652.

Gulati, Ranjay (1998) "Alliances and Networks," *Strategic Management Journal*, Vol.19, No.4, pp.293-317.

Gulati, Ranjay and Martin Gargiulo (1999) "Where Do Interorganizational Networks Come From?" *American Journal of Sociology*, Vol.104, No.5, pp.1439-1493.

Gundlach, Gregory T., Ravi S. Achrol and John T. Mentzer (1995) "The Structure of Commitment in Exchange," *Journal of Marketing*, Vol.59, No.1, p.78.

Ha, Hoang and Frank T. Rothaermel (2005) "The Effect of General and Partner-Specific Alliance Experience on Joint R&D Project Performance," *Academy of Management Journal*, Vol.48, No.2, pp.332-345.

Hagedoorn, John and Geert Duysters (2002) "External Sources of Innovative Capabilities: The Preference for Strategic Alliances or Mergers and Acquisitions," *Journal of Management Studies*, Vol.39, No.2, pp.167-188.

Hamel, Gary (1991) "Competition for Competence and Inter-Partner Learning within International Strategic Alliances," *Strategic Management Journal*, Vol.12, No.4, pp.83-103.

Harbison, John R. and Peter Jr. Pekar (1998) *Smart Alliances: A Practical Guide to Repeatable Success*, Jossey-Bass (日本ブース・アレン・アンド・ハミルトン訳 (1999) 『アライアンススキル―合従連衡の成功要件―』ピアソン・エデュケーション).

Hardy, Cynthia, Nelson Phillips and Tom Lawrence (1998) "Distinguishing Trust and Power in Interorganizational Relations: Forms and Facades of Trust," in Christel Lane and Reinhard Bachmann (eds.), *Trust within and Between Organizations:* Conceptual Issues and Empircal Application, Oxford University Press.

参考文献

Harrigan, Kathryn Rudie (1986) *Managing for Joint Venture Success*, Free Press (佐伯光弥訳 (1987)『ジョイントベンチャー成功の戦略』有斐閣).

Harrigan, Kathryn Rudie (1988) "Joint Ventures and Competitive Strategy," *Strategic Management Journal*, Vol.9, No.2, pp.141-158.

長谷川克也 (2008)「コーポレート・ベンチャー・キャピタルに関する一考察—日本の大手電機メーカーのCVC活動を通しての分析—」『日本ベンチャー学会誌』第11巻, pp.51-60。

間宏 (1971)『日本的経営』日本経済新聞社。

Hellmann, Thomas (2002) "A Theory of Strategic Venture Investing," *Journal of Financial Economics*, Vol.64, No.2, pp.285-314.

Hennart, Jean-Francois (1988) "A Transaction Costs Theory of Equity Joint Ventures," Strategic Management Journal, Vol.9, No.4, pp.361-374.

平野真 (2006)「ハイテク・デバイス・ベンチャリングにおけるグローバル・アライアンス：組織間学習の視点から」『国際ビジネス研究学会年報』第12巻, pp.53-64。

Hill, Susan A., Markku V. J. Maula, and Gordon C. Murray (2005) "Corporate Venture Capital: Towards an Integration of Organization, Investment and Performance," Paper Presented at the Babson College Entrepreneurship Research Conference, Babson College, MA.

Hoffmann, Werner H. and Roman Schlosser (2001) "Success Factors of Strategic Alliances in Small and Medium-Sized Enterprises: An Empirical Survey," *Long Range Planning*, Vol.34, No.3, pp.357-381.

Huxham, Chris and Nic Beech (2008) "Inter-Organizational Power," in Steve Cropper et al. (eds.), *The Oxford Handbook of Inter-Organizational Relations*, Oxford University Press, pp.555-579.

Hymer, Stephen (1976) *The International Operations of National Firms: A Study of Direct Foreign Investment*, MIT Press.

今井賢一・伊丹敬之・小池和男 (1982)『内部組織の経済学』東洋経済新報社。

Inkpen, Andrew C. (1996) "Creating Knowledge through Collaboration," *California Management Review*, Vol.39, No.1, pp.123-140.

Inkpen, Andrew C. (2001) "Strategic Alliances," in Michael A. Hitt, R. Edward Freeman and Jeffrey S. Harrison (eds.), *The Blackwell Handbook of Strategic Management*, Wiley, pp.409-432.

Inkpen, Andrew C. and P. W. Beamish (1997) "Knowledge, Bargaining Power, and the Instability of International Joint Ventures," *Academy of Management Review*, Vol.22, No.1, pp.177-202.

Inkpen, Andrew C. and Mary M. Crossan (1995) "Believing Is Seeing: Joint Ventures and Organization Learning," *Journal of Management Studies*, Vol.32, No.5, pp.595-618.

Inkpen, Andrew C. and Steven C. Currall (1998) "The Nature, Antecedents, and Consequences of Joint Venture Trust," *Journal of International Management*, Vol.4, No.1, pp.1-20.

Inkpen, Andrew C. and Steven C. Currall (2004) "The Coevolution of Trust, Control, and Learning in Joint Ventures," *Organization Science*, Vol.15, No.5, pp.586-599.

Inkpen, Andrew C. and Jerry Ross (2001) "Why Do Some Strategic Alliances Persist Beyond Their Useful Life?" *California Management Review*, Vol.44, No.1, pp.132-148.

Ireland, R. Duane, Michael A. Hitt and Justin W. Webb (2006) "Entrepreneurial Alliance and Networks," in Oded Shenkar and Jeffery J. Reuer (eds.), *Handbook of Strategic Alliances*, SAGE Publications, pp.333-352.

Isabella, Lynn A. (2002) "Managing an Alliance is Nothing Like Business as Usual," *Organizational Dynamics*, Vol.31, No.1, pp.47-59.

石井淳蔵・奥村昭博・加護野忠男・野中郁次郎 (1985)『経営戦略論』有斐閣。

石井威望 (1991)『日本型技術が世界を変える』PHP研究所。

伊丹敬之 (1986)『マネジメント・コントロールの理論』岩波書店。

伊丹敬之・伊丹研究室 (1996)『日本のコンピュータ産業―なぜ伸び悩んでいるのか―』NTT出版。

伊藤邦雄・鈴木智弘 (1991)「戦略提携によるグローバル・リンケージの創造―「情報の論理」と「資本の論理」の動的バランス―」『ビジネス レビュー』第38巻第4号, pp.15-42。

岩淵明男 (1984)『富士通の挑戦―コンピュータ・ウォーズ最前線―』山手書房。

岩淵明男 (1987)『アメーバ経営革命―変化即応型組織戦略のノウハウ―』PHP研究所。

岩田龍子 (1978)『現代日本の経営風土―その基盤と変化の動態を探る―』日本経済新聞社。

加護野忠男・野中郁次郎・榊原清則・奥村昭博 (1983)『日米企業の経営比較―戦略的環境適応の理論―』日本経済新聞社。

参考文献

Kale, Prashant, Jeffrey H. Dyer and Harbir Singh (2002) "Alliance Capability, Stock Market Response, and Long-Term Alliance Success: The Role of the Alliance Function," *Strategic Management Journal*, Vol.23, No.8, pp.747-767.

Kale, Prashant, Harbir Singh and John Bell (2009) "Relating Well: Building Capabilities for Sustaining Alliance Networks," in Paul R., Kleindorfer Yoram J. Wind and Robert E. Gunther (eds.), *The Network Challenge: Strategy, Profit, and Risk in an Interlinked World*, Pearson Prentice Hall, pp.353-366.

金井壽宏 (1994)『企業者ネットワーキングの世界―MITとボストン近辺の企業者コミュニティの探求―』白桃書房。

神田良・高井透 (1997)「戦略提携のマネジメント（下）―化学企業のプレ・スタディ」『化学経済』第44巻第8号, pp.67-77。

神田良・高井透 (1999)「提携の継続性と組織学習―東レ・デュポンの合弁事業の事例 (21世紀の企業経営) ―」『經營學論集（日本経営学会）』第69巻 pp.165-172。

Kanter, Rosabeth M. (1989) *When Giants Learn to Dance*, Simon & Schuster.

Kanter, Rosabeth M. (1994) "Collaborative Advantage: The Art of Alliances," *Harvard Business Review*, Vol.72, No.4 (Jul./Aug.), pp.96（宮下清訳 (1994)「コラボレーションが創る新しい競争優位」『DIAMOND ハーバード・ビジネス』第19巻第6号 (Oct./Nov.), pp.22-36)。

柏原久 (1986)『IBMを震え上がらせた男―〈小説〉池田敏雄と富士通コンピュータ野郎たち―』かんき出版。

柏原久 (1992)『ついにIBMをとらえた』日本放送出版協会。

Katila, Riitta, Jeff D. Rosenberger and Kathleen M. Eisenhardt (2008) "Swimming with Sharks: Technology Ventures, Defense Mechanisms and Corporate Relationships," *Administrative Science Quarterly*, Vol.53, No.2, pp.295-332.

川上哲郎・長尾龍一・伊丹敬之・加護野忠男・岡崎哲二 (1994)「日本的経営の精神」, 川上哲郎・長尾龍一・伊丹敬之・加護野忠男・岡崎哲二編『日本型経営の叡知』PHP研究所, pp.66-93。

Kazanjian, Robert K. (1988) "Relation of Dominant Problems to Stages Growth in Technology-Based New Ventures," *Academy of Management Journal*, Vol.31, No.2, pp.257-279.

Keil, Thomas (2002) *External Corporate Venturing: Strategic Renewal in Rapidly*

Changing Industries, Quorum Books.

Keil, Thomas, Markku V.J. Maula and Wilson Cameron (2010) "Unique Resources of Corporate Venture Capitalists as a Key to Entry into Rigid Venture Capital Syndication Networks," *Entrepreneurship Theory and Practice*, Vol.34, No.1, pp.83-103.

経済産業省 (2003)『スピンオフ研究会報告書―大企業文化からの解放と我が国経済構造の地殻変動に向けて―』(http://warp.ndl.go.jp/info:ndljp/pid/286890/www.meti.go.jp/kohosys/press/0003941/0/030417spinoff.pdf)。

経済産業省 (2006)『『ナノテクベンチャー企業支援による産業活性化に関する調査研究』報告書』(http://www.meti.go.jp/report/downloadfiles/g60629a01j.pdf)。

経済産業省 (2009)『『コーポレートベンチャリングに関する調査研究』調査報告書』(http://www.meti.go.jp/meti_lib/report/2009fy01/E000772-2.pdf)。

Khanna, Tarun, Ranjay Gulati and Nitin Nohria (1998) "The Dynamics of Learning Alliances: Competition, Cooperation, and Relative Scope," *Strategic Management Journal*, Vol.19, No.3, p.193.

Killing, J. Peter (1982) "How to Make a Global Joint Venture Work," *Harvard Business Review*, Vol.60, No.3 (May./Jun.), pp.120-127.

金龍烈 (1993)「大企業の新規事業開発における日本的経営の役割」『経済経営研究年報』第43巻, pp.291-325。

清成忠男 (1972)『ベンチャーキャピタル』新時代社。

清成忠男・中村秀一郎・平尾光司 (1971)『ベンチャー・ビジネス―頭脳を売る小さな大企業―』日本経済新聞社。

小林大祐 (1983)『ともかくやってみろ』東洋経済新報社。

Kogut, Bruce (1988) "Joint Ventures: Theoretical and Empirical Perspectives," *Strategic Management Journal*, Vol.9, No.4, pp.319-332.

今野喜文 (2006)「戦略的提携論に関する一考察」『北星学園大学経済学部北星論集』第45巻第2号, pp.65-86。

Koza, Mitchell P. and Arie Y. Lewin (1998) "The Co-Evolution of Strategic Alliances," *Organization Science*, Vol.9, No.3, pp.255-264.

Koza, Mitchell P. and Arie Y. Lewin (1999) "The Coevolution of Network Alliances: A Longitudinal Analysis of an International Professional Service Network," *Organization Science*, Vol.10, No.5, pp.638-653.

Koza, Mitchell and Arie Lewin (2000) "Managing Partnerships and Strategic

Alliances: Raising the Odds of Success," *European Management Journal*, Vol.18, No.2, pp.146-151.

Kraatz, Matthew S. (1998) "Learning by Association? Interorganizational Networks and Adaptation to Environmental Change," *Academy of Management Journal*, Vol.41, No.6, pp.621-643.

黒川晋 (1994) 「川崎製鉄のジョイント・ベンチャーによるLSI事業への進出」『DIAMOND ハーバード・ビジネス・レビュー』第19巻第4号 (1994 June-July), pp.110-118。

桑島健一 (2000) 「戦略的提携」, 高橋伸夫編『超企業・組織論』有斐閣, pp.87-96。

Larsson, Rikard, Lars Bengtsson, Kristina Henriksson and Judithet al Sparks (1998) "The Interorganizational Learning Dilemma: Collective Knowledge Development in Strategic Alliances," *Organization Science*, Vol.9, No.3, pp.285-305.

Lester, Richard K. and Michel J. Piore (2004) *Innovation: The Missing Dimension*, Harvard University Press (依田直也訳 (2006) 『イノベーション』生産性出版).

Lewicki, Roy J. and Barbara Benedict Bunker (1996) "Developing and Maintaining Trust in Work Relationships," in Roderick M. Kramer and Tom R. Tyler (eds.), *Trust in Organizations: Frontiers of Theory and Research*, Sage Publications, Inc., pp.114-139.

Lewis, Jordan D. (1990) *Partnerships for Profit: Structuring and Managing Strategic Alliances*, The Free Press.

Lippitt, Gordon L. and Warren H. Schmidt (1967) "Crises in a Developing Organization," *Harvard Business Review*, Vol.45, No.6 (Nov./Dec.), pp.102-112.

Lorange, Peter. and Johan Roos (1992) *Strategic Alliances: Formation, Implementation, and Evolution*, Blackwell.

Madhavan, Ravindranath, Balaji R. Koka and John E. Prescott (1998) "Networks in Transition: How Industry Events (re)Shape Interfirm Relationships," *Strategic Management Journal*, Vol.19, No.5, pp.439-459.

Madhok, Anoop (1995) "Revisiting Multinational Firms' Tolerance for Joint Ventures: A Trust-Based Approach," *Journal of International Business Studies*, Vol.26, No.1, pp.117-137.

Madhok, Anoop and Stephen B. Tallman (1998) "Resources, Transactions and Rents: Managing Value through Interfirm Collaborative Relationships," *Organization Science*, Vol.9, No.3, pp.326-339.

前田昇 (2003)「キャッチアップモデルからの解放―イノベーション・システム活性化のための研究開発型ベンチャーの重要性―」『一橋ビジネスレビュー』第51巻第2号, pp.34-48。

Makhija, Mona V. and Usha Ganesh (1997) "The Relationship between Control and Partner Learning-Related Joint Ventures," *Organization Science*, Vol.8, No.5, pp.508-527.

真鍋誠司 (2002)「企業間協調における信頼とパワーの効果」『組織科学』第36巻第1号, pp.80-94。

真鍋誠司 (2004)「企業間信頼の構築とサプライヤー・システム―日本自動車産業の分析―」『横浜経営研究』第25巻第2・3号, pp.93-107。

真鍋誠司・延岡健太郎 (2002)「ネットワーク信頼の構築―トヨタ自動車の組織間学習システム―」『一橋ビジネスレビュー』第50巻第3号, pp.184-193。

Mason, Heidi and Tim Rohner (2002) *The Venture Imperative: A New Model for Corporate Innovation*," Harvard Business School Press (山田幸三・松永幸廣郎・伊藤博之・若山聡満訳 (2004)『ベンチャービジネスオフィスVBO―コーポレートベンチャリングの新しいモデル―』生産性出版).

Mathews, Richmond D. (2006) "Strategic Alliances, Equity Stakes, and Entry Deterrence," *Journal of Financial Economics*, Vol.80, No.1, pp.35-79.

松田修一 (1998)『ベンチャー企業』日本経済新聞社。

松田修一 (2005)『ベンチャー企業〈第3版〉』日本経済新聞社。

松行彬子 (2002)「川崎製鉄とLLCの戦略的提携による組織間学習」松行康夫・松行彬子編著『組織間学習論―知識創発のマネジメント―』白桃書房, pp.181-212。

Maula, Markku V. J. (2001) "Corporate Venture Capital and Value-Added for Technology-Based New Firms Institute of Strategy and International Business," *Helsinki University of Technology, Doctoral dissertation*.

Maula, Markku V. J. (2007) "Corporate Venture Capital as a Strategic Tool for Corporation" in Landström, Hans (eds.), *Handbook of Research on Venture Capital*, Edward Elgar Publinshing Ltd, pp.371-392.

Maula, Markku V. J. and Gordon Murray (2002) "Corporate Venture Capital and the Creation of Us Public Companies: The Impact of Sources of Venture

Capital on the Performance of Portfolio Companies," in Michael A. Hitt et al. (eds.), *Creating Value: Winners in the New Business Environment*, Blackwell Publishers, pp.164-187.

Maula, Markku V. J., Erkko Autio and Gordon Murray (2003a) "Prerequisites for the Creation of Social Capital and Subsequent Knowledge Acquisition in Corporate Venture Capital," *Venture Capital*, Vol.5, No.2, pp.117-134.

Maula, Markku V. J., Thomas Keil and Shaker A. Zahra (2003b), "Corporate venture Capital and Recognition of Technological Discontinuities," Paper Presented at the Academy of Management Meeting, Seattle, WA, 1-6 August.

Maula, Markku V. J., Erkko Autio and Gordon Murray (2005) "Corporate Venture Capitalists and Independent Venture Capitalists: What Do They Know, Who Do They Know, and Should Entrepreneurs Care?" *Venture Capital*, Vol.7, No.1, pp.3-21.

Maula, Markku V. J., Thomas Keil and Jukka-Pekka Salmenkaita (2006) "Open Innovation in Systemic Innovation Contexts," in Chesbrough, H., W. Vanhaverbeke and J. West (eds.), in *Open Innovation: Researching a New Paradigm*, Oxford University Press: pp.241-257 (PRTM監訳・長尾高弘訳 (2008)「システミックイノベーションにおけるオープンイノベーション」『オープンイノベーション―組織を越えたネットワークが成長を加速する―』英治出版).

Mayer, Kyle J. and Nicholas S. Argyres (2004) "Learning to Contract: Evidence from the Personal Computer Industry," Organization Science, Vol.15, No.4, pp.394-410.

Medcof, John W. (1997) "Why Too Many Alliances End in Divorce," *Long Range Planning*, Vol.30, No.5, pp.718-732.

Miller, Danny and Peter H. Friesen (1984) "A Longitudinal Study of the Corporate Lifecycle," *Management Science*, Vol.30, No.10, pp.1161-1183.

Mintzberg, Henry, Bruce Ahlstrand and Joseph Lampel (1998) *Strategy Safari: A Guided Tour through the Wilds of Strategic Management*, Free Press (齋藤嘉則監訳 (1999)『戦略サファリ―戦略マネジメント・ガイドブック―』東洋経済新報社).

三品和広 (2002)「企業戦略の不全症」『一橋ビジネスレビュー』第50巻第1号, pp.6-23。

Mitchell, Will and Kulwant Singh (1996) "Survival of Businesses Using Collaborative Relationships to Commercialize Complex Goods," *Strategic Management Journal*, Vol.17, No.3, pp.169-195.

三戸公 (1982)「日本的経営論の課題」, 津田眞澂編『現代の日本的経営』有斐閣, pp.95-118。

Moore, James. F. (1996) *The Death of Competition: Leadership and Strategy in the Age of Business Ecosystems*, HarperBusiness.

Mowery, David C., Joanne E. Oxley and Brian S. Silverman (1996) "Strategic Alliances and Interfirm Knowledge Transfer," *Strategic Management Journal*, Vol.17, Winter Special Issue, pp.77-91.

Mowery, David C., Joanne E. Oxley and Brian S. Silverman (1998) "Technological Overlap and Interfirm Cooperation: Implications for the Resource-Based View of the Firm," *Research Policy*, Vol.27, No.5, pp.507-523.

中村裕一郎 (2005)「シリコンバレー型イノベーションにおける大企業の役割について」, ㈳日本経済団体連合会新産業・新事業委員会『新産業・新事業委員会第3次訪米調査団報告―人的ネットワークが築く米国ベンチャーの世界―』2005年5月。

中村裕一郎 (2008)「イノベーションの仕組みとしてのコーポレート・ベンチャリング」『テクノロジーマネジメント』2008, フュージョンアンドイノベーション, pp.69-77。

中村裕一郎 (2010)「大企業にとってのベンチャー企業との提携の成功要因―富士通とアムダール社との提携のケースの研究―」『ベンチャーレビュー』第15号, pp.59-68。

Narayanan, V. K., Y. Yang and S. A. Zahra (2009) "Corporate Venturing and Value Creation: A Review and Proposed Framework," *Research Policy*, Vol.38, No.1, pp.58-76.

Nishiguchi, Toshihiro (1994) *Strategic Industrial Sourcing: The Japanese Advantage*, Oxford University Press.

西口敏宏・アレクサンダ・ボーデ (1999)「カオスにおける自己組織化―トヨタ・グループとアイシン精機火災―」『組織科学』第32巻第4号, pp.58-72。

西村吉雄 (2003)『産学連携―「中央研究所の時代」を越えて―』日経BP社。

西野壽一 (2002)「大企業はベンチャーをどう活用すべきか」, 西村吉雄・西野壽一編『MOT大企業における技術経営』丸善, pp.151-161。

延岡健太郎 (1996)「顧客範囲の経済―自動車部品サプライヤの顧客ネットワーク

参考文献

　　　戦略と企業成果─」『國民經濟雜誌』第173巻第6号, pp.83-100。
延岡健太郎 (2002)「日本企業の戦略的意思決定能力と競争力」『一橋ビジネスレ
　　　ビュー』第50巻第1号, pp.24-37。
延岡健太郎 (2006)『MOT「技術経営」入門』日本経済新聞社。
延岡健太郎・真鍋誠司 (2000)「組織間学習における関係的信頼の役割：日本自動
　　　車産業の事例─」『経済経営研究』第50号, pp.125-144。
野中郁次郎 (1991)「戦略提携序説─組織間知識創造と対話 (戦略的グローバル・
　　　リンケージ) ─」『ビジネス レビュー』第38巻第4号, pp.1-14。
Nooteboom, Bart (1996) "Trust, Opportunism and Governance: A Process and
　　　Control Model," *Organization Studies*, Vol.17, No.6, pp.985-1010.
沼上幹・軽部大・加藤俊彦・田中一弘・島本実 (2007)『組織の〈重さ〉』日本経
　　　済新聞社。
尾高邦雄 (1984)『日本的経営─その神話と現実─』中央公論社。
奥村昭博 (1984)「ベンチャー企業の組織成長」『組織科学』第17巻第4号, pp.51-
　　　62。
奥村昭博 (1986)『企業イノベーションへの挑戦』日本経済新聞社。
Park, Seung Ho and Gerardo R. Ungson (1997) "The Effect of National Culture,
　　　Organizational Complementarity, and Economic Motivation on Joint
　　　Venture Dissolution," *Academy of Management Journal*, Vol.40, No.2, pp.
　　　279-307.
Parkhe, Arvind (1993) "Strategic Alliance Structuring: A Game Theoretic and
　　　Transaction Cost Examination of Interfirm Cooperation," *Academy of
　　　Management Journal*, Vol.36, No.4, pp.794-829.
Penrose, Edith T. (1959) *The Theory of the Growth of the Firm*, Basil Blackwell
　　　Publishers (末松玄六訳 (1982)『会社成長の理論』ダイヤモンド社).
Perlmutter, Howard V. and David A. Heenan (1986) "Cooperate to Compete
　　　Globally," *Harvard Business Review*, Vol.64, No.2 (Mar./Apr.), pp.136-152.
Pfeffer, Jeffrey and Gerald R. Salancik (1978) *The External Control of
　　　Organizations: A Resource Dependence Perspective*, Harper & Row.
Piore, Michael J. and Charles F. Sabel (1984) *The Second Industrial Divide:
　　　Possibilities for Prosperity*, Basic Books (山之内靖・石田あつみ・永易浩一
　　　訳 (1993)『第二の産業分水嶺』筑摩書房).
Pitts, Robert A (1977) "Strategies and Structures for Diversification," *The
　　　Academy of Management Journal*, Vol.20, No.2, p. 199.

Poppo, Laura and Todd Zenger (2002) "Do Formal Contracts and Relational Governance Function as Substitutes or Complements?" *Strategic Management Journal*, Vol.23, No.8, p.707.

Porter, Michael E. and Mark B. Fuller (1986) "Coalition and Global Strategy," in Michael E. Porter (ed), *Competition in Global Industries*, Harvard Business School Press, pp.315-343（土岐坤・中辻萬治・小野寺武夫訳（1989）「提携とグローバル戦略」『グローバル企業の競争戦略』ダイヤモンド社，pp.289-325）.

Prashantham, Shameen and Julian Birkinshaw (2008) "Dance Lessons for Gorillas," *California Management Review*, Vol.51, No.1, pp.20-21.

Quinn, Robert E. and Kim Cameron (1983) "Organizational Life Cycles and Shifting Criteria of Effectiveness: Some Preliminary Evidence," *Management Science*, Vol.29, No.1, pp.33-51.

Reuer, Jeffery (2004) "Strategic Alliance Research: Progress and Prospects," in Jeffery Reuer (ed.), *Strategic Alliances*, Oxford University Press, pp.1-16.

Reuer, Jeffrey and Africa Ariño (2007) "Strategic Alliance Contracts: Dimensions and Determinants of Contractual Complexity," *Strategic Management Journal*, Vol.28, No.3, pp.313-330.

Ring, Peter Smith and Andrew H. Van De Ven (1992) "Structuring Cooperative Relationships between Organizations," *Strategic Management Journal*, Vol.13, No.7, pp.483-498.

Ring, Peter Smith and Andrew H. Van De Ven (1994) "Developmental Processes of Cooperative Interorganizational Relationships," *Academy of Management Review*, Vol.19, No.1, pp.90-118.

Riyanto, Yohanes E. and Armin Schwienbacher (2006) "The Strategic Use of Corporate Venture Financing for Securing Demand," *Journal of Banking and Finance*, Vol.30, No.10, pp.2809-2833.

Rosenberger, Jeff D., Riitta Katila and Kathleen M. Eisenhardt (2005) "The Flip Side of the Coin: Nascent Technology Ventures and Corporate Venture Funding," Working Paper, Stanford University.

Rothaermel, Frank T. and David L. Deeds (2006) "Alliance Type, Alliance Experience and Alliance Management Capability in High-Technology Ventures," *Journal of Business Venturing*, Vol.21, No.4, pp.429-460.

榊原清則（1997）「国家超越型企業とシリコンバレーモデルと―新しい企業モデル

と日本企業の課題—」『オペレーションズ・リサーチ』第42巻第10号, pp.646-650。

榊原清則 (2002)「外部資源活用型の成長戦略と組織」『経営学入門 [下]』日本経済新聞社, pp.30-35。

Sako, Mari (1992) *Price, Quality and Trust: Inter-Firm Relations in Britain and Japan*, Cambridge University Press.

酒向真理 (1998)「日本のサプライヤー関係における信頼の役割」, 藤本隆宏・西口敏弘・伊東秀史 (編)『リーディングス サプライヤー・システム—新しい企業関係を創る—』有斐閣, pp.91-118。

櫻井克彦 (1994)「企業の社会的責任の今日的展開と日本企業の閉鎖性 (世界の中の日本企業)」『經營學論集』第64号, pp.41-51。

Saxenian, Annalee (1994) *Regional Advantage: Culture and Competition in Silicon Valley and Route 128*, Harvard University Press. (大前研一訳 (1995)『現代の二都物語—なぜシリコンバレーは復活し, ボストン・ルート128は沈んだか—』講談社).

Schildt, Henri A., Markku V. J. Maula and Thomas Keil (2005) "Explorative and Exploitative Learning from External Corporate Ventures," *Entrepreneurship: Theory & Practice*, Vol.29, No.4, pp.493-515.

Schildt, Henri A., Thomas Keil and Markku V. J. Maula (2006) "The Timing of Knowledge Flows in Interorganizational Relationships," Academy of Management Annual Meeting Proceedings, pp.D1-D6.

Shan, Weijian and William Hamilton (1991) "Country: Specific Advantage and International Cooperation," *Strategic Management Journal*, Vol.12, No.6, pp.419-432.

Shane, Scott A. (1998) "Making New Franchise Systems Work," *Strategic Management Journal*, Vol.19, No.7, p.697.

Sharma, Pramodita and James J. Chrisman (1999) "Toward a Reconciliation of the Definitional Issues in the Field of Corporate Entrepreneurship," *Entrepreneurship: Theory & Practice*, Vol.23, No.3, pp.11-27.

Shenkar, Oded and Jeffery J. Reuer, (eds.) (2006), *Handbook of Strategic Alliances*, SAGE Publications.

清水昌吉 (1998)「パッケージ, アセンブリの思い出—同士達への讃歌—」, 僕たちの半導体を作る会『僕たちの半導体 第二巻』。

清水龍瑩 (1984)『企業成長論—新しい経営学—』中央経済社。

清水龍瑩（1986）『中堅・中小企業成長論』千倉書房。
清水龍瑩（1991）「「信頼」(Creditability) 取引の哲学―日本人の経済取引に内在するもの―」『三田商学研究』第34巻第1号, pp.5-28。
下村博史・高橋義仁（2004）「技術ベンチャーと大企業の協創戦略とは」, 早稲田大学ビジネススクール松田修一研究室編『MOTアドバンスト技術ベンチャー』日本能率協会マネジメントセンター, pp.225-253。
朱軍・李宏舟（2004）「コーポレート・ベンチャー・キャピタル発展のメカニズムに関する日米比較研究：イノベーション・パラダイムによるベンチャー企業の役割」『研究・技術計画学会 年次学術大会講演要旨集』第19巻, pp.115-118。
新庄浩二（1984）「コンピュータ産業」, 小宮隆太郎・奥野正寛・鈴村興太郎編『日本の産業政策』東京大学出版会, pp.297-323。
Slowinski, Gene, Gerard Seelig and Frank Hull (1996) "Managing Technology-Based Strategic Alliances between Large and Small Firms," *SAM Advanced Management Journal*, Vol.61, No.2, pp.42-47.
Spekman, Robert E., Lynn A. Isabella, Thomas C. MacAvoy and Theodore M. Forbes Ⅲ. (1996) "Creating Strategic Alliances Which Endure," *Long Range Planning*, Vol.29, No.3, pp.346-357.
Spekman, Robert E., Theodore M. Forbes Ⅲ, Lynn A. Isabella and Thomas C. MacAvoy (1998) "Alliance Management: A View from the Past and a Look to the Future," *Journal of Management Studies*, Vol.35, No.6, pp.747-772.
Starbuck, William H. (1965) "Organizational Growth and Development," in James G. March, (ed.), *Handbook of Organizations*, Rand McNally.
Stuart, Toby E. (2000) "Interorganizational Alliances and the Performance of Firms: A Study of Growth and Innovation," *Strategic Management Journal*, Vol.21, No.8, p.791.
Sydow, Jörg and Arnold Windeler (1998) "Organizing and Evaluating Interfirm Networks: A Structurationist Perspective on Network Processes and Effectiveness," *Organization Science*, Vol.9, No.3, pp.265-284.
高橋茂（2003）「プラグコンパチブル・メインフレームの盛衰 (1) (2) (3)」『情報処理』第44巻第3-5号。
武石彰・青島矢一（2001）「イノベーションと企業の栄枯盛衰」, 一橋大学イノベーション研究センター編『イノベーション・マネジメント入門』日本経済

新聞社，pp.99-126。

竹内弘高・榊原清則・加護野忠男・奥村昭博・野中郁次郎（1986）「富士通—奔放のダイナミズム—」『企業の自己革新—カオスと創造のマネジメント—』中央公論社，pp.127-160。

Tannenbaum, Arnold S. (1962) "Control in Organizations: Individual Adjustment and Organizational Performance," *Administrative Science Quarterly*, Vol.7, No.2, pp.236-257.

田原総一朗（1992）『日本コンピュータの黎明—富士通・池田敏雄の生と死—』文藝春秋社。

立石泰則（1993）『覇者の誤算（上・下）』日本経済新聞社。

Taylor, Andrew (2005) "An Operations Perspective on Strategic Alliance Success Factors," *International Journal of Operations & Production Management*, Vol.25, No.5, pp.469-490.

寺本義也（1990）『ネットワーク・パワー』NTT出版。

寺本義也（2005）『コンテクスト転換のマネジメント—組織ネットワークによる「止揚的融合」と「共進化」に関する研究—』白桃書房。

寺本義也・神田良（1991）「日欧情報技術産業の戦略的リンケージ」『ビジネス レビュー』第38巻第4号，pp.43-61。

手塚貞治（2001）「日本における研究開発型ベンチャー企業の組織間知識共有構造の分析」東京大学大学院総合文化研究科博士論文。

手塚貞治・丹羽清（2003）「企業間提携のパターン別成功要因の分析—研究開発型ベンチャーの分析を中心にして—」『経営情報学会誌』第12巻第2号，pp.1-19。

Thain, Donald. H. (1969) "Stages of Corporate Development," *Business Quarterly Review*, 1969, Winter, pp.33-45.

Thorelli, Hans B. (1986) "Networks: Between Markets and Hierarchies," *Strategic Management Journal*, Vol.7, No.1, pp.37-51.

Tidd, Joe, John Bessant and Keith Pavit (2001) *Managing Innovation: Integrating Technological, Market and Organization Change, 2ed.* John Wiley & Sons（後藤晃・鈴木潤訳（2004）『イノベーションの経営学—技術・市場・組織の統合的マネジメント—』NTT出版）.

Timmons, Jeffry (1994) *New Venture Creation, 4th ed.*, Richard D. Irwin, Inc.（千本倖生・金井信次訳（1997）『ベンチャー創造の理論と戦略：起業機会探索から資金調達までの実践的方法論』ダイヤモンド社）.

参考文献

戸部良一・寺本義也・鎌田伸一・杉之尾孝生・村井友秀・野中郁次郎 (1984)『失敗の本質―日本軍の組織論的研究―』ダイヤモンド社。

津田眞澂 (1976)『日本的経営の擁護』東洋経済新報社。

津田眞澂 (1977)『日本的経営の論理』中央経済社。

Tushman, Michael L. and Charles A. III O'Reilly (1997) *Winning through Innovation: A Practical Guide to Leading Organizational Change and Renewal*, Harvard Business School Press (斎藤彰悟監訳・平野和子訳 (1997)『競争優位のイノベーション―組織変革と再生への実践ガイド―』ダイヤモンド社).

内野崇 (2006)『変革のマネジメント―組織と人をめぐる理論・政策・実践―』生産性出版。

鵜飼直哉 (1976)「激動の12ヶ月間の記録―1973年11月から1974年11月まで―」富士通 社内資料。

鵜飼直哉 (1977)『今後のアムダールを考える』富士通 社内資料。

鵜飼直哉 (1978)「池田さんとアムダール・プロジェクト」, 富士通㈱編『池田記念論文集』富士通。

鵜飼直哉 (1988)「アメリカン・マネジメント」富士通 社内資料。

鵜飼直哉 (2000)『富士通― Amdahl 最初の10年の記録― Amdahl Corporation 創立30周年を記念して』富士通 社内資料。

鵜飼直哉 (2002)「池田ドクトリン・考」,㈱富士通ソーシアルサイエンスラボラトリ『社内報』2002／4月号別冊, pp.2-12。

鵜飼直哉 (2007)「2007年7月18日, 9月28日, 12月21日, 東京都港区の富士通本社他に於いて行われた筆者によるインタビュー」。

鵜飼直哉 (2008a)「2008年9月10日, 10月8日東京都港区の富士通本社他に於いて行われた筆者によるインタビュー」。

鵜飼直哉 (2008b)「鵜飼氏から筆者への2008年4月23日付のメモ」。

鵜飼直哉 (2012)「鵜飼氏から筆者への2012年2月22日付のメール」。

鵜飼直哉編 (2008)「山本名誉会長 富士通を語る」富士通㈱社内資料。

Van De Ven, Andrew H. and Marshall Scott Poole (1995) "Explaining Development and Change in Organizations," *Academy of Management Review*, Vol.20, No.3, pp.510-540.

Vogel, Ezra F. (1979) *Japan as Number One: Lessons for America*, Harvard University Press (広中和歌子・木本彰子訳 (1979)『ジャパン・アズ・ナンバーワン』TBSブリタニカ).

von Hippel, Eric (1977) "Successful and Failing Internal Corporate Ventures: An Empirical Analysis," *Industrial Marketing Management*, Vol.6, No.3, pp.163-174.
山岸俊男 (1998)『信頼の構造—こころと社会の進化ゲーム—』東京大学出版会。
山倉健嗣 (1993)『組織間関係—企業間関係ネットワークの変革に向けて—』有斐閣。
山倉健嗣 (2001)「アライアンス論・アウトソーシング論の現在—90年代以降の文献展望—」『組織科学』第35巻第1号, pp.81-95。
山本卓眞 (1992)『夢をかたちに』東洋経済新報社。
山本卓眞 (1999)『志を高く』日本経済新聞社。
山本卓眞 (2010)「2010年6月9日, 7月7日, 東京都港区の富士通本社に於いて行われた筆者によるインタビュー」。
Yan, Aimin and Barbara Gray (1994) "Bargaining Power, Management Control, and Performance in United States-China Joint Ventures: A Comparative Case Study," *Academy of Management Journal*, Vol.37, No.6, pp.1478-1517.
柳孝一 (2000)「ベンチャー企業の位置づけと支援の必要性」, 松田修一・早稲田大学アントレプレヌール研究会編『ベンチャー企業の経営と支援』日本経済新聞社, pp.1-26。
安田洋史 (2006)『競争環境における戦略的提携—その理論と実践—』NTT出版。
米倉誠一郎 (1999)『経営革命の構造』岩波書店。
吉原英樹 (1986)『戦略的企業革新』東洋経済新報社。
Yoshino, Michael Y. and U. Srinivasa Rangan (1995) *Strategic Alliances: An Entrepreneurial Approach to Globalization*, Harvard Business School Press.
湯川抗 (2011)「大手ICT企業がベンチャー企業を活用するべき理由—エコシステムからみた我が国大手ICT企業とベンチャー企業の関係構造—」『株式会社富士通総研 研究レポート』No. 365, pp.1-28。
若林直樹 (2006)『日本企業のネットワークと信頼—企業間関係の新しい経済社会学的分析—』有斐閣。

事項索引

〈英文〉
Amdahl's Low　134
Boundary-Spanner（橋渡し役）　6
CMO　212
CTO　25, 212
CVC（corporate venture capital）　i, 13, 30, 37, 62, 63, 109, 197-199, 201-204, 208-211
CVCフォーラム　i, ii, 3, 106
CVO（corporate venturing office）　200, 202-212
Exit　21
IBM互換　124-126, 136-138, 156, 158, 161, 164
IPO　21, 35, 165, 200
LSI　117, 120, 129, 135-137, 152, 153
M&A　21, 33-38, 80, 200
MOT　25
NIH（not invented here）　81, 94-96, 183, 185, 202, 204
OS（operating system）　18, 126, 138, 155
OSS（open source software）　17, 18
PCM　128, 155
Power
　Power over　9, 10, 173-175, 177
　Power to　9, 10, 173-175, 177
　Power for　9, 10, 173-175, 177
VCネットワーク　199-201

〈和文〉
　あ行
アーリーステージ　4, 5, 69, 104, 113, 115, 184, 189, 190
合わせ　81
安心　85-87
暗黙知　52, 53, 84
暗黙知の共有　108, 111, 182
意図的な提携戦略の明確化　193
イノベーション　1
　非連続的・破壊的——　20, 29, 89, 90, 99, 191, 192, 200, 202-204, 206, 207, 209, 210
　連続的・持続的——　89, 99, 204
イノベーションの仕組み　i, 1, 3
イノベーション・マップ　184-187, 202, 204, 205, 211-213
イノベーション・モデル　17, 23, 25, 30, 34, 181, 204, 205, 212, 214
インターフェース（協業の, パートナー間の）　59, 64, 65, 70, 71, 100, 107, 157, 160
インフォーマル・オーガニゼーション　80
インフォーマルなメカニズム　8, 9, 59
ウチとソト　8, 12, 82, 87, 107, 195, 196
エコシステム　10, 11, 19, 20, 21, 33, 34, 110, 201, 208, 212, 213
エージェンシー理論　43, 44, 46
選び　81
オープン化　17, 18, 155
重い組織　79, 193

　か行
解釈的取り組み　88-90, 99
階層的メカニズム　8, 9
開発段階　113, 177
外部新規事業開発　203
外部リソース活用　25, 94, 96, 204, 209
学習　35, 43, 48, 50-55, 57, 58, 60, 61, 63, 68, 69, 76, 77, 84, 87, 97, 101
学習パースペクティブ　43, 44
仮想記憶　139, 143, 144
価値（組織の）　9, 10, 51, 58, 59, 76, 77, 79, 82, 97, 167, 169, 195
活用（型）　8, 11, 52-54, 60, 101-103, 111, 165, 166, 182
関係性パースペクティブ　44
機械的組織　79
規則（企業の, 組織の）　9, 10, 82, 167, 175
既存事業　89, 93, 94, 99, 192, 194, 205
既存事業部門　192, 202, 206, 209, 212
規範（企業の, 組織の）　9, 59
境界スパンニング　70, 71, 100
協同戦略パースペクティブ　43

239

事項索引

協力会社　198
経営資源　i, 2, 5, 65, 68, 70, 76, 78, 93, 104, 105, 110, 158, 175, 177, 198
経営トップ　3, 65, 100, 106, 107, 158, 159, 161, 162, 204, 209, 210
経済学パースペクティブ　43, 44, 46
経済産業省　27, 36
形式知　84
系列企業　83, 85-87, 195, 198
ゲーム理論　44, 46, 48
ゲーム理論パースペクティブ　43
研究開発段階　101, 171, 175
権限　8-10, 68, 80, 166, 174, 175
現場　ii, 3, 4, 12, 67, 75, 77, 78, 94, 95, 97, 98, 158-161, 163, 164, 168, 169, 181, 184, 185, 188, 193, 194, 196
現場の抵抗　105
構造化パースペクティブ　43
構造主義的見方　44, 47
コード化　9, 10, 53, 60, 61, 101, 166, 175
個別の現場　105, 109, 111, 157, 159, 182
コーポレート・ベンチャー・キャピタル　30, 31, 197
コーポレート・ベンチャリング　26, 29, 34, 36, 37, 203-205, 207-213
コミットメント　46-48, 50, 63, 65, 86, 159, 161, 171, 172, 176, 178, 194, 195, 200, 208, 209
　経営トップの――　8, 106, 111, 158, 159, 161, 182, 210, 211
　恋人型――　87
　やくざ型――　86
コントロール　7-10, 43, 48, 52, 54, 55, 58-60, 68, 69, 77, 80, 101-105, 108, 109, 124, 164-167, 169, 173, 174, 177, 182, 195, 196, 197
　インフォーマルな――　53
　社会的――　7, 9-11, 58-61, 69, 101-103, 108, 111, 124, 164, 166, 167, 169, 174, 175, 176, 177, 182, 195, 196, 198
　信頼と――の共進化
　フォーマルな――　7, 9-11, 53, 58-60, 69, 101, 103, 108-113, 157, 164, 166, 167, 169, 172, 174, 175, 177, 178, 182, 195-197
コンパティブル　135
コンピュータ産業　116-118

さ行

資源依存　43, 44, 171
資源依存パースペクティブ　43, 171
資源依存理論　44, 47, 170
資源ベース・パースペクティブ　43
資源ベース理論　44, 46
実践的な提案　ii, 12

実務的示唆　12, 181
社会ネットワーク・パースペクティブ　43
社会ネットワーク論　44, 47
社外の技術　25, 26, 94, 183, 186, 189
社外（の）リソース　10, 20, 94, 95, 187, 205, 213
収穫逓増理論　43, 46
収束的思考　88, 89
集団主義　8, 11, 76, 82-87, 107
情報通信技術　2, 17, 23, 181
ジョイントベンチャー　48, 53, 58, 68, 69, 171
シリコンバレー　1, 3, 10, 11, 17, 19-22, 25, 30, 31, 109, 127, 129, 198-201, 208
シリコンバレー・モデル　1, 20-22, 25, 34, 212, 214
新規事業　1, 29, 30, 36, 80, 89, 94, 96, 121, 169, 183, 192, 194, 198, 203-207, 209-211
新規事業開発　2, 29, 30, 35, 36, 93, 94, 121, 187, 194, 195, 203, 205, 206, 212
新規事業開発活動　37
新規事業開発組織　13, 202, 210
新規事業開発への抵抗　93, 94, 205
信頼　7-11, 12, 47, 48, 50-53, 55, 56, 58-61, 80, 83-87, 97, 101-103, 107-111, 164, 167, 172, 176-178, 182
　――して任せる（経営）　121, 124, 161, 169, 196
　――とコントロールの共進化　58
　――の成長, 発達　108
　――をベースとしたコントロール　101, 103, 107-111, 124, 157, 167, 182
　意図に対する期待としての――　85
　一般的――　85-87, 107, 110
　情感的――, 同一化に基づく信頼　56, 59, 86, 168, 169
　情報依存的――　85
　誠意への――, 誠意に対する期待としての――　8, 10, 167, 168, 173
　（日本型の）高――　8, 84, 195
　打算的――, 計算に基づく信頼　56, 86
　認知的――, 理解に基づく信頼　56, 86
　能力への――（能力に対する期待としての――）　8, 10, 85, 167, 168
　ベンチャー・コミュニティの――
信頼関係　8, 12, 26, 51, 60, 83-85, 87, 102, 103, 108, 111, 164, 167-169, 172-176, 182, 190, 196-198, 200-202
信頼関係のネットワーク　201
垂直統合モデル　193
水平分業モデル　17, 18, 193
ステークホルダー　12, 27, 47, 175, 177
ステークホルダー理論　44, 47

240

事項索引

スピンオフ・ベンチャー　26-30, 33, 34, 36, 187, 190, 198, 201-204, 209, 210, 213
生態系的観点　44
制度化パースペクティブ　43
制度理論　44, 47
製品化段階　101, 110, 111, 113, 165, 171, 175, 177, 182
製品の連鎖　13, 35
全社的新規事業開発組織　13, 202, 210
全社的取り組み　8, 12, 106, 111, 182, 183, 193
戦略経営パースペクティブ　43, 46
戦略経営論　44, 46
戦略行動パースペクティブ　43
戦略的位置付け　158, 176, 194
戦略的階層組織　77, 93
戦略的重要性　157-159, 173, 176, 178, 186, 187, 193-198
戦略的選択　44
創業者（ベンチャー企業の）　103-105, 109-111, 130, 157, 165, 170-172, 174, 175, 182, 197-200
相互依存度が高い組織構造　79, 106
創発型の意思決定，戦略形成　8, 11, 66, 75, 78, 79, 106-108, 111, 124, 159, 161, 162, 182, 194
創発的ネットワーク組織　77, 93
組織学習　44, 47, 50, 55-57, 77
組織（の）構造　8, 71, 75, 77, 79, 80, 94, 100, 183, 192, 193, 196, 197, 206
組織セット・パースペクティブ　43
組織全体としての取り組み　94-96, 98, 99, 183, 193
組織の相互依存性　11, 81, 158
組織論　8, 44
組織論パースペクティブ　43, 47
ソト　8, 12, 82, 87, 107, 195

た行

探索（型）　7, 11, 53, 54, 60, 101-103, 111, 164-166, 169, 182, 195, 196
知識社会化　17
知識の連鎖　13, 35, 52
中央研究所　17, 25, 26, 206, 207
中間組織　83, 87
超大型機　120, 123, 137, 138
通産省　118, 123
提携（とは）　4
　――する分野の明確化　184, 185
　――に対する姿勢・行動様式　45, 50
　――の駆動力　176
　――の形成　7, 42, 44, 46, 70, 164
　――の構造　45, 48
　――の進化　7, 54-57, 60, 71, 101, 164, 174, 175
　――の成功基準　9, 113
　――の成功要因　10, 45, 48, 50, 51, 55-57, 60, 63, 68, 69, 97, 157, 161, 162
　――の成長段階　175
　――の戦略　45
　――の戦略的位置づけ　12, 193, 195
　――の戦略的重要性　10, 12, 158, 161, 175, 178, 202
　――のノウハウ　97
　――のパースペクティブ　43, 44
　――のプロセス　45, 49
　――のマネジメント　10, 12, 45, 66, 70, 71, 100, 105, 109, 111, 113, 157, 159, 181, 182, 194, 196
　――の目的　44, 45, 60, 69
　――のリスク　11, 95, 111, 158, 181
通信省　118
デジタル化　17
投資　i, 1-3, 20, 26-32, 43, 46, 47, 52, 62, 63, 68, 87, 100, 104, 114, 130-133, 138, 139, 141, 146, 150, 151, 159, 169, 170, 174, 184-189, 197-202, 207-209, 211
東京証券取引所　118, 120, 121
東京大学（東大）　121, 124-126
トランジスタ　119-121
取引コスト　17, 44, 46, 51, 52
取引コスト経済学　43, 44, 46
取引コスト・パースペクティブ　43

な行

内部開発志向　11, 79, 106, 121, 124
日本企業　i, ii, 2, 3, 8, 11, 23, 25, 66-72, 75-85, 87, 88, 95, 99, 106-111, 116, 166, 181, 183, 193-196, 208
日本経済　ii, 1, 11, 27, 34, 213, 214
日本政府　117, 121
日本的経営，日本企業の経営の特徴　7, 8, 11, 12, 75, 78, 83, 87, 105-108, 111, 124, 158, 181, 195, 197
日本の大企業　3
ネットワーク　12, 18-20, 22, 25, 30, 34, 43, 76, 78-81, 83, 88, 105, 108, 109, 184, 185, 193, 198, 200, 201, 203-205, 208, 209, 211, 212, 214
ネットワーク化　17, 85
ノウハウの蓄積　97, 98, 183, 190, 202, 204, 209

は行

買収（M&A）　i, 1-3, 18, 19, 22, 26, 28, 29, 31-36, 66, 80, 107, 110, 155, 156, 187, 188, 197,

241

事項索引

200, 201, 203, 208, 213
発散的思考　88-90
パラメトロン　119, 120
パワー（Power）　8-10, 102, 166, 175
　　——の行使　173-177
文化（企業の，組織の）　9, 58, 59, 75, 76, 96, 100, 107, 168, 169, 176, 191, 192, 210
文化的（な）メカニズム　8-10
分析的取り組み　88, 89, 99, 206
米国企業　76-79, 82, 83, 88, 109, 110, 116, 121, 196, 197, 208
変革への抵抗　98, 183, 193
ベンチャー企業　1, 7
ベンチャー企業活用への抵抗　96
ベンチャー企業の研究開発力　i, 2-4, 36
ベンチャー企業の成長段階　100, 102
ベンチャー・キャピタル　2, 103, 130, 131, 133, 135, 185, 197
ベンチャー・キャピタル・コミュニティ　130, 131
ベンチャー・コミュニティ　198-202, 204, 208-212
ポートフォリオ　183, 202, 204, 212
ポートフォリオ・マネジメント　185

ボトムアップ　66, 75, 107, 159, 182, 193, 194, 196

ま行

任せる経営　12, 193, 196, 197
マーケット・パワー理論　43, 44, 46
モジュール化　17, 18
モチベーション　158-161, 164, 176, 195, 196

や行

有機的組織　78, 79
予算の確保　187, 188

ら行

リアル・オプション・パースペクティブ　44
リアル・オプション理論　44, 46
リスク
　　——管理　51, 184, 202
　　——の低減　27, 184, 189, 190
　　——負担　11, 20, 183, 187, 204, 207, 209
リスクマネー　2, 10, 11, 17-22, 26-29, 33, 34, 95, 100, 186-188, 190, 203-205, 207, 212-214
レイターステージ　4, 35

人名・企業名索引

人名

〈英文〉

A
Alvarez, Sharon A.　63
Amdahl, Gene　133, 140-142, 147, 150, 161
Ariño, Africa　57
Armstrong, Robert W.　143, 145-147
Axelrod, Robert　48

B
Bachmann, Reinhard　107
Badaracco, Joseph L. Jr.　35, 48, 52, 97
Barney, Jay B.　63
Barringer, Bruce R.　44
Baum, Joel A. C.　63
Beech, Nic　9, 173
Bell, John　48
Bessant, John　49
Birkinshaw, Julian　70
Block, Zenas　194
Blodgett, Linda Longfellow　48
Bouchikhi, Hamid　54
Boyett, Jimmie T.　98
Boyett, Joseph H.　98
Bruce, Margaret　49
Bunker, Barbara Benedict　56, 86

C
Calabrese, Tony　63
Casson, Mark　41, 42
Chesbrough, Henry W.　96
Child, John　43, 48, 51, 54-57, 64, 86, 168
Christensen, Clayton M.　29, 192
Contractor, Farok F.　43, 64
Cropper, Steve　64
Currall, Steven C.　54, 58

D
Das, T. K.　9, 69
de la Torre, José　57

De Rond, Mark　44, 54
Deeds, David L.　63
Dooley, Robert S.　59
Doz, Yves L.　48, 54, 55, 57, 62, 64, 66, 70, 71, 100, 106, 154, 157, 159, 160
Dushnitsky, Gary　63
Dyer, Jeffery H.　48, 52

E・F
Ebers, Mark　64

Faulkner, David　43, 44, 51, 54-57, 64, 86, 168
Forbes, Theodore M. Ⅲ　54
Forrest, Janet E.　63, 70
Foster, Richard　99
Fryxell, Gerald E.　59

G・H
Ganesh, Usha　53
Gray, Barbara　173

Ha, Hoang　48
Hamel, Gary L.　48, 154
Harrison, Jeffrey S.　44
Heenan, David A.　48
Heizer, Edgar F.　132, 141, 149, 161
Hellmann, Thomas　63
Hitt, Michael A.　52
Hoffmann, Werner H.　63
Hull, Frank　64, 66, 67, 70
Huxham, Chris　9, 64, 173

I・K
Inkpen, Andrew C.　48, 51, 54, 58, 64
Ireland, R. Duane　52
Isabella, Lynn A.　45, 54, 194

Kale, Prashant　48
Kanter, Rosabeth M.　48
Kaplan, Sarah　99

243

Keil, Thomas　199
Killing, J. Peter　48
Kogut, Bruce　43
Koza, Mitchell　53, 54

L

Lewicki, Roy J.　56, 86
Lewin, Arie　53, 54
Leverick, Fiona　49
Littler, Dale　49
Lorange, Peter　43, 64
Lu, Y.　48

M・N

MacAvoy, Thomas C.　54
MacMillan, Ian C.　192
Makhija, Mona V.　53
Martin M. J. C.　70
Mathews, Richmond D.　63
Maula, Markku V.J.　199
Mol, Michael J.　41, 42
Mowery, David C.　48

Narayanan, V. K.　199
Nixdorf, Heinz　131

O・P

O'Reilly, Charles A. III　192
Oxley, Joanne E.　48

Pavit, Keith　49
Perlmutter, Howard V.　48
Pitts, Robert A.　80
Prashantham, Shameen　70

R

Rangan, U. Srinivasa　48, 49
Rothaermel, Frank T.　48, 63
Reuer, Jeffery J.　44, 64
Ring, Peter Smith　54, 55, 64
Rodriguez, Ralph　135, 140, 141, 142

S

Saxenian, Annalee　109
Schlosser, Roman　63
Seelig, Gerard　64, 66, 67, 70
Shenkar, Oded　64
Silverman, Brian S.　48, 63
Singh, Harbir　48
Slowinski, Gene　64, 66, 67, 70
Spekman, Robert E.　54
Stuart, Toby E.　63

T・V

Tallman, Stephen B.　51, 54-57, 64, 86, 168
Teng, Bing-Sheng　9, 69
Tidd, Joe　49
Tushman, Michael L.　191

Van De Ven, Andrew H.　54, 55
Vryza, Maria　59

W・Y・Z

Webb, Justin W.　52
White, Eugene R.　149, 150, 155
Williamson, Peter　62, 70
Wilson, Cameron　199

Yan, Y.　48
Yan, Aimin　171
Yang, Y.　199
Yoshino, Michael Y.　48, 49

Zahra, S. A.　199

〈和文〉
あ行

青島矢一　20
アムダール, G.　5, 113, 115, 127, 128, 132-137, 139, 145, 146, 148, 149, 153-155, 159, 162, 164-169, 171-173, 198
石井淳蔵　84
池田敏雄　6, 121-126, 135-137, 141, 144, 145, 147, 149, 150, 153, 156, 161-164, 168, 172
伊藤邦雄　64, 67-70, 195
岩田龍子　83
鵜飼直哉　iii, 6, 7, 126, 136, 137, 141, 145, 146, 148, 149, 155, 160-162, 165, 172, 196
岡田依里　iii
岡田完二郎　119, 120, 124, 162, 163
奥村昭博　75, 84, 163
尾見半左右　121, 134, 135, 162, 168

か行

加護野忠男　75-77, 79, 82-84, 162
加藤俊彦　75
金井壽宏　108
樺澤哲　ii
軽部大　75
川上哲郎　81
神田良　49
神田泰典　163
金龍烈　194
清成忠男　133
高純一　121, 122

人名・企業名索引

高羅芳光　6, 139, 162
コノリー, J.　134
小林大祐　6, 121, 122, 124, 162, 163

さ行

榊原清則　75, 80, 162
島本実　75
清水昌吉　160
清水龍瑩　84
下村博史　70
新庄浩二　118
鈴木智弘　64, 67-70, 195
清宮博　139, 140, 145, 162, 167

た行

高橋義仁　70
武石彰　20
竹内弘高　162, 163, 196
立石泰則　5, 153
田中一弘　75
田原総一郎　5
津田眞澂　75
手塚貞治　48, 63

な行

中村秀一郎　133
中村裕一郎　188, 208
ニクスドルフ, H.　131, 132
丹羽清　63
沼上幹　75, 78, 79
野中郁次郎　48, 75, 84, 162

は行

ハイザー, E. F.　132, 145-147, 172
間宏　75, 82
平尾光司　133
広瀬正　ii
渕澤寛一郎　162
船橋章　144, 145, 148
ホワイト, E. R.　148, 153, 165, 173

ま・や・わ行

前田昇　36
真鍋誠司　iii

安福眞民　153
谷地弘安　iii
山岸俊男　85-87, 107, 110
山口詔規　121
山倉健嗣　iii, 42, 43
山下英雄　121
山本卓眞　6, 121, 125, 137, 148, 162, 163

鎗田邦男　iii
湯川抗　ii
吉川志郎　153

若林直樹　51

企業名

〈英文〉

GE　116, 125, 149, 165
IBM　5, 6, 32, 35, 88, 110, 113, 116, 117, 122-130, 132-136, 139, 143, 154, 155, 158, 164-169, 193, 200
ICL　114, 154, 156
KPCB（Kleiner Perkins Caufield & Byers）199
RCA　116, 125, 126, 130
Sequoia Capital　199

〈和文〉

あ・か行

アップル　1, 207
アムダール　iii, 5-7, 12, 113
沖電気　116, 118

川崎製鉄（川鉄）　67-69, 195
グーグル　1

さ・た行

シスコシステムズ　1, 2, 35, 110
ジーメンス　114, 154
スペリー　116

トリロジー　155

な・は行

ニクスドルフ　131, 132, 142
日本電気（NEC）　116, 118, 120, 121
日本電信電話公社（電電公社）　118
ハイザー　129, 130, 132, 135, 144, 145, 146, 149, 151, 152, 165, 170-173, 201
ハネウェル　116, 125, 147
日立（日立製作所）　116, 118, 121, 123, 125-127, 141, 142, 209
富士通　iii, 5-7, 12, 113-155, 157-178, 193-198, 201, 209

ま・や行

マイクロソフト　1, 200
ユニバック　125

245

■著者紹介

中村 裕一郎（なかむら　ゆういちろう）
　1956年（昭和31年）山形県米沢市に生まれる
　1979年（昭和54年）横浜国立大学経済学部卒業
　1979年（昭和54年）〜2013年（平成25年）富士通株式会社勤務
　　二度の海外駐在員時代も含め経営戦略，経営管理業務に従事。1999年から2013年は，ベンチャー企業との提携，コーポレート・ベンチャーキャピタル活動の責任者。
　2011年（平成23年）横浜国立大学大学院国際社会科学研究科修了 博士（経営学）
　2011年（平成23年）宇都宮大学客員教授
　2013年（平成25年）上武大学経営情報学部教授
　2014年（平成26年）上武大学ビジネス情報学部教授
　2016年（平成28年）目白大学経営学部教授

主要論文
「大企業にとってのベンチャー企業との提携の成功要因」『ベンチャーレビュー』第15号，2010年
「イノベーションの仕組みとしてのコーポレート・ベンチャリング」『テクノロジーマネジメント』No.1，フュージョンアンドイノベーション，2008年

■**アライアンス・イノベーション**
――大企業とベンチャー企業の提携：理論と実際

■ 発行日――2013年9月16日　初版発行　　〈検印省略〉
　　　　　　 2020年11月16日　第7刷発行

■ 著　者――中村裕一郎（なかむらゆういちろう）

■ 発行者――大矢栄一郎

■ 発行所――株式会社 白桃書房（はくとうしょぼう）
　　〒101-0021　東京都千代田区外神田5-1-15
　　☎ 03-3836-4781　📠 03-3836-9370　振替 00100-4-20192
　　https://www.hakutou.co.jp/

■ 印刷・製本――デジタルパブリッシングサービス

© Yuichiro Nakamura　2013　Printed in Japan　ISBN 978-4-561-26620-4　C3034
本書のコピー，スキャン，デジタル化等の無断複製は著作権法上での例外を除き禁じられています。本書を代行業者等の第三者に依頼してスキャンやデジタル化することは，たとえ個人や家庭内の利用であっても著作権法上認められておりません。

〈JCOPY〉〈出版者著作権管理機構　委託出版物〉
本書の無断複写は著作権法上での例外を除き禁じられています。複写される場合は，そのつど事前に，出版者著作権管理機構（電話 03-5244-5088，FAX 03-5244-5089，e-mail: info@jcopy.or.jp）の許諾を得てください。

落丁本・乱丁本はおとりかえいたします。

好評書

大薗恵美・児玉充・谷地弘安・野中郁次郎著
イノベーションの実践理論 本体価格 3500円

渡部俊也編
ビジネスモデルイノベーション 本体価格 2500円

元橋一之編著
アライアンスマネジメント 本体価格 2800円
――米国の実践論と日本企業への適用――

草間文彦著
ライセンスビジネスの戦略と実務 [第3版] 本体価格 3000円
――キャラクター&ブランド活用マネジメント――

菊池純一編著
知財のビジネス法務リスク 本体価格 2500円
――理論と実践から学ぶ複合リスク・ソリューション――

―――― 東京 白桃書房 神田 ――――
本広告の価格は本体価格です。別途消費税が加算されます。